PEDAGOGIA DA RESISTÊNCIA

Dados Internacionais de Catalogação na Publicação (CIP)
(Câmara Brasileira do Livro, SP, Brasil)

Pedagogia da Resistência : escritos a partir da vida e obra de
Paulo Freire / Daniel Ribeiro de Almeida Chacon (organizador). –
Petrópolis, RJ : Vozes, 2021.

Vários autores.
Bibliografia.
ISBN 978-65-5713-219-7

1. Educação 2. Freire, Paulo, 1921-1997 3. Pedagogia
I. Chacon, Daniel Ribeiro de Almeida.

21-72969   CDD-370.1

Índices para catálogo sistemático:
1. Freire, Paulo : Pedagogia : Educação   370.1

Cibele Maria Dias – Bibliotecária – CRB-8/9427

Daniel Ribeiro de Almeida Chacon
(ORGANIZADOR)

PEDAGOGIA DA RESISTÊNCIA

ESCRITOS A PARTIR DA VIDA E OBRA DE PAULO FREIRE

EDITORA VOZES

Petrópolis

© 2021, Editora Vozes Ltda.
Rua Frei Luís, 100
25689-900 Petrópolis, RJ
www.vozes.com.br
Brasil

Todos os direitos reservados. Nenhuma parte desta obra poderá ser reproduzida ou transmitida por qualquer forma e/ou quaisquer meios (eletrônico ou mecânico, incluindo fotocópia e gravação) ou arquivada em qualquer sistema ou banco de dados sem permissão escrita da editora.

CONSELHO EDITORIAL

Diretor
Gilberto Gonçalves Garcia

Editores
Aline dos Santos Carneiro
Edrian Josué Pasini
Marilac Loraine Oleniki
Welder Lancieri Marchini

Conselheiros
Francisco Morás
Ludovico Garmus
Teobaldo Heidemann
Volney J. Berkenbrock

Secretário executivo
Leonardo A.R.T. dos Santos

Editoração: Maria da Conceição B. de Sousa
Diagramação: Raquel Nascimento
Revisão gráfica: Lorena Delduca Herédias
Capa: Renan Rivero

ISBN 978-65-5713-219-7

Editado conforme o novo acordo ortográfico.

Este livro foi composto e impresso pela Editora Vozes Ltda.

Aos esfarrapados do mundo e aos que neles se descobrem e, assim descobrindo-se, com eles sofrem, mas, sobretudo, com eles lutam.

Paulo Freire

Sumário

Apresentação, 9
   Daniel Ribeiro de Almeida Chacon

Sobre pedagogias e resistência – Primeiras palavras, 11
   Danilo Romeu Streck

1 Um mapa de navegação em tempos obscuros, 17
   Moacir Gadotti

2 Por que Paulo Freire mais do que nunca?, 40
   Walter Omar Kohan

3 Paulo Freire, presente! – Por uma pedagogia crítica na atualidade, 56
   Aline Choucair Vaz

4 O centenário Paulo Freire – Com um livro cinquentenário contra os "gabinetes do ódio", 76
   José Eustáquio Romão e Natatcha Priscilla Romão

5 Filosofia e educação – O ideário humanista em Paulo Freire, 102
   Daniel Ribeiro de Almeida Chacon

6 Paulo Freire – Um outro paradigma pedagógico?, 118
   Miguel G. Arroyo

7 Por uma pedagogia da indignação e da resistência, 146
   Nilma Lino Gomes

8 Pedagogia do Oprimido e Teologia da Libertação: sintonia a serviço dos pobres, 169
Elio Estanislau Gasda e Karen de Souza Colares

9 Aprendizagens de esperança com Paulo Freire, 193
Cirlene Cristina de Sousa e Marcial Maçaneiro

10 O compromisso da pedagogia freireana com a educação das relações étnico-raciais, 228
Maria da Conceição dos Reis

11 Práticas de leitura da opressão – Um estudo semântico--argumentativo das vozes da opressão a partir de Paulo Freire, 244
Julio Cesar Machado e Daniel Ribeiro de Almeida Chacon

12 O "Sistema Paulo Freire" em ação: a campanha de alfabetização em Brasília 1963/1964 – Em homenagem aos 100 anos de Paulo Freire, 268
Heinz-Peter Gerhardt

13 Educação de Jovens e Adultos e a obra *Pedagogia do Oprimido*, 298
Leôncio Soares

14 Fundamentos teóricos e práticos da participação no pensamento de Paulo Freire, 321
Sandro de Castro Pitano

15 Paulo Freire na África – Contribuição político-pedagógica na formação de educadores de adultos em Cabo Verde, 346
Florenço Varela

Seção especial, 365

1 A pessoa de Paulo – Memórias, depoimentos, 367
Carlos Rodrigues Brandão

2 Cristo, meu camarada, 420
Paulo Freire

Apresentação

Daniel Ribeiro de Almeida Chacon

A presente obra encontra sua mais profunda realização nos desafios radicais que a realidade brasileira nos impõe. Com extremo pesar e indignação, testemunhamos um cenário taciturno de apogeu do espírito do obscurantismo anti-intelectual, do negacionismo científico, do fundamentalismo religioso, da negação da humanização de outrem, numa oferta da vida e dignidade dos(as) esfarrapados(as) deste mundo como sacrifício aceitável em nome do deus mercado.

Nossa realidade é, assim, profundamente marcada pela institucionalização de políticas necrófilas que irremediavelmente violam e sacrificam a vida da população, sobretudo daquela mais frágil, drasticamente silenciada e socialmente inaudita que, de um modo ou de outro, encontra-se desprezada e à mercê de sua própria desventura.

Com efeito, uma *Pedagogia da Resistência* torna-se sobremodo imperiosa. Nesse sentido, no ano em que se completa o centenário de nascimento do Patrono da Educação Brasileira, Paulo Freire, realizamos aqui um retorno crítico ao seu legado. A partir dos postulados de sua filosofia da práxis, ou seja, inspirados por uma pedagogia do(a) oprimido(a), manifesta em sua vida e obras, procuramos encontrar elementos que nos ajudem na luta histórica e social hodierna.

Dessarte, nosso esforço aqui de pensar os contributos dos postulados freireanos para a nossa realidade social, educacional e política não se reduz à publicação de um específico comentário. Compreendemos, pois, que uma mera reprodução dogmática dos postulados freireanos seria, em si mesma, um contrassenso. Portanto, pensar Freire desassociado das importantes questões que nos interpelam na atualidade seria o mesmo que desdizê-lo.

Ora, o legado freiriano é, assim, uma presença viva, uma interpelação ética e um desafio radical de compromisso com os(as) deserdados(as) e condenados(as) da terra, na conquista da dignidade humana. Nesse horizonte, ainda que em meio a densas trevas, reafirmamos, nesta obra, como classe oprimida, e em intrínseca comunhão com os(as) mais desafortunados(as), nossa esperança, nossa força, nossa resistência, e, desse modo, nossa própria brasilidade, que nos conduz, assim, a entoar corajosamente que: "verás que um(a) filho(a) teu(tua) não foge à luta".

23 de maio de 2021.

Sobre pedagogias e resistência

Primeiras palavras

Danilo Romeu Streck

O privilégio de escrever as "primeiras palavras" do livro organizado pelo colega Daniel Ribeiro de Almeida Chacon confunde-se com um duplo desafio. O primeiro deles refere-se a dizer algumas palavras que antecedem a escrita de autores e autoras conhecidos e reconhecidos que servem de referência para muitos de nós quando se trata de educação em uma perspectiva emancipatória. Sinto-me, portanto, dispensado de falar sobre os colegas que estão contribuindo para esta coletânea. O segundo desafio é escrever palavras introdutórias ao variado leque temático que revela a riqueza de conteúdo e de expressão comunicativa que o leitor e a leitora encontrarão no livro.

Começo, então, com algumas considerações sobre as palavras chaves do título, a pedagogia da resistência. Dentro do espírito freireano, reconhece-se no título a historicidade das pedagogias críticas, cabendo ser reinventadas em novos contextos sociais, políticos e educacionais. Paulo Freire testemunha essa reinvenção quando alonga, amplia e aprofunda sua Pedagogia do Oprimido para a pedagogia da esperança, da indignação, da tolerância, do diálogo e da autonomia, deixando aberto o campo para outras nomeações que se fizerem necessárias para dar conta da superação das desumanidades que se revelam com faces diferentes. A humanização, como uma construção histórica individual e coletiva, vem sempre tensionada pelo seu oposto, a desumanização. Faz-se necessário, por isso, *escutar* a realidade para a permanente recriação da pedagogia dos oprimidos.

Os capítulos deste livro nos mostram que isso se faz melhor no diálogo entre diferentes experiências e com múltiplas miradas acadêmicas. Em se tratando de Paulo Freire, não poderia ser diferente. Como escreve Moacir Gadotti em seu *mapa de navegação* neste livro: "sua filosofia educacional cruzou as fronteiras das disciplinas, das ciências e das artes, para além da América Latina, criando raízes nos mais variados solos." Sua proposta pedagógica está hoje presente em escolas e universidades, em movimentos sociais e ONGs, na assistência à saúde e em práticas pastorais, entre outras. Sua reflexão visa a uma rigorosidade metodológica que transcende os clássicos campos disciplinares.

A prática de Paulo Freire inspira a inter e a transdisciplinaridade no ensino e na pesquisa. O menino/homem conectivo, como ele algumas vezes se referiu a si mesmo, desafia a uma leitura de mundo na qual perspectivas diferentes dialogam entre si para apreender a complexidade do real, apreensão essa que é também sempre um exercício de "arqueologia" da própria consciência, de autorreflexão realizada na intersubjetividade, jamais solipsista. A solidão à sombra da mangueira[1] é, paradoxalmente, o lugar de encontro consigo e com o outro. É uma forma de se "recolher" para conhecer melhor, reconhecendo as próprias "finitudes" e "indigências" e, junto com isso, reconhecer o outro como parceiro no ato de conhecer.

---

1. Freire, 1995.

Os textos reunidos no livro são também um testemunho dos tempos que se vivem no país e no mundo. No país, além da pandemia da Covid-19, a institucionalidade que garante ao menos formalmente uma vivência democrática é cotidianamente posta à prova. São tempos difíceis quando a radicalidade, necessária para o diálogo construtivo, cede lugar ao sectarismo. Ao ler o capítulo no qual José Eustáquio Romão e Natatcha Priscilla Romão referem a construção e trajetória da *Pedagogia do Oprimido* e seus atuais conflitos com os "gabinetes do ódio", lembrei também da carta na qual Paulo Freire, ao tratar do assassinato de Galdino Jesus dos Santos, índio Pataxó, fala dos moços que ao atearem fogo nessa figura que consideravam "inferior e incômoda, incômoda e ofensiva" estavam em realidade se *desgentificando*[2]. Nesse seu último escrito, deixado inacabado no dia 21 de abril de 1997, ele não poderia imaginar as proporções gigantescas de *desgentificação* que estariam por vir.

O termo resistência, como sabemos, é polissêmico, e também na pedagogia de Paulo Freire podem ser encontrados vários sentidos para ele. Destaco alguns que parecem especialmente relevantes para os nossos tempos. Um deles, quem sabe o mais radical de todos, é o que diz respeito à sobrevivência. Resistir é lutar para a continuidade da vida e para a qualidade dessa vida. Isso diz respeito hoje à ameaça à vida no nosso planeta, mas também, em um plano mais imediato, à miséria que se acentuou neste tempo de pandemia. Resistir, nesse sentido, é zelar para a continuidade de vida o que – já introduzindo outro sentido de resistência – significa também opor-se às forças necrofílicas, aquelas que negam a possibilidade de reprodução e expansão da vida. Ou

---

2. Freire, 2000, p. 66.

seja, a resistência para Paulo Freire compreende uma dimensão proativa, de superar e de transcender as situações limites.

Falar de resistência significa saber-se um ser histórico, com suas limitações. Sempre esperançoso, Freire alertava que a resistência não bem administrada poderia acabar em desespero e paralisia. Transcrevo palavras de um diálogo com educadores da Argentina, um ano antes de sua morte: "Creio que é necessário ser mais humilde com relação à nossa tarefa histórica. [...] se humildemente sei que sou um entre milhares, que a história não acaba com a minha morte ou com minha geração, mas que segue, então compreenderei que o mínimo que possa fazer sempre será útil"[3]. São palavras de quem se reconhece parte de uma construção histórica cuja dimensão e cujo desfecho desconhecemos, mas que só virá se for construída passo a passo com paciência, ciência e sabedoria.

Destaco ainda o sentido de coerência que está implícito no termo resistência; a coerência como um constante desafio que se conquista em meio a contradições e tensões: entre o discurso e a prática, entre a escuta e a palavra, entre subjetividade e objetividade, entre imanência e transcendência, entre paciência e impaciência, entre texto e contexto. Essas "virtudes" estão transcritas no belo capítulo de doze memórias de Carlos Rodrigues Brandão, através das quais temos a oportunidade de nos tornar mais íntimos da pessoa de Paulo Freire.

Resistência, em resumo, tem a ver com a utopia, com a luta para não sucumbir diante das desumanidades vivenciadas no plano individual e coletivo, mas também de transcender através da construção dos inéditos viáveis. Estes estão acontecendo

---

3. Freire, 2009, p. 64. Tradução minha.

cotidianamente em muitos lugares e sendo protagonizados por incontáveis educadores e educadoras como também se testemunha nas páginas deste livro. Approprio-me de palavras do capítulo de Miguel G. Arroyo para expressar o reconhecimento ao trabalho de reunir em uma coletânea um material que será uma das importantes referências da memória do centenário do nascimento de Paulo Freire. Diz ele:

> Organizar um livro sobre Paulo Freire em tempos de requintados processos de opressão é uma afirmação de que temos consciência da urgência de formar docentes – educadores capazes de entender os brutais processos de opressão de que são vítimas milhões de educandos nas escolas públicas e na EJA. Deixemo-nos interrogar por Paulo Freire, pelos oprimidos.

O livro é um convite generoso para, como lemos no encerramento de *Pedagogia do Oprimido*[4], nos engajarmos na "criação de um mundo em que seja menos difícil amar". Neste centenário do nascimento de Paulo Freire, denunciemos os requintados processos de opressão, mas não nos esqueçamos de celebrar os sinais deste outro mundo possível.

Referências

FREIRE, P. *El grito manso*. 2. ed. Buenos Aires: Siglo Veintiuno, 2008.

FREIRE, P. *Pedagogia da indignação: cartas pedagógicas e outros escritos*. São Paulo: Unesp, 2000.

FREIRE, P. *À sombra desta mangueira*. São Paulo: Olho d'Água, 1995.

FREIRE, P. *Pedagogia do Oprimido*. 8. ed. Rio de Janeiro: Paz e Terra, 1981.

---

4. Freire, 1981, p. 218.

1
Um mapa de navegação em tempos obscuros

Moacir Gadotti

No dia 19 de setembro de 2021, celebramos os 100 anos de Paulo Freire. Uma data histórica. Alguns poderiam perguntar: por que da celebração desse centenário? Qual o sentido dessas homenagens?

Eu também me coloquei essa pergunta, lembrando que Paulo Freire não gostava de homenagens, mas dizia que as aceitava porque se tratava não tanto de homenagear a pessoa dele, mas reconhecer a importância do que ele defendia. Chegou a dizer, ao receber o título de Cidadão Paulistano, que, se algum dia deixasse de acreditar no que motivou a entrega daquele título, os paulistanos deveriam retirar esse título. Eu presenciei essa cena.

Então fica hoje a pergunta: por que estamos nos propondo homenagear Paulo Freire no ano do seu centenário? O que ele fez para merecer tantas homenagens? Qual é o sentido dessas homenagens?

Poderia começar dizendo que, depois de Paulo Freire, já não é mais possível afirmar que a educação é neutra; que ele foi o primeiro educador a criar um método de alfabetização específico para a educação de adultos.

As **intuições originais** de Paulo Freire marcaram a educação contemporânea. Entre elas: a reflexão crítica sobre a prática como base para a construção do conhecimento; o reconhecimento da legitimidade do saber popular; um método de ensino-aprendizagem e de pesquisa que parte da leitura do mundo; uma teoria do conhecimento fundamentada numa antropologia; enfim, uma ciência aberta às necessidades populares.

Essas e outras contribuições de Paulo Freire à compreensão do ato educativo são hoje reconhecidas mundo afora e continuam muito atuais. Ele recusa o pensamento fatalista e propõe uma pedagogia comprometida com a cidadania e a ética como referenciais básicos na busca pela radicalização da democracia.

Então, poderia concluir que há razões para celebrar Freire.

Mas precisamos nos perguntar ainda sobre o sentido dessas celebrações.

1 "Para seguir-me, o fundamental é não me seguir"

Creio que o sentido dessas celebrações está exatamente na possibilidade de poder dar continuidade às proposições político-pedagógicas que ele tomou e às **causas** que ele defendeu e, sobretudo, reinventá-las em nosso atual contexto. Freireanos não são seguidores de ideias. São mais criadores de espíritos. Ele mesmo chegou a dizer: "a única maneira que alguém tem de aplicar, no seu contexto, alguma das proposições que fiz é exatamente refazer-me, quer dizer, não seguir-me. Para seguir-me, o fundamental é não me seguir"[1].

---

1. Freire e Faundez, 1985, p. 41.

E mais, precisamos ter uma visão mais estruturante, estratégica, e não conjuntural, eventual, dessas celebrações. Honrar um autor é lê-lo, estudá-lo, aprender as lições deixadas por ele, para que nós possamos ir além dele, dizendo a nossa palavra e fazendo a nossa própria história. Não copiar e repetir histórias. Mas existem outras causas freireanas que devemos celebrar. Entre elas a luta por uma escola pública popular, transformadora, uma escola democrática, emancipadora. Celebrar Paulo Freire é lutar para democratizar a escola e educar para e pela cidadania. Temos a certeza de que direitos são uma conquista, e não uma doação. Por isso, não se trata apenas de celebrar a escola democrática, mas de lutar por uma escola que forme o povo soberano – acreditando que o povo pode mudar o rumo da história.

E como nossa celebração não é uma pura homenagem, é um compromisso com uma causa, nossa proposta de celebração do centenário de Paulo Freire é um convite e um compromisso com uma escola de luta, um compromisso com uma educação popular. Celebrar não é esperar que o amanhã chegue a nós. É fazer, desde já, o amanhã que desejamos. Não é pura espera. É esperançar.

Paulo Freire confessou, certa vez, que se considerava como um "**menino conectivo**". Ele conseguia criar laços entre diferentes pessoas e culturas, interligar as categorias da história, da política, da economia, de classe, gênero, etnia, estabelecendo pontos comuns por meio da experiência da diferença e do confronto de opostos. Essa característica não era apenas pessoal. Era também epistemológica e política.

Esse pluralismo freireano não se confundia com ecletismo. Ele tinha uma posição, afirmava-a com clareza ideológica, e, a partir dela, podia dialogar com posições iguais ou diferentes. Mas, dizia que entre antagônicos podemos conversar, não dialogar. O diálogo tem como pressupostos a igualdade de condições e a reciprocidade, o que não existe entre antagônicos. Por isso, entre antagônicos o que existe é o conflito.

A concepção freireana da conectividade está estampada na epígrafe do seu livro mais conhecido, *Pedagogia do Oprimido*: "aos esfarrapados do mundo e aos que neles se descobrem e, assim descobrindo-se, com eles sofrem, mas, sobretudo, com eles lutam"[2]. Esse livro teve grande repercussão porque expressava o que muita gente já tinha em mente em seus sonhos e utopias, um mundo de iguais e diferentes, com justiça social, amorosidade, solidariedade, "um mundo em que seja menos difícil amar", como afirma ele na última página desse livro[3].

Sua filosofia educacional cruzou as fronteiras das disciplinas, das ciências e das artes, para além da América Latina, criando raízes nos mais variados solos. Ele escreve para educadores e não educadores, para médicos, cientistas sociais, para físicos, estudantes, pais e mães, operários, camponeses e outros. Sindicatos, igrejas, movimentos sociais e populares foram responsáveis por uma grande difusão e debate de suas ideias, servindo de guia para a ação transformadora. Alfabetizadores, intelectuais de esquerda, indígenas, marginalizados, militantes políticos, universitários, políticos, trabalhadores sociais e outros se utilizaram de suas teses para defender seus próprios pontos de vista.

2 Marcas de um legado

Não há dúvida de que Paulo Freire deu uma grande contribuição à educação para a justiça social[4] e à concepção dialética

---
2. Freire, 1977 [1970].
3. Ibid.
4. Torres, 2014.

da educação[5]. A pedagogia autoritária e seus teóricos combatem suas ideias justamente por seu caráter emancipatório e dialético. Seja como for, aceitemos ou não suas ideias, ele constitui um marco decisivo na história do pensamento pedagógico mundial. Não se pode reduzir a contribuição de Paulo Freire apenas à alfabetização popular de adultos. Sua contribuição ultrapassa seu método, situando-se num âmbito mais amplo da educação e da teoria do conhecimento.

Paulo Freire deixou, como legado, uma filosofia política e educacional e um método de investigação e de pesquisa, ancorados numa antropologia e numa teoria do conhecimento, imprescindíveis não só para a formação crítica do educador, mas, igualmente, para a formação de profissionais de outras áreas.

Ele destacou, como poucos, a **importância das políticas educacionais**, criticando a educação bancária, e propondo novos instrumentos técnico-metodológicos que estabeleceram os princípios fundantes qualitativos de procedimentos pedagógicos e de pesquisa científica na área de educação, em muitas partes do mundo, potencializando a criação de novas epistemologias e de novas filosofias políticas da educação.

A pergunta que podemos fazer hoje é a seguinte: esse projeto de uma educação para a construção de uma sociedade democrática com justiça social é ainda válido?

Creio que a sua pedagogia continua válida não só porque precisamos ainda de mais democracia, mais cidadania e de mais justiça social, mas porque a escola e os sistemas educacionais se encontram hoje frente a novos e grandes desafios diante da generalização da informação e do uso de novas tecnologias na

---

5. Gadotti, 1996.

sociedade. Para enfrentar esses novos desafios, a escola, nesse novo contexto, precisa tornar-se um organismo vivo e organizador dos múltiplos espaços de formação, precisa tornar-se um "círculo de cultura", como dizia ele, muito mais gestora do conhecimento social do que "lecionadora". E, para isso, Paulo Freire tem muito a contribuir, pois, em toda a sua vasta obra, ele insistiu nas metodologias, nas formas de aprender e ensinar, nos métodos de ensino e pesquisa, nas relações pessoais, enfim, no diálogo, necessário para aprender e ensinar com sentido. Como ele afirma em sua *Pedagogia da Autonomia*, "ensinar e aprender não podem dar-se fora da procura, fora da boniteza e da alegria"[6]. Paulo Freire nos aponta para a educação do século XXI, e não para a expansão da educação do século XIX.

A utopia é uma categoria central do pensamento de Paulo Freire. Por isso, ele se opõe diametralmente à **educação neoliberal**, pois o neoliberalismo recusa o sonho e a utopia. Na perspectiva neoliberal, bancária, da educação, a qualidade visa a uniformizar procedimentos e projetos. Nessa concepção da qualidade, os professores são excluídos da discussão das políticas educacionais. Eles não têm voz. O que se busca é a "estandardização" (fordismo, toyotismo) da qualidade, da avaliação, da aprendizagem. Para essa concepção os docentes não têm conhecimento científico; seu saber é inútil. Por isso, não precisam ser consultados. Eles só precisam receber receitas, apenas "como fazer", sem se perguntar por que fazer. Eles só servem para aplicar novas tecnologias. Se continuarmos nessa direção, a sala de aula perderá sua centralidade e a relação professor-aluno entrará em declínio em favor da relação aluno-computador.

---

6. Freire, 1997, p. 67.

Um dos grandes desafios da educação atual é justamente reverter heranças de uma concepção/realização da educação predominantemente autoritária e mercantil. É a esfera pública perdendo a hegemonia do projeto educacional para a esfera privada, transpondo para dentro da educação a ética do mercado. Ao contrário, Paulo Freire nos fala de uma "ética universal do ser humano"[7], opondo-se ao pensamento neoliberal. Enquanto o pensamento freireano é utópico, o pensamento neoliberal abomina o sonho e a utopia. No seu livro *Pedagogia da Autonomia* ele destaca:

> [...] daí a crítica permanentemente presente em mim à malvadez neoliberal, ao cinismo de sua ideologia fatalista e a sua recusa inflexível ao sonho e à utopia. Daí a minha raiva, legítima raiva, que envolve o meu discurso quando me refiro às injustiças a que são submetidos os esfarrapados do mundo. Daí o meu nenhum interesse de, não importa que ordem, assumir um ar de observador imparcial, objetivo, seguro, dos fatos e dos acontecimentos. Em tempo algum pude ser um observador "acinzentadamente" imparcial, o que, porém, jamais me afastou de uma posição rigorosamente ética[8].

A ideologia neoliberal considera a educação como um serviço, uma mercadoria, e não como um direito. A sua referência é o mercado, não a cidadania. Seus projetos estão muito mais voltados para a compra de equipamentos e de material didático. Não são projetos educativos em seu sentido estrito. Essa ideologia não se pergunta sobre os fins da educação, pergunta que vem sendo intencionalmente omitida. É o domínio dos meios sobre os fins. Preocupamo-nos muito com a **qualidade**

---

7. Ibid., p. 16.
8. Ibid., p. 15.

da educação – e precisamos sim nos preocupar –, mas, antes de mais nada, precisamos saber de que qualidade estamos falando e de que educação estamos falando. A discussão da qualidade da educação e da avaliação pressupõe a discussão dos fins da educação e dos fins da avaliação.

A avaliação tem sido um dos temas mais debatidos na educação contemporânea. Nunca os meios de avaliação foram tão aperfeiçoados. Chegamos muito perto da perfeição. Mas não chegamos a discutir, com a mesma profundidade, o que estamos avaliando, porque estamos avaliando, "a favor de quem ", "contra quem", diria Freire. Para entender o sentido da avaliação é preciso debruçar-se sobre o sentido da educação e da aprendizagem.

3 Contribuições ao paradigma da Educação Popular

A educação é um processo universal, mas são muitas as concepções e práticas que a materializam. Por isso, é preciso qualificá-la, isto é, dizer de que educação estamos falando. Aqui nos referimos ao paradigma da Educação Popular que tem marcado a América Latina e que embasa inúmeras experiências e projetos inspirados em muitos educadores revolucionários como José Marti, Simon Bolívar, Simon Rodriguez, Orlando Fals Borda e Paulo Freire. Trata-se de uma rica e variada tradição reconhecida pelo seu caráter emancipatório, alternativo, alterativo e participativo[9].

A educação não é um processo neutro. A Educação Popular, como toda educação, pressupõe um projeto de sociedade. O que a caracteriza é sua clara e explícita opção política. Em

---

9. Brandão, 2006.

suas origens estão: o anarquismo do proletariado industrial do início do século passado; o socialismo autogestionário; o liberalismo radical europeu; os movimentos populares; as utopias de independência; as teorias da libertação; e a pedagogia crítica, dialética.

Sem perder seus princípios, a Educação Popular vem se reinventando hoje, incorporando as conquistas das novas tecnologias, retomando velhos temas e incorporando outros: o tema das migrações, da diversidade, o lúdico, a sustentabilidade, a interdisciplinaridade, a questão de gênero, etnia, idade, desenvolvimento local, emprego e renda etc., mantendo-se sempre fiel à leitura do mundo das novas conjunturas.

Pode-se dizer que Paulo Freire foi o educador brasileiro que mais abriu as portas para a **Educação Popular como política pública** por meio de sua atuação como Secretário Municipal de Educação de São Paulo[10]. Ele mostrou que a Educação Popular é um processo que se constrói ao mesmo tempo dentro e fora do Estado. O Estado, como a sociedade, não é algo monolítico. É uma arena que está em constante processo de transformação. Por isso, Paulo Freire defendia a tese de que a Educação Popular pode e deve inspirar as políticas públicas de educação[11]. Como concepção geral de educação, a Educação Popular não se restringe ao campo da educação não formal. Como concepção de educação, a ela pode ser considerada como uma das mais belas contribuições da América Latina ao pensamento pedagógico universal, "uma concepção de educação que deve ser estendida ao conjunto dos sistemas educacionais"[12].

---

10. Freire, 1991.
11. Beisiegel, 2008
12. Brandão, 2006, p. 54.

Ele queria que se falasse de Educação Popular na escola pública e que a própria concepção popular de educação se tornasse a concepção hegemônica. Ele não entendia a Educação Popular apenas como educação não formal, por mais que valorizasse a informalidade. Ele queria não só democratizar a educação, mas garantir que ela pudesse "ser popular", isto é, incorporar em suas práticas os princípios emancipatórios da Educação Popular como parte de um projeto de sociedade. Diz ele:

> [...] quando fui Secretário de Educação da cidade de São Paulo, obviamente comprometido com fazer uma administração que, em coerência com o nosso sonho político, com a nossa utopia, levasse a sério, como devia ser, a questão da participação popular nos destinos da escola, tivemos, meus companheiros de equipe e eu, de começar pelo começo mesmo. Quer dizer, começamos por fazer uma reforma administrativa para que a Secretaria de Educação trabalhasse de forma diferente[13].

Paulo Freire entende Educação Popular como cultura e como processo de mobilização social com vistas à criação de um poder popular. Foi assim que ele a definiu, em agosto de 1985, numa entrevista concedida à educadora Rosa Maria Torres. Nessa entrevista ele afirma que "a Educação Popular se delineia como um esforço no sentido da mobilização e da organização das classes populares com vistas à criação de um poder popular"[14]. Para fazer Educação Popular não é necessário estar trabalhando com adultos. A Educação Popular é um conceito de educação que independe da idade do educando, "porque a Educação Popular, na minha opinião", diz Paulo Freire, "não se confunde, nem se restringe apenas aos adultos. Eu diria que o

---

13. Freire, 1993, p. 74.
14. Freire. In: Torres, 1987, p. 74.

que marca, o que define a Educação Popular não é a idade dos educandos, mas a opção política, a prática política entendida e assumida na prática educativa"[15].

Paulo Freire pegou, no final da vida, um período de refundação da Educação Popular, correspondente ao final dos anos oitenta e início dos noventa. A Educação Popular incorporou novos temas e reforçou outros, tais como: o diálogo de saberes, os conceitos de sociedade civil, movimentos sociais e ONGs, política cultural, a questão de gênero, a questão ambiental, a valorização da subjetividade, da intertransculturalidade etc., distanciando-se de uma leitura puramente reprodutivista da educação. O Estado deixou de ser encarado como inimigo, como na época das ditaduras latino-americanas. De uma concepção superpolitizada e unitária, a Educação Popular tornou-se mais plural, ganhando em diversidade de teorias e práticas. Algumas ONGs passaram a fazer parcerias com administrações populares e democráticas. O processo da Educação Popular se enriqueceu com as novas propostas de educação cidadã[16] e educação em direitos humanos[17].

A participação cidadã é um princípio pedagógico, mas é, também, um direito humano. A educação para a cidadania é uma educação em direitos humanos e vice versa. A educação para a cidadania, buscando fortalecer a participação e o controle social, e empoderando pessoas como sujeitos de direitos, forma na luta para a garantia dos mesmos.

---

15. Ibid., p. 86-87.
16. Antunes e Padilha, 2010.
17. Pini e Moraes, 2011.

4 O "Sistema Paulo Freire"

O projeto político-pedagógico de Freire – o chamado "Sistema Paulo Freire" – precisa ser entendido no conjunto de um projeto maior: um projeto de nação. Se Paulo Freire precisa ser reinventado, como ele queria, também precisa ser retomado no que se refere a esse **projeto de mundo** brutalmente interrompido pelo golpe civil-militar de 1964.

Os anos de 1960 foram particularmente marcados pelo otimismo pedagógico, seguidos por uma década de pessimismo que levou mais tarde às teses do "fim da história" e da ascensão do neoliberalismo, criticados por Paulo Freire em seu último livro *Pedagogia da autonomia*.

Pode-se dizer que Paulo Freire ficou distante dessa polêmica, mantendo a dialética entre otimismo e pessimismo, na perspectiva gramsciana – pessimismo da inteligência e otimismo da vontade –, sendo caracterizado pelos seus estudiosos, ora como andarilho do óbvio, ora como andarilho da utopia.

Desde muito cedo, com um pé fincado na leitura da realidade, ele se envolveu em projetos muito ambiciosos, como demostra a sua tese apresentada como exigência para o concurso para professor da Universidade do Recife, em 1959, *Educação e atualidade brasileira*.

Entre essas obras se passaram 37 anos, e Freire se manteve numa linha de coerência e de aprofundamento de suas ousadias de juventude; entre elas, o "Sistema Paulo Freire", muito mais um projeto para o Brasil do que simplesmente um sistema educacional.

Há todo um percurso a ser trilhado se desejamos retomar esse projeto, pois seria necessário reposicioná-lo nos dias de hoje, com o avanço das novas tecnologias da informação, de um lado, e, de outro, no novo contexto do aprofundamento do projeto neoliberal e do neoconservadorismo.

Deveríamos começar pelo resgate dos fundamentos do "Sistema" e de estudos posteriores sobre ele, passando pela criação e posterior desenvolvimento da "Metodologia Mova"[18], a partir de sua experiência como Secretário Municipal de Educação de São Paulo (1989-1991) e desembocando na *Política Nacional de Educação popular* (2014) e no *Marco de referência da educação popular para políticas públicas*[19].

Paulo Freire pensava grande, como se costuma dizer. Antes do exílio ele se envolveu com um **projeto político global**, uma disputa, que colocou o Brasil, e ele próprio, na chamada Guerra Fria[20]. Precisaríamos reler Paulo Freire a partir desse projeto que foi muito pouco explorado, entendendo o contexto de hoje e o contexto de ondem que levou Paulo Freire a repensar o projeto de Brasil pós-colonial, enredado inicialmente numa disputa entre católicos e liberais, no início do século passado e, depois, na disputa na qual ele estava particularmente envolvido e que o levou ao exílio em 1964.

Os fundamentos político-pedagógicos do "Sistema Paulo Freire" foram expostos pelos seus criadores na revista *Estudos Universitários*, Revista de Cultura da Universidade do Recife[21]. Esse número da revista é particularmente emblemático porque é aí que aparecem as primeiras ideias do que foi chamado de "Método Paulo Freire", parte daquele Sistema. Segundo Carlos

---

18. Gadotti, 2008.
19. Brasil, PR/SGPR, 2014.
20. Kirkendall, 2010.
21. *Estudos Universitários,* 1963.

Rodrigues Brandão[22]: "na cabeça dos seus primeiros idealizadores, o método de alfabetização de adultos era a menor parte de um sistema de educação" do povo e, por extensão, de todas as pessoas "que imaginou poder inverter a direção e as regras da educação tradicional, para que os seus sujeitos, conscientes, participantes, fossem parte do trabalho de mudarem as suas vidas e a sociedade".

O *Programa Nacional de Alfabetização* (PNA), criado por Paulo Freire em 1963, no governo de João Goulart, fazia parte desse projeto de sociedade. O PNA representava não só um salto qualitativo em relação às campanhas de alfabetização anteriores, mas um momento do processo de construção de um novo **projeto de poder e de desenvolvimento nacional.**

Tudo isso cairia por terra com o golpe civil-militar de 1964. Anos mais tarde, numa entrevista sobre esse período, concedida a Claudius Ceccon e Miguel Darcy de Oliveira e publicada numa edição especial do jornal *O Pasquim*, Paulo Freire disse que "o negócio era tão extraordinário que não poderia continuar [...]. Pesava demais na balança do poder. Era um jogo muito arriscado para a classe dominante"[23].

Faz falta hoje uma Política Nacional de Educação Popular, defendida desde meados do século passado por Paulo Freire e como vem sendo reinventada pelo Instituto Paulo Freire[24], nesses últimos 30 anos. A práxis do IPF poderia servir de base para repensarmos o projeto do jovem Paulo Freire.

---

22. Brandão, 2006, p. 83-84.
23. *O Pasquim*, 1978, p. 13-14.
24. Gadotti e Carnoy, 2018.

5 Paulo Freire, um pensador da cultura

Paulo Freire já foi comparado com muitos educadores e sua pedagogia foi entendida de diversas maneiras. Ele não só influenciou muitos pensadores, como também foi influenciado por outros. Ele sofreu influências diversas: seu pensamento humanista inspirou-se no personalismo, bem como no existencialismo, na fenomenologia e no marxismo.

Embora não se possa falar com muita propriedade de fases do pensamento freireano, pode-se dizer que a influência do marxismo ocorreu depois da influência humanista cristã. São momentos distintos, mas não contraditórios. Como afirma o filósofo alemão Woldietrich Schmied-Kowarzik[25], em seu livro *Pedagogia dialética*, Paulo Freire combina temas cristãos e marxistas na sua pedagogia dialético-dialógica. Trata-se de um pensador da cultura, um dialético. A educação é uma prática antropológica por natureza, portanto ético-política. Por essa razão, pode tornar-se uma prática libertadora. O que há de original em Freire com relação ao marxismo ortodoxo é que ele afirma a subjetividade como condição da revolução, da transformação social. Daí o papel da educação como conscientização.

A associação entre o humanismo e o marxismo enriquece seus textos e faz com que eles sejam lidos por um público muito numeroso. Seu pensamento representa a síntese de fontes diferentes, o que coloca, para o leitor iniciante, o problema de apreendê-lo de forma global[26].

A contribuição de Paulo Freire ao pensamento educativo mundial não se limita ao que ele diretamente escreveu ou rea-

---

25. Schmied-Kowarzik, 1983.
26. Gadotti, 1994.

lizou, mas ao que se está fazendo com o seu legado. O que vem sendo feito, por exemplo, pelos Institutos Paulo Freire, pelas Cátedras Paulo Freire, entre outros grupos e instituições que estão dando continuidade e reinventando sua obra, é também extremamente relevante hoje ao analisarmos a trajetória intelectual e política de Freire.

Embora ele parta de uma realidade latino-americana, Freire não se limita a ela. Ele dialoga com outras realidades e, assim, elabora uma **teoria complexa**. A pedagogia de Paulo Freire adquiriu um significado universal, uma vez que a relação oprimido-opressor, que ele abordou, ocorre universalmente e suas teorias se enriqueceram com as mais variadas experiências e práticas em diversas partes do mundo. A pedagogia do diálogo que ele praticava fundamenta-se numa filosofia pluralista. O que não significa ter posições "adocicadas", como ele costumava dizer; significa ter um ponto de vista e, a partir dele, dialogar com os demais.

Sua obra teórica tem servido como fundamento de trabalhos acadêmicos e inspirado práticas em diversas partes do mundo, desde os mocambos do Recife às comunidades barakumins do Japão, passando pelas mais consagradas instituições educacionais do Brasil e de outros países. Tal influência abrange as mais diversas áreas do saber: a pedagogia, filosofia, teologia, antropologia, serviço social, ecologia, medicina, psicoterapia, psicologia, museologia, história, jornalismo, artes plásticas, teatro, música, educação física, sociologia, pesquisa participante, metodologia do ensino de ciências e letras, filologia, ciência política, currículo escolar e a política de educação dos meninos e meninas de rua.

A crescente publicação das obras de Paulo Freire em dezenas de idiomas e a ampliação de fóruns, cátedras e centros de pesquisa criados para pesquisar e debater o seu legado, bem como o número de trabalhos escritos sobre ele, são indicações da grande **vitalidade do seu pensamento**. Tal projeção confere ao conjunto de suas produções o caráter de uma obra universal.

A educação problematizadora e a metodologia da pesquisa dos temas geradores, duas das suas principais inovações teóricas e metodológicas, têm sido implementadas não somente nos estudos sociais e nos currículos de educação de adultos, educação básica e ensino superior, mas também em diversas áreas, como o ensino de matemática e física, planejamento educacional, estudos de gênero, literatura, psicologia educacional, e assim por diante.

Não podemos ver Freire apenas como um educador de adultos ou como um acadêmico, ou reduzir sua obra a uma técnica ou metodologia. Ela deve ser lida dentro do "contexto da natureza profundamente radical de sua teoria e prática anticolonial e de seu discurso pós-colonial", como sustenta Henry Giroux[27]. Isso nos vai mostrar que Freire assumiu o risco de cruzar fronteiras para poder ler melhor o mundo e assumir novas posições sem sacrificar seus compromissos e princípios.

A pedagogia de Paulo Freire adquiriu **sentido e significado universal** a partir da relação entre oprimido e opressor, demonstrando que isso ocorre em todo o mundo. Suas teorias, como já dissemos, têm sido enriquecidas por muitas e variadas experiências em muitos países. Além dos países em que o próprio Paulo Freire trabalhou diretamente, muitos outros têm traduzido suas ideias em numerosas práticas com resultados muito positivos.

---

27. Giroux, 1993, p. 177.

Faz mais de meio século que sua principal obra, *Pedagogia do Oprimido*, foi escrita e continua ainda muito atual. Para aqueles que não se conformam com o pensamento único neoliberal, para aqueles que acreditam que "um outro mundo é possível", a palavra "oprimido" não perdeu vigência, não perdeu sentido e nem atualidade: "a importância de Paulo Freire foi de ter mostrado que o oprimido jamais é somente um oprimido. É também um criador de cultura e um sujeito histórico que, quando conscientizado e organizado, pode transformar a sociedade"[28].

Como afirma Henry A. Giroux:

> *Pedagogia do Oprimido* continua a desempenhar vigoroso papel na concepção de variados debates por todo o mundo a respeito da natureza, significado e importância da educação como forma de política cultural [...], reescreve a narrativa da educação como um projeto político que, ao mesmo tempo, rompe as múltiplas formas de dominação e amplia os princípios e práticas da dignidade humana, liberdade e justiça social [...], retraça o trabalho de ensinar como prática de todos os trabalhadores culturais engajados na construção e organização do conhecimento, desejos, valores e práticas sociais [...], reescreve a linguagem da política dentro e não fora da responsabilidade radical da ética [...], encarna o compromisso de toda a vida de um homem que associa teoria e ação, compromisso e humildade, coragem e fé[29].

---

28. Boff, 2008, p. 16.
29. Giroux, 1996, p. 569-570.

6 Um mapa de navegação em tempos obscuros

O escritor e psicanalista brasileiro Rubem Alves afirma que *Pedagogia do Oprimido* é como um "mapa de navegação" como aqueles que eram produzidos:

> na época das grandes navegações, que apontam para as terras obscuras que existem mais no sonho do que no conhecimento – mapas proféticos que abrem caminhos inexplorados e convidam o viajante a sair das seguras rotas conhecidas e a se aventurar por regiões que outros nunca visitaram. Paulo Freire fez isto: sugeriu caminhos novos para o pensamento. Mostrou circularidade dos caminhos velhos da educação, pelos quais se caminhava sem nunca se sair do lugar [...]. A obra de Paulo Freire foi isto: semente frutífera que vai morrendo e se transformando como exigência da própria vida que vai explodindo os limites que aprisionam[30].

Várias gerações de educadores, antropólogos, cientistas sociais e políticos, profissionais das áreas de ciências exatas, naturais e biológicas foram influenciadas por ele e ajudaram a construir uma pedagogia fundada na liberdade. O que ele escreveu faz parte da vida de toda uma geração que aprendeu a sonhar com um mundo de igualdade e justiça, lutou e está lutando por um outro mundo possível.

Alguns certamente gostariam de deixar a obra de Paulo Freire nas prateleiras, no passado, na história da pedagogia. Outros gostariam de esquecê-lo, por causa de suas opções políticas. Certamente, suas ideias não agradaram a todos. Em certos lugares, até hoje, ele é interditado. Mas, para os que desejam

---

30. Alvez, 2008, p. 35.

conhecer e viver uma pedagogia de inspiração humanista e para a justiça social, sua obra é imprescindível.

A força do seu pensamento não está só na sua teoria do conhecimento, mas em apontar uma direção, mostrar que é possível, urgente e necessário mudar a ordem das coisas. Paulo Freire não só convenceu tantas pessoas em tantas partes do mundo pelas suas teorias e práticas, mas também porque despertava nelas, pessoalmente ou por meio de seus escritos, a capacidade de sonhar com uma realidade mais humana, menos feia e mais justa. Como legado nos deixou a utopia.

7 Por que celebrar o centenário de Paulo Freire?

Entendemos o centenário de Paulo Freire como um espaço-tempo de articulações, como um processo formativo e de mobilização com vistas à transformação da realidade, à garantia de direitos, direito a uma educação emancipadora.

A práxis de Paulo Freire opôs-se ao neoliberalismo e hoje, ao celebrar o centenário, estamos também nos contrapondo à ofensiva ideológica neoconservadora e fortalecendo o pensamento crítico freireano, promovendo ações e projetos alternativos à mercantilização da educação promovida pelo projeto neoliberal.

Nossas celebrações têm um significado e um sentido propositivo e prospectivo. Trata-se de agregar e compartilhar as atividades não como eventos separados, mas unidos em torno das mesmas causas. Não competir entre elas, mas compartilhar o que é comum e diferente.

Essa é a visão que temos das celebrações do centenário.

Enfim, voltando à pergunta inicial: *por que celebrar Freire?*

Busco uma resposta possível a partir de um e-mail que recebemos no Instituto Paulo Freire, no dia seguinte de seu falecimento, entre mais de 700 mensagens. Uma dela diz textualmente: "*minha vida não seria a mesma se eu não tivesse lido a obra de Paulo Freire. O que ele escreveu ficará no meu coração e na minha mente*".

Em tempos obscuros como o que estamos vivendo, de retrocessos sociais e políticos, precisamos de referenciais como os de Paulo Freire, para nos ajudar a encontrar o melhor caminho, de resistência e luta, nessa travessia. Para superar essa onda conservadora, nossa resposta a esses tempos obscuros é celebrar Freire.

Referências

ALVES, R. "Estar sempre pronto para partir..." In: GADOTTI, M. (org.). *40 olhares sobre os 40 anos da* Pedagogia do Oprimido. São Paulo: Instituto Paulo Freire, 2008, p. 35.

ANTUNES, Â.; PADILHA, P.R. *Educação cidadã, educação integral*: fundamentos e práticas. São Paulo: Instituto Paulo Freire, 2010.

BEISIEGEL, C.R. *Política e Educação Popular*: a teoria e a prática de Paulo Freire no Brasil. Brasília: Liber, 2008.

BOFF, L. "*Pedagogia do Oprimido* e *Teologia da Libertação*". In: GADOTTI, M. (org.). *40 olhares sobre os 40 anos da* Pedagogia do Oprimido. São Paulo: Instituto Paulo Freire, 2008, p.16-17.

BRANDÃO, C.R. *O que é Educação Popular*. São Paulo: Brasiliense, 2006.

BRASIL– PR/SGPR. *Marco de referência da Educação Popular para políticas públicas*. Brasília: BR/SGPR, 2014.

Estudos Universitários – Revista de Cultura da Universidade do Recife., n. 4, abr.-jun./1963.

FREIRE, P. *Educação e atualidade brasileira*. São Paulo: Instituto Paulo Freire/Cortez, 2000.

FREIRE, P. *Pedagogia da autonomia*: saberes necessários à prática educativa. São Paulo: Paz e Terra, 1997.

FREIRE, P. *Política e educação*. São Paulo: Cortez, 1993.

FREIRE, P. *Educação na cidade*. São Paulo: Cortez, 1991.

FREIRE, P. *Pedagogia do Oprimido*. Rio de Janeiro: Paz e Terra, 1977.

FREIRE, P.; Faundez, A. *Por uma pedagogia da pergunta*. São Paulo: Paz e Terra, 1985.

GADOTTI, M. *Mova*: por um Brasil alfabetizado. São Paulo: Instituto Paulo Freire, 2008.

GADOTTI, M. *Reading Paulo Freire*: His Life and Work. Albânia: Suny Press, 1994.

GADOTTI, M. (org.). *Paulo Freire*: uma biobibliografia. São Paulo: Cortez/Instituto Paulo Freire, 1996.

GADOTTI, M.; CARNOY, M. (orgs.). *Reinventando Freire*: a práxis do Instituto Paulo Freire. São Paulo: Instituto Paulo Freire, 2018.

GIROUX, H.A. "Um livro para os que cruzam fronteiras". In: GADOTTI, M. (org.). Paulo Freire, uma biobibliografia. São Paulo: Cortez, 1996, p. 569-570.

GIROUX, H.A. "Paulo Freire and the Politics of Postcolonialism". In: McLAREN, P.; Leonard, P. *Paulo Freire*: a Critical Encounter. Londres/Nova York: Routledge, 1993, p. 177-188.

KIRKENDALL, A.J. *Paulo Freire and the Cold War Politics of Literacy*. Carolina do Norte: Green Press Initiative, 2010.

O Pasquim, n. 462, 05/05/1978, p. 13-14.

PINI, F.R.O.; MORAES, C.V. (orgs.). *Educação, participação política e direitos humanos*. São Paulo: Instituto Paulo Freire, 2011.

SCHMIED-KOWARZIK, W. *Pedagogia dialética*: de Aristóteles a Paulo Freire. São Paulo: Brasiliense, 1983.

TORRES, C.A. *First Freire*: early writings in Social Justice Education. Nova York/Londres: Teachers College Press, 2014.

TORRES, R.M. (org.). *Educação Popular*: um encontro com Paulo Freire. São Paulo: Loyola, 1987.

2
Por que Paulo Freire mais do que nunca?

Walter Omar Kohan

> *[...] en una revolución verdadera, a la que se le da todo, de la cual no se espera ninguna retribución material, la tarea del revolucionario de vanguardia es a la vez magnífica y angustiosa. Déjeme decirle, a riesgo de parecer ridículo, que el revolucionario verdadero está guiado por grandes sentimientos de amor. Es imposible pensar en un revolucionario auténtico sin esta cualidad.*
>
> Ernesto Che Guevara, 1978, p. 21-22.

> *[...] sempre digo que a única maneira que alguém tem de aplicar, no seu contexto, alguma das proposições que fiz é exatamente refazer-me, quer dizer, não seguir-me. Para seguir-me, o fundamental é não seguir-me.*
>
> Paulo Freire, 2017 [1985], p. 60.

Vivemos em tempos de horror, de desprezo pela vida, especialmente por vidas que estão marcadas, excluídas, violentadas, descontadas por causa de sua raça, gênero, classe social, cultura. São vidas que têm cores, histórias, culturas que, de uma forma ou outra, contestam o mundo que se pretende consolidar e a narrativa que o acompanha. Achile Mbembe deu-lhe um nome ao nosso tempo: necropolítica, ou "[...] a instrumentalização generalizada da existência humana e a destruição material de corpos humanos e populações"[1]. No Brasil a necropolítica articula poderes, mídia e instituições e resulta por momentos asfixiantes pelo caráter exagerado, grotesco e arrepiante dessa política da morte que se tem instalado entre nós. O que mais dói é que não se trata apenas de uma política de um governo, mas ela parece ser acompanhada por uma parte da população, inclusive a que mais a padece.

Contudo, o problema é mais fundo. Infelizmente, não estamos sós e não se trata apenas do Brasil nem do mundo material. Uma outra dimensão que acompanha a necropolítica é o império do digital e a privatização das vidas que circulam nesse mundo. Nos termos de Shosana Ziboff, é o capitalismo de vigilância em seu apogeu, uma forma de exercer o poder inédita que acaba supeditando a política à economia e, mais especificamente, os sistemas de governo formalmente democráticos a uma lógica imposta pelo próprio capital através das grandes redes sociais privadas[2]. Acreditamos que nos refugiamos nas redes, que ganhamos reconhecimento e escolhemos muita coisa no mundo virtual quando, dessa forma, contribuímos a um sistema que consolida a formação de sujeitos consumidores objetivando maximizar o lucro colocando em risco a vida humana e a do próprio planeta.

---

1. Mbembe, 2018, p. 10-11.
2. Ziboff, 2019.

Nesse contexto, no título deste pequeno texto, o leitor notará que existe uma expressão temporal: "mais do que nunca". E também comecei este escrito me referindo aos tempos em que vivemos. Que tempo sugere a expressão "mais do que nunca"? Que relação existe entre o tempo sinalizado pelo "mais que nunca" e os tempos que vivemos em relação a Paulo Freire? Por que, nestes tempos atuais, de necropolítica e sujeitos sujeitados às redes sociais de consumo, "Paulo Freire mais do que nunca"?

A princípio, o tempo contido na expressão "mais do que nunca" parece um tempo óbvio, porque "nunca" é a ausência total de tempo, nenhum tempo, zero tempo, por tanto, "mais do que nunca" seria qualquer tempo: um segundo, um minuto, uma hora, um dia, um mês, um ano, um século, até um décimo de segundo, qualquer quantidade de tempo seria mais do que nunca, sendo nunca zero tempo. Contudo, a expressão "mais do que nunca" parece expressar que um certo tempo parece mais significativo que qualquer um dos outros tempos; algo assim como se dissesse: "neste tempo como em nenhum outro tempo".

A expressão está também no título de um livro que publiquei recentemente[3] e quando estávamos traduzindo a expressão para o inglês sentimos algo estranho porque "mais do que nunca" em inglês seria "mais do que sempre" (*more than ever*) e então o jogo se tornou ainda mais sério porque que tempo é "mais do que sempre"? Não resulta nada óbvio. Pelo contrário, se "mais do que nunca" resulta qualquer tempo, "mais do que sempre" parece um tempo impossível porque "sempre" é o tempo inteiro, a completude do tempo: que tempo seria então mais tempo do que a totalidade do tempo?

---

3. Kohan, 2019.

Na expressão "mais do que nunca" (ou "mais do que sempre") parece também faltar uma outra palavra temporal: "hoje" ou "agora"... Entretanto, tanto "hoje" quanto "agora" denotam um tempo um tanto esquivo: quando é agora? Agora? Não, porque agora já passou... Agora? Também não porque agora é já um outro agora; assim, agora nunca é o mesmo agora, basta pronunciá-lo que ele passa a ser parte do passado sendo substituído por um outro agora; que por sua vez é substituído por um outro e assim sucessivamente sem nunca esse movimento se deter; agora, por exemplo, não é mais o mesmo tempo que quando escrevi a primeira palavra desta frase; o mesmo acontece com hoje, só que a duração de hoje é um pouco maior (24 horas; se cada hora tem 60 minutos e cada minuto 60 "agoras", então cada hora tem 360 agoras e um dia inteiro tem aproximadamente 8.640 agoras; é só uma questão de quantidade maior); mas, amanhã, quando eu revisar este texto, já será outro "hoje" e para os leitores deste texto "hoje" terá se movido ainda mais. E assim sucessivamente: cada dia hoje deixa de ser hoje e se torna ontem. E amanhã passa a ser hoje. Assim anda o tempo, um tipo de tempo pelo menos. Ele está instalado no futuro, esperando o presente chegar e logo se torna passado. Assim costuma ser entendido o tempo: o presente seria um presente móvel e o hoje que é o presente desta escrita será um passado no presente de cada leitura: cada experiência de leitura estará em um outro "hoje", que hoje é futuro e que logo da leitura se tornará passado. Assim entendida, a vida humana começa com muito futuro e pouco passado e seu passado vai crescendo e seu futuro diminuindo. O presente é apenas um agora, o limite entre o passado e o futuro, uma dobradiça que propicia a passagem de um para outro.

Por isso, este tempo é, de certa forma, um tempo paradoxal: o "hoje" do "agora" (ou o "agora" do "hoje") num futuro próximo deixará de ser presente e engrossará o passado. É um presente que é futuro até se tornar passado, daí seu caráter paradoxal: de certa forma, nunca está presente ou nunca permanece no presente. O presente nesse tempo dura pouco: um instante (agora) ou 24 horas (hoje). Em todo caso, é um presente efêmero porque passa rápido e inevitavelmente. Então uma das formas em que poderia ser lido o título deste escrito é que, neste presente que está passando agora ou hoje, como em nenhum outro momento ou dia presente, Paulo Freire é muito importante; que ele é mais importante "atualmente" (agora, hoje ou como seja interpretado o momento "atual") do que nunca, no Brasil e em outros lugares, por algumas razões que apresentarei a seguir.

A primeira dessas razões é por ele ter enfatizado, como poucos, que a educação é política e que o trabalho dos educadores é um trabalho político. Isto é importante hoje mais do que nunca diante dos ataques à educação pública por governos conservadores como o do Brasil (mas não só) porque restitui à educação um poder, uma potência que ninguém pode tirar. Que a educação é política não significa que ela deva estar relacionada a um partido político, ao sistema institucionalizado de governo ou a qualquer projeto político específico. Ou seja, a educação não está – e não pode ou não deveria estar – relacionada, enquanto política, a um modo de entender e fazer política. Ao afirmar que a educação é política, Paulo Freire significa algo mais importante, interessante e radical: que educar significa viver politicamente, construir *pólis*, gerar comunidade, exercer o poder de uma certa forma ao praticar relações educativas. Essa forma pode ser solidária, igualitária, amigável, cooperativa, atenta, sensível, democrática e liberadora como ele tanto gostava ou, ao contrário, pode ser uma forma que faça um desserviço ao povo e à comunidade, e seja praticada de forma autoritária, hierárquica, competitiva, desatenta, embrutecedora. Paulo Freire chamava à primeira educação de problematizadora e à segunda de bancária. Também poderia ser de muitas outras formas. Hoje, mais do que nunca, precisamos uma educação problematizadora que abra os sentidos do mundo que habitamos. Contudo, a forma dessa educação permanece aberta nos seus sentidos políticos e faz parte dela não afirmar um modo ou projeto único, dominante e acabado de comunidade.

A segunda razão para que hoje (ou agora) seja Paulo Freire mais sentido do que nunca é por ele ter pensado não apenas em uma educação problematizadora, mas por tê-la vivido. Em outras palavras, por não dissociar a vida do pensamento, as ideias da prática. Entendo a politicidade da educação em cinco princípios[4], o primeiro dos quais é precisamente a vida. Com isto quero dizer que uma educação política como a defendida por Freire afirma uma vida filosófica que nunca deixa de se questionar: por que vivemos desta maneira e não de outra? Portanto, uma educação filosófica (que Freire chamou de "problematizadora", "emancipadora", "libertadora" ou "transformadora") toca e afeta politicamente a vida individual e coletiva, nutre os poderes de viver, a partir do exercício de questionar, com outros, o sentido da própria vida individual e coletiva. Nesse sentido, a filosofia não é entendida como um sistema de pensamento, mas como um fazer da vida um problema filosófico, e a educação é uma terra muito propícia para esse exercício. É também nesse sen-

---

4. Desdobrei cada um desses princípios em Kohan, 2019.

tido que entendo a importância de Paulo Freire no momento (uma outra palavra tempo) presente.

A terceira razão é por Paulo Freire ter sustentado a igualdade como um princípio pedagógico irrenunciável, o que significa que todas as vidas são igualmente aprendentes, que todas as vidas têm igual poder para aprender e viver. Em sociedades tremendamente desiguais como as nossas, a igualdade educativa é um princípio para enfrentar discursos da incapacidade e da deficiência, como os que afirmam coisas tais como: "não são capazes", "não nasceram para isso", "não estão preparadas". São discursos que clausuram o futuro de alguns e algumas (claro, sempre são clausuradas as mesmas vidas, oprimidas, excluídas, aquelas vidas que não contam para o discurso dominante). Ao contrário, para Paulo Freire o futuro educacional de todas e todos está em aberto e qualquer pessoa pode aprender qualquer coisa se lhe forem oferecidas as condições para fazê-lo, e esta é uma dimensão insubstituível da tarefa política da educação: oferecer as condições para que todas e todos possam aprender o que são igualmente capazes de aprender e desejam aprender; rejeitar o discurso da incapacidade ou da impotência, muitas vezes instalado entre as próprias colegas. Esse princípio é mais importante do que nunca num tempo em que a educação é liberada às forças do mercado e a educação pública e a formação de educadores desatendida, descuidada e desprotegida como está sendo atualmente entre nós.

A quarta razão está no amor, não entendido apenas como um sentimento ou afeto entre pessoas, mas também como uma forma de politização, de habitar politicamente o mundo e mais especificamente a educação. Paulo Freire afirmou que "quanto mais se ama, mais se ama"[5], o que significa que o amor é uma força generativa, vital para expandir, enriquecer, tornar a vida mais bela e justa. O amor educativo é um amor pelas pessoas que participam do ato educativo, mas também pelo mundo, pela vida, pela posição que ocupamos quando educamos. O amor alimenta a vontade transformadora de mundo que movimenta a educação pública e popular, tão desconsiderada entre nós. É também um amor que vive da diferença, a expande; finalmente, o amor é uma espécie de confiança e de esperança irrenunciável de que, através de uma educação problematizadora, um outro mundo pode sempre nascer; que o mundo sempre pode ser de uma outra forma, ou de que sempre podem caber novos mundos, mundos diferentes, no mundo que habitamos.

Encontramos uma outra razão, inspirados na vida e na obra de Paulo Freire, na ideia de errância. Efetivamente a politização da educação também se manifesta em seu errar ou vagabundear, no duplo sentido de vidas educativas que valorizam positivamente o errar e o caminhar como formas de vagabundear, andarilhar, mover-se pelo mundo, que vem uma in-quietude no trabalho docente... sem antecipar um destino final para essa viagem docente. O errar tem pelo menos um duplo sentido: erramos quando nos equivocamos e erramos quando nos deslocamos sem antecipar o sentido do deslocamento. Ambas as formas de errar são importantes e parte do trabalho docente diz respeito a transformar essas duas formas de errar em oportunidades de aprendizagem e de ensino; alguns pensam que ensinar é trazer aos outros ao próprio conhecimento; seriam os outros que não sabem que precisariam se deslocar até o saber docente; pensamos diferentemente: ensinar significa deslocar-se, vagar pelo

---

5. Freire. In: Gadotti, 2001, p. 54.

mundo sem antecipar o significado da viagem, tornando os alunos e as alunas companheiras de uma viagem que é sentida e encaminhada na própria estrada. Viajar de verdade exige andar atento aos sentidos que a própria viagem propicia, com um destino aberto para a viagem. Também por isso a viagem educacional é política, porque ela se abre aos mundos outros do mundo que surgem durante a viagem pedagógica. Essa viagem também supõe que o mundo está aberto e, ao mesmo tempo, abre o mundo; assim, a "errância educacional" dá origem a outro mundo na sua própria errância; mundo que não podemos e não devemos antecipar para que seja efetivamente um mundo novo surgido na e da viagem coletiva, comunitária, compartilhada.

Finalmente, a importância de Paulo Freire tem a ver com a sua relação com a infância, a sua extraordinária infantilidade. Nesse sentido, Paulo Freire mostrou que a infância não é apenas algo a ser educado, mas algo que educa. Por isso a politicidade da educação é também uma forma de relação com a infância: em educação não se trata apenas (ou sobretudo) de educar a infância para que os infantes abandonem a infância, mas de estarmos atentos e atentas a ela, escutá-la, cuidar dela, mantê-la viva, vivê--la nas crianças e também em nós, adultos. Tradicionalmente, a educação é pensada desde a lógica da formação da infância para um certo tipo de adultez. Aqui, a pensamos, ao contrário, como uma escuta da e na infância, uma viagem infantil.

Paulo Freire, que não se dedicou especialmente à educação da infância cronológica, a das crianças pequenas, manteve uma relação singular com sua própria infância e com todas as infâncias: sempre cuidou de manter vivas em sua própria vida a curiosidade, a inquietação, a intensidade, a sensibilidade e a atenção tão próprias de uma vida infantil. A vida infantil parecia-lhe inspirar condições que qualquer educador e educadora deveria ter o cuidar de manter vivas durante toda a sua vida para educar pessoas de diferentes idades. É por isso que uma educação política é uma educação infantil, uma educação nas infâncias, pelas infâncias, atenta e sensível às infâncias; é por isso que Paulo Freire afirmou uma pedagogia infantil da pergunta: uma errância educativa movida pelo poder de estranhamento da infância em sua atenção, sensibilidade, curiosidade, inquietude e presença. Por isso não há educação sem infância(s), mas infância(s) na educação.

Claro que ao pensarmos com e através da(s) infância(s) também somos levados a pensarmos com e através do(s) tempo(s) e então retornam com toda a sua força as nossas curiosidades e estranhezas infantis geradas pelas expressões "mais do que nunca" e "mais do que sempre", porque assim como vimos que "agora" e "hoje" passam e estão, "(quase) sempre" no futuro ou no passado e "(quase) nunca" no presente, há também uma infância que passa como aquele tempo. É a infância dos anos de idade que para todos os adultos é algo próprio do passado, já vivida. É a infância cronológica, a dos estágios de desenvolvimento, o futuro mais próximo do nascimento, que é medido pelo relógio, o calendário, o número de anos, a idade, a quantidade de tempo vivido, as fases ou etapas da vida. É uma infância que ocupa um tempo que passa e que para mim e os leitores e leitoras desse texto já é coisa do passado. Quase como o agora e o hoje, embora ela dure, nos dias de hoje, bastante mais anos que em outros tempos passados. Essa é a infância que educamos, dizemos nós, para uma sociedade melhor, para formar os "cidadãos do futuro" nas instituições que criamos para isso, com seus privilégios e dessabores.

Mas existem outras infâncias e, dentre elas, uma outra infância, assim como existe um outro tempo. Uma infância que é precisamente uma forma de habitar o tempo, muito diferente da forma adulta. Porque, assim como há um tempo que passa, há um outro tempo que não passa. Assim como há uma forma de pensar, sentir e habitar o tempo com números e quantidades e de organizá-las em partes (como passado e futuro e o presente no meio deles), há uma outra forma que tem mais a ver com intensidades, qualidades e ardores. É o tempo, por exemplo, do brincar, que vivemos tão intensamente na infância, e que nos faz sentir, quando brincamos, como se o tempo não passasse, como se o tempo fosse puramente presente, sem passado nem futuro. É também o tempo da experiência da arte, do amor, do pensamento, da pergunta. Assim, amar exige suspender e esticar o presente ou, dito de outra maneira, existe um outro tempo quando amamos com essa intensidade infantil; pois não se pode amar infantilmente olhando para o relógio assim como não se pode brincar ou criar ou perguntar "por quê?" cronometrados por minutos ou segundos. Só se ama no presente, como só se brinca no presente. Se aquela primeira infância, cronológica, é a que educamos em nossas instituições, essa outra infância, do tempo presente... essa infância que é também um modo de viver o tempo é a que nos educa, educa a nós educadores e educadoras, pedindo-nos que estejamos presentes no presente. Pede-nos que habitemos a educação como um ato de presença para além da passagem do tempo cronológico, das horas e dias, dos agoras e dos hojes. Essa infância convida-nos a habitar o tempo de educar em um outro presente, não efêmero.

Esse presente temporal nos convida a pensar também na polissemia da palavra "presente". Porque ela significa um tempo (que pode ser mais ou menos efêmero), mas também uma presença, um estarmos presentes, uma forma de presença que educa nessa sua forma de se relacionar ao presente. Finalmente, a palavra presente também nos lembra de um regalo, uma forma de doação, algo que se oferece gratuitamente, sem esperar algo em troca; o presente estabelece uma forma de relação não mercantil, não necessariamente retribuída, sem permuta ou intercâmbio.

Por isso, como afirma Ernesto Che Guevara na carta-texto que nos serve de primeiro epígrafe: alguém "verdadeiramente" educador é uma espécie de revolucionário, sem estar à espera de trocas e isso torna a sua tarefa ao mesmo tempo magnífica e angustiante. Não há aqui uma idealização ou romantização da que, sabemos, duríssima tarefa docente. Essa condição não diz respeito às condições materiais da profissão docente que defendemos e afirmamos, mas a um certo amadorismo (nem incompatível nem em oposição àquela) e que tem relação com a sua amorosidade tal como acabamos de apresentar e que o próprio Che Guevara afirma no mesmo texto da epígrafe: é impossível pensar um autêntico revolucionário (educadora ou educador) sem a sua amorosidade. A educação como presente é algo que se oferece em si mesmo, amorosamente, graciosa e gratuitamente, num ato que encontra sentido e valor em si mesmo. Nas condições que são as nossas, convivem na figura educadora sua profissionalidade e seu amadorismo e sem essa última condição a educação renunciaria pouco menos que a si mesma. Também por isso a politicidade da educação manifesta-se na sua amorosidade.

Podemos então voltar às nossas expressões inicias "mais do que nunca" e "mais do que sempre". Elas parecem referir-se a dois tempos ou duas experiências de tempo muito diferentes.

A primeira remete a um tempo medido em quantidades: mais ou menos tempo, um tempo que passa, irremediavelmente, que não se detém, quase sem outro presente que a efemeridade de um instante. "Mais do que sempre" habita um outro tempo ou uma outra experiência temporal. É um tempo literalmente impossível como parece ser também impossível deter a passagem do tempo no primeiro sentido proposto. Porém, esse tempo, que na experiência cronológica parece impossível de ser vivido como presente, torna-se, ao mesmo tempo, um tempo necessário, imprescindível para certas experiências que só podem acontecer se for possível sentir que o tempo não passa, como brincar, amar, artistar, pensar e, quem sabe, educar.

A própria expressão "ao mesmo tempo" que acabamos de registrar mostra o caráter paradoxal da questão que estamos escrevendo. Porque literalmente, é impossível que existam dois tempos que sejam um tempo só na lógica da sequência cronológica. Como o tempo passa, anda, um segundo não pode estar no mesmo tempo que outro segundo. O movimento cronológico é sequencial, consecutivo, sucessivo: não pode haver, nesse tempo, dois tempos ao mesmo tempo. Contudo, se não houver dois segundos no mesmo segundo, dois tempos no mesmo tempo, não poderíamos pensar, viver, pois nenhuma de nossas ações poderia ter um mínimo de continuidade. Assim, que existam dois tempos ao mesmo tempo é impossível, mas também necessário.

Paulo Freire habitava e habita este outro tempo, impossível e necessário. Ele disse que todos os educadores precisam cuidar e manter viva aquela experiência infantil do tempo, aquele tempo presente de brincadeiras e questionamentos curiosos para estar presentes na relação pedagógica, para fazer daquela relação um presente e uma presença, algo que não passa. Se o tempo de uma educação cronológica é medido como uma linha, o tempo que não passa toma a forma de uma figura circular na qual o fim encontra o início. Como os círculos culturais do movimento cultural popular, Paulo Freire também mostrou como a educação habita estes dois tempos, o tempo que passa, que marca a infância como uma etapa da vida, e o que não passa, que abre uma infância como força inspiradora e mobilizadora da vida.

Assim chegamos ao final deste breve texto. Espero que o leitor ou leitora o tenha lido num tempo presente. Se assim for, ele ou ela terá sentido em algum momento que o tempo parou de passar; talvez se sentiu presente na leitura e quem sabe recebeu esta escritura e a leitura por ela provocada como um presente, sem pensar na sua utilidade o serviço. Nesse caso, como em um círculo, permitimo-nos voltar uma vez mais ao início, à questão do título: Por que Paulo Freire mais do que nunca? Vale a pena notar, se ainda não o fizemos, que se trata de uma pergunta infantil, nos dois sentidos da palavra: uma pergunta que começa por "por que?", como aquelas que nós fazemos quando crianças de uma certa idade, mas também uma pergunta que nós fazemos quando queremos deter o tempo e entender ou problematizar por que algo está sendo da forma que está sendo.

Espero que a leitora ou leitor sinta que, de alguma forma, este texto, que está chegando ao seu final, responde a esta pergunta sem respondê-la. Que temos pensado e escrito sobre ela, mas também que a deixamos em aberto para voltar a pensar sobre ela. Que os pensamentos aqui afirmados não esgotam nem acabam a pergunta. Ao contrário, ela fica mais aberta agora do que inicialmente. As tentativas de pensar a pergunta têm fortalecido ela e, sobretudo, nossa potência infantil de perguntar. Em certo sentido, assim estaríamos fazemos algo muito infantil: de um fim um início, algo impossível num tempo e talvez necessário em outro tempo.

Estes são tempos muito difíceis em que vivemos. Nesses tempos, manter vivo o significado de algumas perguntas pode se tornar necessário para a sobrevivência e para continuar fazendo o caminho no próprio caminhar[6]. E em qualquer tempo, passado ou futuro, será sempre possível manter algumas perguntas vivas no presente. Talvez também por isso Paulo Freire hoje é mais importante do que nunca em terras educacionais: por fazermos pensar que uma educação atenta e à escuta da infância e algo necessário e impossível. Assim, pensar com Paulo Freire sobre a politização da educação torna-se uma possibilidade e uma oportunidade: nunca desistir de trabalhar por uma educação que ajude na construção de um outro mundo, mais belo, amoroso, solidário, menos injusto e feio do que aquele em que vivemos. Um mundo aberto que alguns podem pensar como improvável, mas que talvez hoje mais do que nunca precisemos afirmar. Algo impossível e necessário, como responder as perguntas que nos inquietam.

Referências

CHE GUEVARA, E. "El hombre nuevo". In: *Cuadernos de Cultura Latinoamericana*. México: Unam, 1978.

FREIRE, P.; FAUNDEZ, A. *Por uma pedagogia da pergunta*. 8. ed. Rio de Janeiro: Paz e Terra, 2017 [1985].

FREIRE, P.; HORTON, M. *We Made the Road by Walking*. Filadélfia: Temple University Press, 1990 [*O caminho se faz caminhando*: conversas sobre educação e mudança social. Org. por Brenda Bell, John

---

6. Freire e Horton, 2018.

Gaventa e John Peters. Trad. de Vera Josceline. Notas de Ana Maria Araújo Freire. 1. reimp. Petrópolis: Vozes, 2018].

GADOTTI, M. *Paulo Freire*: uma biobibliografia. São Paulo: Cortez, 2001.

KOHAN, W.O. *Paulo Freire mais do que nunca* – Uma biografia filosófica Belo Horizonte: Vestígio, 2019.

MBEMBE, A. *Necropolítica*: biopoder, soberania, estado de exceção, política da morte. São Paulo: N-1, 2018.

ZUBOFF, S. *The age of surveillance Capitalism*. Londres: Profile Books, 2019.

3
Paulo Freire, presente!

Por uma pedagogia crítica na atualidade

Aline Choucair Vaz

Esse texto trata em um primeiro momento de um breve recorte na história pública de Paulo Freire, destacando a concepção dos MITOS na sociedade brasileira por ele apontados no livro *Pedagogia do Oprimido* em diálogo com o cenário atual. Nesse percurso pretende-se analisar a importância do pensamento de Freire para uma pedagogia crítica e de enfrentamento dos retrocessos sociais no Brasil na atualidade.

Paulo Freire foi um autor e educador marcante no pensamento científico das Humanidades no cenário brasileiro, além de sua importância em âmbito internacional. Na História da Educação sua contribuição está inicialmente relacionada às campanhas de alfabetização de adultos nas décadas de 1950 e 1960 no Brasil. O Movimento de Cultura Popular neste período, sobretudo no Nordeste brasileiro, marcou uma série de experiências que versavam sobre outro processo educativo: a incorporação da realidade social dos/as sujeitos no universo da aprendizagem.

As *fichas de cultura* apontavam o homem e a mulher como criadores/as de sua própria cultura em um processo antropológico. Segundo Freitas e Biccas, naquele momento "cultura foi definida como um conjunto de ideias, valores, crenças, hábitos assimilados desde o nascimento [...] tudo que existe na natureza é cultura"[1]. Com base nas *fichas de cultura* foram criados os *círculos de cultura* – momentos em que o processo de alfabetização de adultos acontecia de forma horizontalizada com base nas *palavras geradoras* –, estas palavras detinham um poder semântico que saía do universo dos sujeitos envolvidos e com perspectiva para além de sua silabação – mas com sentidos sociais e políticos. As *palavras geradoras* eram mediadoras da vida das pessoas, representavam um universo de rompimento daquilo que se via em um método tradicional "mecânico" popularmente conhecido como "Eva viu a uva", que não representa a cultura diversa das populações e dos grupos sociais e nem se problematiza essa expressão. O levantamento das *palavras geradoras* se inicia com base na problematização do universo vocabular dos/as educandos/as. Por meio deste levantamento, o/a educador/a media e estimula nos/as educandos/as o encontro de novas palavras e sentidos: o/a protagonista da aprendizagem é o/a educando/a. Para Vasconcelos e Brito[2]:

> PALAVRA GERADORA: Propicia a criação de novas palavras por meio de combinações silábicas, aplicada no método Paulo Freire de alfabetização de adultos. A palavra geradora advém do contexto dos estudantes. Constitui-se como unidade básica na organização do programa de atividades e na futura orientação dos debates nos "círculos de cultura". As palavras escolhidas

---

1. Freitas e Biccas, 2009, p. 236.
2. Vasconcelos e Brito, 2006, p. 148.

variam conforme o lugar, sendo recolhidas do meio e posteriormente selecionadas, em número aproximado de dezessete. Dentre elas, as mais frequentes: eleição, voto, povo, governo, tijolo, enxada, panela, cozinha. Cada uma dessas palavras é dividida em sílabas e reunidas em composições diferentes, formando novas palavras. Esta dinâmica caracteriza a modalidade da "ação cultural".

Os círculos de cultura têm especial ensejo nesta dinâmica, pois rompiam a organização tradicional de uma sala de aula e o momento do debate era especial para o processo de alfabetização e conscientização. Para Freire[3] a ideia era afastar de "[...] uma alfabetização puramente mecânica. Desde logo, pensávamos a alfabetização do homem brasileiro, em posição de tomada de consciência, na emersão que fizera no processo de nossa realidade". Como protagonista do processo, o/a educando/a deveria ser estimulado/a pelo/a educador/a na compreensão dos problemas que o/a cerca. Freire sempre vinculou esse processo de alfabetização a algo maior, de conscientização dos sujeitos e da democratização das culturas. Neste "Manual do Monitor", que tratava do "Método Paulo Freire" em Mossoró[4], era perceptível a importância de fazer com que o sujeito se veja como responsável pela melhoria de sua própria vida, conforme se verifica abaixo:

---

3. Freire, 2014, p. 102.
4. SOCIEDADE DE ESTUDOS E ATIVIDADES FILOSÓFICAS/Núcleo Regional de Mossoró. *II Semana de Filosofia do Rio Grande do Norte* – Método Paulo Freire. Manual do Monitor. Mossoró, mai./1981, p. 2-4. Acervo da autora.

O HOMEM DOMINANDO A NATUREZA

É muito importante que o povo CONVERSE sobre sua situação, para ver como está vivendo, COMO DEVE viver e como AGIR para melhorar de vida.

PRIMEIRO CARTAZ - As coisas da natureza e as coisas feitas pelo homem.

. O homem é que faz a cultura.

. O homem trabalha e domina a natureza para satisfazer as suas necessidades.

SEGUNDO CARTAZ

. O homem cria muitas coisas para dominar a natureza.

. O homem é criador porque tem inteligência.

TERCEIRO CARTAZ

. Comparação do caçador de arco e flecha com o caçador de espingarda.

. O homem melhora sempre a maneira de atender as suas necessidades.

QUARTO CARTAZ

- O jeito do homem vencer a natureza é diferente do jeito dos animais. Por exemplo: o gato e o homem têm necessidade de se alimentar. O gato e o homem caçam. A maneira do homem caçar é diferente da maneira do gato caçar (o gato nunca muda a maneira de caçar). O homem inventa novas maneiras de atender as suas necessidades.

- O HOMEM PRECISA APROVEITAR DO FRUTO DO SEU TRABALHO.
- A PESSOA HUMANA TEM MUITAS MANEIRAS DE DOMINAR A NATUREZA E FAZER CULTURA:
    - trabalha na terra - agricultura (plantação e criação)
    - transforma os produtos da terra - fábricas (indústrias)
    - presta serviços - transporte, comércio, hospital, escola, diversão, obras de arte, na política
        (a política deve ser a serviço do bem comum)
    - as pessoas precisam se comunicar para fazerem cultura. A pessoa sozinha e isolada não consegue fazer cultura.

Primeira Lição

1. Palavra geradora: F A M Í L I A
2. Idéias para discussão:

As necessidades fundamentais da pessoa: alimentação, saúde, vestuário (roupa), propriedade (terra), abrigo (casa), trabalho, família (parentes), educação (escola), divertimentos, amizades, associações (sindicato, cooperativa, clubes), transporte (ônibus, trem, carro, avião), comunicação (rádio, jornal, revista, televisão, correio), religião, segurança, garantia das leis, participação política.

3. Finalidade da conversa

Despertar o grupo para:
- descobrir a importância da família;
- descobrir os bens necessários para a família viver bem, despertando para as necessidades fundamentais da pessoa;
- descobrir a necessidade do verdadeiro companheirismo entre marido e mulher;
- os direitos e deveres do marido, da mulher e dos filhos;

4. Encaminhamento da conversa

a) O que vocês estão vendo neste quadro?
b) O que a família precisa para viver bem?
c) Como vive a mulher no meio da família?
d) A mulher ficou somente para os trabalhos de casa? Por que?
e) Uma família pode progredir sozinha?

As palavras geradoras propiciavam um universo vocabular de ampliação do mundo a partir de outras referências que o/a monitor/a e educador/a indicava. A concepção política de Freire permeava os processos educativos, como sentido de imersão no mundo como cidadão, tanto que Freire, dizia não querer propor um "método", mas um sistema educativo de conscientização dos sujeitos.

Os movimentos de alfabetização populares foram fundamentais para galgar novos sujeitos no processo da leitura e escrita e na participação popular cidadã no Nordeste, porém com a Ditadura Civil-militar no ano de 1964 foram perseguidos pelo Estado brasileiro. Em 1967 foi criado o Movimento Brasileiro de Alfabetização (Mobral), que não teve os mesmos índices positivos como os processos populares anteriores na alfabetização e que trabalhava com uma perspectiva de civismo e conformação da sociedade brasileira diante dos valores do Regime Civil-militar autoritário[5]. A ideia era substituir os movimentos populares anteriores tidos como "subversivos", porque e tão somente eram baseados na crítica social e na participação efetiva dos sujeitos por meio de sua história.

---

5. Cf. Freitas e Biccas, 2009.

Paulo Freire foi preso no ano de 1964, durante 72 dias e acusado de subversão[6]. Depois partiu para o exílio no Chile e escreveu um dos seus livros mais conhecidos, *Pedagogia do Oprimido*. Também foi para os Estados Unidos e Suíça prestando consultoria educacional e escrevendo textos. Quando o autor retorna ao Brasil filiou-se ao Partido dos Trabalhadores e, em 1989, assumiu a Secretaria Municipal de Educação de São Paulo, na gestão de Luíza Erundina.

Sobre a gestão de Paulo Freire na Secretaria Municipal de São Paulo/SP:

> A Gestão Paulo Freire demonstrou o maior respeito às camadas populares, à sua maioridade. Deu créditos as suas histórias de vida, a seus saberes contruídos, a sua cultura vivificada em cada gesto, crença, palavra, ato... Primou por garantir a vez e a voz de todos os envolvidos, no processo educativo, provando a necessidade da unidade dialética da teoria com a prática na construção de uma proposta pedagógica democrática[7].

Com a ideia de "mudança da cara da escola", Freire defendia uma gestão colegiada da melhora das condições de trabalho dos professores e professoras com uma formação coletiva de trabalho com a equipe da gestão; intensificação dos canais de comunicação da Secretaria com os professores e professoras da Rede; implementação, em todas as escolas, dos Conselhos das Escolas; realização das plenárias pedagógicas, instauração dos grêmios escolares e de um "ambicioso plano de reorientação curricular"[8]. Com a sua extensa bibliografia de textos e livros e com um pro-

---

6. Cf. *Memórias da ditadura* [Disponível em http://memoriasdaditadura.org.br/biografias-da-resistencia/paulo-freire/ – Acesso em 25/03/2021].
7. Albuquerque, 2001, p. 166.
8. Cf. Albuquerque, 2001.

cesso de alfabetização conhecido pelo mundo, Freire entra na História por seu papel nas Humanidades de questionamento do *status quo* e da tentativa da modificação das relações educativas entre educando/a e educador/a. No entanto, no momento atual, é perceptível grande rede de mentiras e acusações sobre o autor no Brasil, como ocorreu na Ditadura Civil-militar de 1964 – no caso atual se convive com os resquícios da extrema direita e da tentativa por alguns grupos do retorno do Estado autoritário.

Freire e a criação dos mitos – Atualidade da *Pedagogia do Oprimido*

O livro *Pedagogia do Oprimido* foi escrito no Chile, no período do exílio de Freire, entre os anos de 1964 e 1968. É um livro que tece considerações sobre as relações de opressão na sociedade, sendo que a partir da leitura e da tomada de consciência do oprimido é possível que ele resgate a sua vocação ontológica do "ser mais". Neste sentido, tem um caráter revolucionário – as premissas de combate à alienação e o rompimento da educação bancária, conferem o desgaste das estruturas de desigualdade. Neste aspecto:

> Quem, melhor que os oprimidos, se encontrará preparado para entender o significado terrível de uma sociedade opressora? Quem sentirá, melhor que eles, os efeitos da opressão? Quem, mais que eles, para ir compreendendo a necessidade da libertação? Libertação a que não chegarão pelo acaso, mas pela práxis de sua busca; pelo conhecimento e reconhecimento da necessidade de lutar por ela. Luta que, pela finalidade que lhe derem os oprimidos, será um ato de amor, com o qual se oporão ao desamor contido na violência dos opressores,

até mesmo quando esta se revista da falsa generosidade referida[9].

A chamada "libertação" em Freire é um processo mais profundo e ampliado porque, além de passar pelas questões de ordem pessoal de como o sujeito se vê e realiza no mundo, também perpassa as relações de Poder e das estruturas sociais e econômicas; neste aspecto é perceptível, dentre outros referenciais, a contribuição de Marx[10] no texto de Freire. No entanto, o autor não limita a análise do viés apenas econômico na dinâmica da *infraestrutura* e *superestrutura*. As questões econômicas estão envolvidas com outros contextos da vida dos indivíduos, sem um grau de hierarquização nesta lógica.

Freire discorre sobre um elemento fundamental na construção social que tem relação com a ideia de MITO. Neste particular:

> O mito, por exemplo, de que a ordem opressora é uma ordem de liberdade. De que todos são "livres para trabalhar onde queiram". Se não lhes agrada o patrão, podem então deixá-la e procurar outro emprego. O mito de que esta "ordem" respeita os direitos da pessoa humana e que, portanto, é digna de todo apreço. O mito de que todos, bastando não ser preguiçosos, podem chegar a ser empresários – mais ainda, o mito de que o homem que vende, pelas ruas, gritando: "doce de banana e goiaba" é um empresário tal qual o dono de uma grande fábrica. O mito do direito de todos à educação, quando o número de brasileiros que chegam às escolas primárias do país e o do que nelas conseguem permanecer é chocantemente irrisório. O mito da igualdade de classe,

---

9. Freire, 1987, p. 20.
10. Cf. Marx e Engels, 1985.

quando o "sabe com quem está falando?" é ainda uma pergunta dos nossos dias[11].

Na premissa capitalista vende-se uma ideia que todos e todas podem chegar onde queiram, desde que tenham *vocação* e *predestinação* para isso. Weber[12] discorreu sobre essa questão. Isso na realidade é um MITO, pois existe como discurso, mas não efetivamente se concretiza nas relações sociais. Por MITO se pode definir: "O mito é uma narrativa. É um discurso, uma fala. É uma forma de as sociedades espelharem suas contradições, exprimirem seus paradoxos, dúvidas e inquietações"[13]. Como o Brasil apresenta uma sociedade ex-escravocrata e desigual, evidenciada desde o seu processo de colonização – negros, negras e sujeitos com parcos recursos materiais são alvo da pobreza e do descaso público. Ocupam postos que ganham salários menores e têm pouca mobilidade social. É a relação que Carvalho[14] discorreu sobre "o doutor, o crente e macumbeiro" no Brasil. Tal relação é expressa na pergunta "Você sabe com quem está falando?" – questão que o próprio Freire exemplifica neste trecho do livro *Pedagogia do Oprimido*.

Carvalho[15] tratou de como na prática é a Polícia que define o processo de cidadania no Brasil, pactuada pelas noções do sujeito branco com recursos materiais e poder – titulado como "Doutor". Já o "Crente", que é funcionário do branco "doutor" e ganha um salário modesto para sobreviver, é o seu subordinado/a dependente, e o "Macumbeiro" – não é à toa que tem a conotação religiosa e racial – a palavra *macumba* foi

---

11. Freire, 1987, p. 86.
12. Cf. Weber, 2004.
13. Rocha, 2017, p. 3.
14. Cf. Carvalho, 1992.
15. Ibid.

utilizada de forma pejorativa no imaginário popular associada às religiões de matriz afro-brasileiras. O "macumbeiro" é em sua maioria, o negro e negra marginalizados/as, e não estão nem na condição dos brancos "crentes" que ganham em média um salário mínimo e que são dependentes para trabalhar para os brancos "doutores". O "macumbeiro" é a figura do sujeito que não consegue um trabalho de carteira assinada, que vive nas comunidades periféricas e, inclusive, sem moradia adequada e que, para sobreviver, vai para o trabalho informal, muitas das vezes para a contravenção, fazer um "serviço inapropriado" para o próprio "Doutor". Carvalho[16] reiterou que o "macumbeiro" não consegue exercer a sua cidadania e é alvo da Polícia; o crente tem cidadania "mediada" e monitorada, e por isso não conquistada e vivida, pela benevolência do "Doutor", que este sim, tem os seus direitos resguardados e intocados pela própria Polícia, que trabalha a seu favor.

Freire[17] denuncia que na década de 1960 os direitos da pessoa humana pareciam ser respeitados, mas não eram, constituindo-se também como MITO – isso parece tão atual. Neste sentido, o autor traz uma conotação expressa na "Declaração Universal dos Direitos Humanos" de 1948. Documento que, após a Segunda Guerra Mundial, tentou reiterar a importância dos principais direitos dos seres humanos, após o Holocausto e o genocídio evidenciados em décadas anteriores no mundo. No seu primeiro artigo, a Declaração Universal postula já a palavra dignidade: "Todas as pessoas nascem livres e iguais em *dignidade* e direitos. São dotadas de razão e

---

16. Ibid.
17. Freire, 1987.

consciência e devem agir em relação umas às outras com espírito de fraternidade"[18].

Interessante observar que o Brasil também assinou a Declaração Universal dos Direitos Humanos na mesma data, porém como pensar se todas as pessoas são iguais e são respeitadas em sua dignidade, se nascem em situações muito diferentes e são alvo de preconceitos e limitações em razão disso? Como analisar essa afirmativa em um contexto histórico de tanta desigualdade social como da sociedade brasileira? Freire continua tocando na ferida social, quando expõe que os empresários donos de fábricas não são os mesmos que "vendem banana e goiaba nas ruas". MITO achar que é uma questão de preguiça ou vontade; por mais que o vendedor de frutas trabalhe, a mobilidade social para ele é lenta e ainda será culpado por não ter "chegado lá" na ótica burguesa. Neste aspecto, Freire incide sobre o preconceito de classe. Preconceito esse que, a meu ver, não pode ser apagado das obras do autor, que muitas vezes se vê o realce pelos/as leitores/as dos escritos que versam sobre o amor do educador e educando no processo educativo, mas não expõem também a crítica social ao capital e à estrutura desigual que Freire foi explícito ao tocar diversas vezes em suas várias obras e entrevistas disponíveis na mídia.

No livro *Pedagogia do Oprimido*, o autor tece todo esse componente que, inclusive, está impregnado na educação bancária. Pelos estudos da História da Educação, a educação não foi no Brasil um direito de todos e todas, tendo razão, quando Freire encara mais esse MITO no livro. As lutas pela democratização da escola e de qualidade foram alvo de vários educa-

---

18. *Declaração Universal dos Direitos Humanos*, art. 1º, 1948. Grifo da autora.

dores e educadoras ao longo do século XX e do século XXI na sociedade brasileira. Quantos e quantas na década de 1960 não sabiam ler nem escrever e não iam para as escolas regulares? E Freire salienta no mesmo *Pedagogia do Oprimido* uma discussão de que muitos e muitas que tinham acesso à escolarização formal encontravam uma educação bancária, que desprezava os saberes dos educandos/as e os forjava para uma educação de repetição. Ele entende a educação bancária como uma prática de dominação:

> A educação como prática da dominação, que vem sendo objeto desta crítica, mantendo a ingenuidade dos educandos, o que pretende, em seu marco ideológico, (nem sempre percebido por muitos dos que a realizam) é indoutriná-los no sentido de sua acomodação ao mundo da opressão[19].

Neste caso, a Educação é legitimadora das desigualdades sociais e não transformadora dos sujeitos para serem "mais". A Educação no sistema bancário cumpre um papel de "depositar" ou "transferir" saberes de forma automática e sem crítica, desumanizando o processo educativo. O Estado desigual se vale da Educação para que as desigualdades se mantenham. Por que então Freire ainda é visto por muitos e pelo governo atual por ter um pensamento perigoso?

Paulo Freire e notícias falsas pela internet

Brasil, outubro de 2018. Chega como presidente eleito, Jair Messias Bolsonaro. Eleito em um sistema democrático, o presidente e seu grupo exaltam a nossa última Ditadura Civil-Militar

---

19. Freire, 1987, p. 43.

de 1964. Dentre os vários inimigos eleitos por esse grupo está Paulo Freire, que faleceu em 02 de maio de 1997 e não viu o ano de 2018 no futuro. No entanto, Freire foi preso e exilado e conheceu o Brasil da última ditadura com todos os seus dissabores e problemas. Em várias entrevistas e momentos discorreu sobre isso. Em um Programa com o entrevistador Serginho Groisman foi perguntado por uma jovem:

> Jovem: Eu gostaria de saber o que foi a Ditadura para a Educação Brasileira?
>
> Paulo Freire: Olha, puxa, eu acho assim, uma pergunta muito bacana e uma pergunta também... Eu imagino a curiosidade de muitos e muitas de vocês quando se põem diante de mim e ouviram falar de mim. Eu até fiquei muito contente agora com essas respostas que eu vi na rua. Eu confesso que ultrapassaram até a minha expectativa. Talvez seja até um pouco de humildade minha, não esperava ser tão conhecido e bem, quanto agora às respostas revelaram. Eu acho que muitos de vocês devem ficar curiosos com relação, por exemplo, o que aconteceu em 64 com um cara que porquê estava preocupadíssimo em desenvolver um Plano, um Programa de Alfabetização de Adultos para o país, fui preso por causa disso. Quer dizer... eu realmente me lembro de que quando fui para o exílio e comecei a discutir na América Latina, na Europa e nos Estados Unidos as razões do meu exílio, as razões porque fui preso e expulso da universidade. Os caras não podiam entender e nem compreender. Eu fui preso e exilado por causa da Ditadura. A Ditadura Militar de 64 considerou e não só considerou, mas disse por escrito, publicou, que eu era um perigoso, subversivo, internacional, um inimigo do povo brasileiro e inimigo de Deus, ainda arranja-

ram essa carga para mim de ser inimigo de Deus. Poxa, acho que a Ditadura estragou esse país da gente durante muito tempo e continua estragando hoje. Quer dizer... evidentemente que a Ditadura Militar não inaugurou no Brasil o autoritarismo. O autoritarismo está entranhado na natureza mesma da nossa sociedade. O Brasil foi inventado autoritariamente, mas os militares deram uma indiscutível contribuição ao autoritarismo. Eles ajudaram muito a crescer o autoritarismo, a violência, a mentira, foi uma coisa trágica isso. Eu acho que esse período de Ditadura no Brasil, Deus queira, agora diria eu, que jamais se reinvente. O meu gosto que nós todos, brasileiras e brasileiros, meninos, meninas, velhos, maduros, que nós todos tomemos tal gosto pela liberdade, tal gosto pela presença no mundo, pela pergunta, pela criatividade, pela ação, pela denúncia, pelo anúncio, que jamais seja possível no Brasil a gente voltar àquela experiência do pesado silêncio sobre nós[20].

Freire explica didaticamente àqueles/as jovens na década de 1990, o que fora a ditadura e o motivo fútil e estranho de ser preso por propor um programa de alfabetização para o país e depois ter que se exilar. O que está tácito em sua resposta é que o motivo que esse programa incomodava a Ditadura é porque a educação freireana é questionadora, crítica e revolucionária, incomoda as estruturas sociais e uma ditadura não sobrevive aos questionamentos e com sujeitos que pensam e se colocam de forma ativa no mundo. É por isso que, hoje, um governo que não tem simpatia pela democracia e com a liberdade de

---

20. *Serginho Groisman entrevista Paulo Freire* – Paulo Freire entrevistado no programa "Matéria Prima" da TV Cultura, 1990. Canal no YouTube Cecierj. Parte da transcrição realizada pela autora [Disponível em https://www.youtube.com/watch?v=Zx-3WVDLzyQ – Acesso em 08/04/2020].

expressão combate ostensivamente Paulo Freire e sua concepção educativa.

Segundo Leite[21], as tecnologias de informação e da pós-verdade são usadas e contribuem para inclusive produzir mentiras e desinformação sobre o legado do autor e de suas obras. As *fake-news* (notícias falsas) fazem infelizmente parte de campanhas políticas partidárias e também da difamação de pessoas. Para a autora: "Taxado de doutrinador e comunista pelo próprio Presidente da República, uma onda de desinformação em torno das ideias freireanas acabou se espalhando em forma de falsas notícias. Sem o devido conhecimento de sua obra, muitas pessoas repercutem essas falácias"[22]. Vídeos pelo YouTube, pelas redes sociais em geral, principalmente Twitter, Facebook e Instagram são insuflados pelos partidários do atual presidente, promovendo inverdades sobre o autor. Muitos estudantes chegam aos cursos de graduação com um senso comum equivocado das obras de Freire e seu legado, sendo tarefa de um/a professor/a crítico problematizá-las em sua formação. A questão que nem todas as formações produzem essa oportunidade. Uma das maiores mentiras propagadas sobre Freire é que as escolas brasileiras revelam o seu pensamento e estão em decadência. No entanto, infelizmente, as escolas brasileiras, em grande parte, não representam o pensamento freireano, mas sim o Positivismo do século XIX e uma educação pautada naquilo que chamamos de "tradicional" e o próprio método de educação bancária, criticado por Freire. O seu programa de alfabetização de adultos foi muito importante e alfabetizou um número expressivo de pessoas,

---

21. Leite, 2019.
22. Ibid., p. 14.

antes de ser ceifado pela ditadura, os mesmos índices satisfatórios o Mobral não teve, que veio a substituí-lo. Independentemente da repressão, perseguição e censura, Freire semeou com as suas obras e sua *práxis* uma indelével contribuição para a educação brasileira.

Freire leva uma conta pelos seus detratores que não é definitivamente a dele. Ele criticou essa estrutura de uma educação bancária e de alunos/as memorizadores/as. Problematizou uma educação que falasse do cotidiano das pessoas, de seus desejos, de seus sonhos e fizesse sentido para educandos/as e educadores/as. Diante da vivência de tempos de resistência a esse cenário desolador de retrocessos no campo político, da saúde, da educação e dos direitos coletivos, é imperioso também salientar, além da perspectiva de luta e do legado do autor, o seu caráter de estímulo da esperança de forma ativa:

> Não sou esperançoso por pura teimosia, mas por imperativo existencial e histórico. Não quero dizer, porém, que, porque esperançoso, atribuo à minha esperança o poder de transformar a realidade e, assim convencido, parto para o embate sem levar em consideração os dados concretos, materiais, afirmando que minha esperança basta. Minha esperança é necessária, mas não é suficiente. Ela, só, não ganha a luta, mas sem ela a luta fraqueja e titubeia. Precisamos da herança crítica, como o peixe necessita da água despoluída. Pensar que a esperança sozinha transforma o mundo e atuar movido por tal ingenuidade é um modo excelente de tombar na desesperança, no pessimismo, no fatalismo. Mas, prescindir da esperança na luta para melhorar o mundo, como se a luta se pudesse reduzir a atos calculados apenas, à pura cientificidade, é frívola ilusão. Prescindir

da esperança que se funda também na verdade como na qualidade ética da luta é negar a ela um dos seus suportes fundamentais. O essencial como digo mais adiante no corpo desta Pedagogia da Esperança, é que ela, enquanto necessidade ontológica, precisa de ancorar-se na prática. Enquanto necessidade ontológica a esperança precisa da prática para tornar-se concretude histórica. É por isso que não há esperança na pura espera, nem tampouco se alcança o que se espera na espera pura, que vira, assim, espera vã[23].

Que esperancemos e não esperemos! Com a ingenuidade nossa esperança se torna desesperança, mas sem a esperança na *práxis* não conseguimos avançar para lutar por um país mais justo. A práxis "pode ser compreendida como a estreita relação que se estabelece entre um modo de interpretar a realidade e a vida e a consequente prática que decorre desta compreensão levando a uma ação transformadora"[24]. Ação, reflexão e transformação, Paulo Freire, Presente!

Referências

ALBUQUERQUE, T.S. "Gestão Paulo Freire: a ousadia de democratizar a 'educação na cidade' de São Paulo (1989-1991)". In: SOUZA, A.I. (org.). *Paulo Freire*: vida e obra. São Paulo: Expressão Popular, 2001.

CARVALHO, J.M. *Brasileiro*: cidadão? Rio de Janeiro: Cultura, 1992.

FREIRE, P. *Pedagogia da Autonomia* – Saberes necessários à prática educativa. 52. ed. Rio de Janeiro/São Paulo: Paz & Terra, 2015.

FREIRE, P. *Educação como prática de liberdade*. 38. ed. Rio de Janeiro/São Paulo: Paz & Terra, 2014.

---

23. Freire, 1997, p. 5.
24. Rossato, 2010, p. 574.

FREIRE, P. *Pedagogia da Esperança* – Um reencontro com a *Pedagogia do Oprimido*. São Paulo: Paz e Terra, 1997.

FREIRE, P. *Pedagogia do Oprimido*. 17 ed. Rio de Janeiro/São Paulo: Paz e Terra, 1987.

FREITAS, M.C.; BICAS, M.S. *História social da educação no Brasil (1926-1996)*. São Paulo: Cortez, 2009.

LEITE, A.P.M. "A alfabetização midiática e informacional em tempos de *fake news* e o legado de Paulo Freire". In: PADILHA, P.R.; ABREU, J. (orgs.). *Paulo Freire em tempos de* fake News – Artigos e projetos de intervenção produzidos durante o Curso da EaD Freiriana do Instituto Paulo Freire. São Paulo: Instituto Paulo Freire, 2019.

MARX, K., ENGELS, F. *O capital* – Crítica da economia política. Vol. III. Tomo 1. São Paulo: Abril 1984 [Coleção Os Economistas].

ROCHA, E.P.G. *O que é mito*. São Paulo: Brasiliense, 2017 [ebook].

ROSSATO, R. "Práxis". In: STRECK, D.R.; REDIN, E. ZITKOSKI, J.J. (orgs.). *Dicionário Paulo Freire*. 2. ed. Belo Horizonte: Autêntica, 2010.

STRECK, D.R. (org.) et al. *Paulo Freire*: ética, utopia e educação. 6. ed. Petrópolis: Vozes, 1999.

VASCONCELOS, M.L.M.C.; BRITO, R.H.P. *Conceitos de educação em Paulo Freire*. Petrópolis/São Paulo: Vozes/Mack Pesquisa-Fundo Mackenzie de Pesquisa, 2006.

WEBER, M. *A ética protestante e o "espírito" do capitalismo*. São Paulo: Companhia das Letras, 2004 [Ed. de Antônio Flávio Pierucci].

Documentos

Declaração Universal dos Direitos Humanos. Adotada e proclamada pela Resolução n. 217A (III) da Assembleia Geral das Nações Unidas em 10/12/1948. Assinada pelo Brasil na mesma data. Biblioteca Virtual de Direitos Humanos da Universidade de São Paulo/USP [Disponível em: http://www.direitoshumanos.usp.br/index.php/Declara%C3%A7%C3%A3o-Universal-dos-Direitos-Humanos/declaracao-universal-dos-direitos-humanos.html – Acesso em 08/04/2021].

Serginho Groisman entrevista Paulo Freire. Paulo Freire entrevistado no programa *Matéria Prima* da TV Cultura, 1990. Canal no YouTube Cecierj. Parte da transcrição realizada pela autora [Disponível em https://www.youtube.com/watch?v=Zx-3WVDLzyQ. Canal no YouTube Cecierj – Acesso em 08/04/2021].

SOCIEDADE DE ESTUDOS E ATIVIDADES FILOSÓFICAS/Núcleo Regional de Mossoró. *II Semana de Filosofia do Rio Grande do Norte – Método Paulo Freire*. Manual do monitor. Mossoró, mai./1981, 13 p. [Acervo pessoal da autora].

4
O centenário Paulo Freire
Com um livro cinquentenário contra os "gabinetes do ódio"

José Eustáquio Romão
Natatcha Priscilla Romão

As comemorações dos 50 anos da conclusão do manuscrito de *Pedagogia do Oprimido* por Paulo Freire, em Santiago do Chile, na primavera de 1968, foram realizadas em várias partes do mundo no ano de 2018. Em 2020, comemoram-se os 50 anos da primeira edição da obra que, ao que tudo leva a crer, teria sido em espanhol, no Uruguai, no ano de 1970, poucos meses antes de sua primeira edição em inglês, nos Estados Unidos. Em 2021, comemora-se o centenário de nascimento de Paulo Freire, em 19 de setembro de 1921. Nesse contexto festivo, cabe revelar a atualidade do livro, além de se dever evidenciar, por um lado, circunstâncias curiosas de sua redação original e, por outro lado, astúcias ideológicas e de segurança nas suas primeiras edições no Brasil e no mundo.

Em relação à redação do texto, permanecem as dúvidas sobre o fato de Paulo Freire ter produzido um manuscrito completo da obra, de que teriam sido sacadas fotocópias; ou se, com base em uma versão datilografada, ele teria passado o livro a limpo, à mão, gerando um manuscrito *a posteriori*, com qual presenteou o ex-ministro da Agricultura do Presidente Salvador Allende, Jacques Chonchol e sua esposa, Maria Edy, uma brasileira de Americana que o chileno conhecera nas festividades do quarto centenário da cidade de São Paulo.

No que diz respeito às primeiras edições, certamente houve editores que, tentando ludibriar a censura prévia dos países que viviam sob regimes ditatoriais na América Latina, omitiram trechos que poderiam comprometer a publicação, como foi o caso do Brasil, que amargava o "endurecimento" da ditadura militar. Neste caso, além de banido do País, Paulo Freire tinha sua produção intelectual proibida nas fronteiras nacionais. Em decorrência, a mutilação da obra, especialmente a do desenho que Paulo fez sobre a "teoria da ação revolucionária" comparando-a com a "teoria da ação opressora"[1] para viabilizar a publicação, se deu com o conhecimento e a anuência do autor, como parece ter sido o caso das primeiras edições de *Pedagogia do Oprimido* pela Editora Paz e Terra, no Brasil. Evidentemente, não se justifica a obra continuar sendo publicada da mesma forma depois da redemocratização do País, a partir de 1985, mantendo as mutilações nas mais de 70 edições.

Em outros casos, as omissões, alterações, emendas e acréscimos tanto podem ter se dado por razões de tradução[2] quanto podem ter sido resultado de tentativas de esconder o caráter revolucionário do livro. Podem ser motivadas, também, por estratégias ideológicas, como a de Peter McLaren, com seu livro *Che Guevara, Paulo Freire y la pedagogía de la revolución*, lançado na

---

1. Cf. Freire, 2018, p. 322 e 323. As citações de *Pedagogia do Oprimido* serão extraídas da edição em *fac-simile* do manuscrito (2018).
2. Está sobejamente demonstrado que não há tradução linguística, mas tradução cultural e que, na passagem de um idioma para outro, um texto sofre alterações formais para, justamente, atender à manutenção da precisão do sentido original. Cf. Eco, 2007.

Feira de Guadalajara: "Este título de meu livro não é uma jogada editorial. Ele tem a intenção de tornar a obra escrita de Che mais conhecida nos Estados Unidos e a de 'desdomesticar' Paulo Freire que já é tão conhecido do público norte-americano"[3]. Em suma, o que o educador norte-americano quis dizer é que, lamentavelmente, embora muito divulgado nos Estados Unidos, Paulo Freire fora (e é) relativamente "domesticado" e esta "domesticação" deve ter se iniciado na tradução (adaptação) e publicação de sua obra mais importante naquele país.

Felizmente, os manuscritos originais foram encontrados e sua divulgação vem resgatando o caráter revolucionário da obra maior de Freire, além de permitir, aos editores, a publicação das próximas edições de acordo com os originais mais autênticos, permitindo, também à humanidade, o acesso à verdadeira obra que se destaca como um dos marcos do pensamento do século XX.

Em 2018, vários e expressivos foram os eventos comemorativos do cinquentenário da conclusão da redação de *Pedagogia do Oprimido*, na primavera de 1968, em Santiago do Chile. No entanto, em se considerando a data da primeira edição da obra, em 1970, evidentemente, as comemorações de seu cinquentenário foram realizadas em 2020. Certamente, em 2021, serão multiplicados os eventos e as publicações sobre Paulo Freire, dado que aí se completam os cem anos de seu nascimento.

Esta iniciativa do Professor Daniel Ribeiro de Almeida Chacon, da Universidade do Estado de Minas Gerais, é muito bem-vinda porque, embora já tenham se multiplicado publicações sobre o mesmo tema, desde 2018, nunca é demais se analisar

---

3. McLaren, 2001.

um dos pensadores mais traduzidos, mais lidos e mais usados como referência em tantos e tão diversos campos do conhecimento no Planeta. E no caso de *Pedagogia do Oprimido*, a obra mais conhecida de Freire, é preciso confrontar suas edições pelo mundo com a segunda edição de *Pedagogia do Oprimido*: o manuscrito, para que se evidenciem eventuais diferenças resultantes, ou das necessidades de tradução cultural ou das astúcias ideológicas já mencionadas. Desse modo, justificam-se as explicações registradas a seguir, especialmente as da reconstituição histórica da redação do manuscrito e das verdadeiras peripécias que o salvaram da sanha destrutiva dos perseguidores de Freire, bem como dos tortuosos caminhos de suas primeiras edições.

Assim, em 2018, resolvemos fazer uma segunda edição fac-similada do manuscrito de *Pedagogia do Oprimido*[4], com base nos originais – daí a manutenção da cor azul da caneta usada por Freire e das manchas que as folhas-almaço sem pauta ganharam ao longo dos anos –, de modo a preservar sua autenticidade, nesta edição, acrescentando-lhe algumas explicações, quer a respeito da própria escritura da obra, quer a respeito de suas primeiras publicações.

A busca pela verdadeira origem e trajetória dos originais e das edições de *Pedagogia do Oprimido* pode dar a impressão de ser motivada apenas por uma curiosidade histórica, mas não é. No desvendamento de como se processaram as edições da obra permanece a dúvida, até o presente momento, se todos os editores tiveram acesso a cópias do manuscrito, ou a cópias de uma

---

4. A primeira foi publicada em 2013 com base em uma fotocópia do manuscrito e sem a digitação do texto de cada folha do manuscrito na página contígua. Por isso, as páginas manuscritas fac-similadas aparecem em preto (resultantes da fotocópia) quando os originais foram escritos em caneta à tinta azul.

versão datilografada, ou se se basearam em edições de outros países que haviam mutilado a obra.

Como Paulo Freire elaborava um texto

O livro *Pedagogia do Oprimido* já passou de 70 edições no Brasil e continua não exibindo o esquema que Paulo Freire desenhou nos manuscritos originais[5] da segunda edição de *Pedagogia do Oprimido*: o manuscrito, de 2018. Por que ainda se publica uma obra mutilada, se os entraves da ditadura militar que impediram a publicação integral dos originais autênticos não existem mais? Esta pergunta ficará melhor esclarecida nas explicações subsequentes.

Em 2001, o Instituto Paulo Freire recebeu uma cópia dos manuscritos desse livro cuja história começa em 1968, quando Paulo Freire os entregou a Jacques Chonchol, diretor do Instituto de Desarrollo Agrario Instituto de Capacitación y Investigación de la Reforma Agrária (Icira), onde trabalhava, exilado no Chile.

Quando recebeu Paulo Freire naquele país andino, Jacques Chonchol trabalhava no Instituto de Desarrollo Agropecuario (Indap), ocupando, depois, a Direção do Icira. Sendo uma das principais lideranças do Movimiento de Acción Popular Unitaria (Mapu), Chonchol desgarrou-se do governo socialista-cristão de Eduardo Frei y Montalva, assumiu uma posição mais à esquerda do espectro político, tendo sido, inclusive, indicado, pelo movimento, como candidato à presidência do Chile. Com o espírito de estadista que lhe é peculiar, renunciou à postulação e apoiou a candidatura do então senador Salvador Guillermo

---

5. Cf. p. 322 e 323.

Allende Gossens (1908-1973). Segundo explicação do próprio Chonchol aos autores deste artigo, a conjuntura eleitoral seria mais favorável se Allende aceitasse ser o cabeça de chapa do Mapu. A análise de Chonchol estava correta: as esquerdas chilenas chegaram ao poder constituído pela via eleitoral encabeçadas por Salvador Allende. Uma vez eleito, o Presidente Allende convidou Jacques Chonchol para ocupar a pasta do Ministério da Agricultura de seu governo (1970-1973), mas evidentemente, por sua trajetória política e seu prestígio junto às diversas facções da esquerda chilena, o ministro teria funções políticas muito mais estratégicas do que o mero desempenho no ministério do qual era (e é) um especialista[6]. Quando Freire saiu do Chile, Chonchol ainda era diretor do Icira e, quando ele se tornou ministro de Allende, Freire já estava na Suíça. Ao sair do Chile, Freire dirigiu-se primeiramente para os Estados Unidos, a convite da Universidade de Harvard, onde trabalhou por cerca de onze meses. Estabeleceu-se, em seguida, em Genebra (Suíça), onde permaneceu por uma década, trabalhando no Conselho Mundial de Igrejas (CMI). Regressou ao Brasil dez anos mais tarde[7], tendo vivido por mais de uma década e meia no exílio.

---

6. Afortunadamente, ainda vivo em 2019, Jacques Chonchol recebeu um dos autores deste artigo em sua residência em Santiago do Chile e regalou-o com mais uma recente publicação: *Por una nueva reforma agraria para Chile* (2018).

7. A Lei n. 6.683, de 28 de agosto de 1976, chamada de Lei da Anistia, resultou diretamente de um projeto de iniciativa do governo de João Figueiredo (1979-1985), o último da ditadura militar implantada pelo golpe de 1964 e que durou por longos vinte e um anos. É evidente, porém, que, embora descaracterizada pela "abertura" lenta e gradual imposta pelos militares – não se estendia aos presos políticos e exilados que haviam cometido "crimes de sangue" e, além disso, perdoava também os torturadores –, o processo de redemocratização do país e com ele a anistia resultaram de amplas mobilizações sociais. De qualquer modo, ela permitiu o retorno dos exilados e, nesse contexto "anistiado", Paulo Freire voltou ao Brasil, em 1980. Ainda assim, teve dificuldade para tirar o passaporte, pois somente o conseguiu depois de várias tentativas nas representações consulares brasileiras em diferentes países e só

Depois de ter doado o manuscrito de *Pedagogia do Oprimido* a Chonchol e à esposa, não mais o viu, pois, no fim da vida, manifestou desejo de revê-lo, ao falar que escreveria a Jacques Chonchol para obter uma cópia. Lamentavelmente, faleceu sem rever o documento, uma vez que a cópia obtida, por intermédio do Prof. Adriano Salmar Nogueira e Taveira, que foi ao Chile com a missão de consegui-la, chegou ao Brasil depois do falecimento de Freire em 2 de maio de 1997.

Freire dedicou o manuscrito a Jacques Chonchol e à esposa Maria Edy[8], numa carta escrita e a eles dirigida, com o registro de sua assinatura, do local e da data: "Santiago, primavera de 68". Nesta carta-dedicatória, Paulo Freire fala das saudades que tinha de Recife, após quatro anos de exílio, "de suas pontes, suas ruas de nomes gostosos: Saudade, União, 7 pecados, Rua das Creoulas, do Chora Menino, ruas da Amizade, do Sol, da Aurora". Completava, melancolicamente, ter deixado "o mar de água morna, as praias largas, os coqueiros"; lamenta que deixara "o cheiro da terra e das gentes do trópico, os amigos, as vozes conhecidas". Afirmava ainda que estava deixando o Brasil, mas

---

logrou obtê-lo por meio de um mandato de segurança. Em junho de 1980, aos 57 anos, desembarcou no aeroporto de Viracopos, em Campinas. A anistia mutilada e imposta o impediria ainda de reassumir suas funções docentes na Universidade de Pernambuco. Por isso, fixou residência em São Paulo, aceitando o convite para lecionar na Faculdade de Educação da Unicamp, em Campinas, e, logo depois, ingressou no Programa de Estudos Pós-Graduados em Educação (Supervisão e Currículo) da Pontifícia Universidade de São Paulo (PUC/SP). Contudo, somente 12 anos depois de sua morte, Paulo Freire foi totalmente inocentado, em 26 de novembro de 2009, quando o Estado brasileiro, por meio da Comissão de Anistia do Ministério da Justiça, declarou sua anistia *post-mortem*, pedindo-lhe, tardiamente, desculpas pelos sofrimentos que lhe infringira.

8. Maria Edy era brasileira de Limeira, interior do estado de São Paulo, e Chonchol a conhecera, no Brasil, por ocasião do 4º centenário da cidade de São Paulo, segundo informação do próprio ex-ministro de Allende, em entrevista concedida a um dos autores deste trabalho.

que, também, "trazia o Brasil" e "chegava sofrendo a ruptura entre o meu projeto e o projeto do meu País". Conclui a carta-dedicatória dizendo: "Gostaria que vocês recebessem estes manuscritos de um livro que pode não prestar, mas que encarna a profunda crença que tenho nos homens, como uma simples homenagem a quem muito admiro e estimo".

Compulsando os originais, percebe-se que Paulo Freire não registrou o título do livro e nem os dos capítulos. No manuscrito, aparece a epígrafe: "Aos esfarrapados do mundo e aos que neles se descobrem e, assim descobrindo-se, com eles sofrem, mas, sobretudo, com eles lutam". Ela se tornaria o mote da rede de institutos Paulo Freire espalhados pelo mundo.

Cabe acrescentar as explicações que Paulo Freire deu em *Pedagogia da esperança: um reencontro com a Pedagogia do Oprimido* (1992) sobre a elaboração e o processo de edição da obra, em mais de um país, concluindo com informações preciosas sobre a negociação da edição de *Pedagogia do Oprimido* no Brasil. Primeiramente, ele informa que o "processo de redação" foi debatido com vários intelectuais, especialmente com os chilenos e brasileiros exilados naquele país, afirmando textualmente:

> Foi vivendo a intensidade da experiência da sociedade chilena, da minha experiência naquela experiência, que me fazia re-pensar sempre a experiência brasileira, cuja memória viva trouxera comigo para o exílio, que escrevi a Pedagogia do Oprimido entre 1967 e 1968[9].

Em seguida, explica o próprio método de escrita, desse e de outros textos de sua autoria, segundo o qual, antes de registrá-las, as ideias são por ele submetidas, exaustivamente, ao debate e à discussão:

---

9. Freire, 1994, p. 53.

O tempo de escrever, diga-se, ainda é sempre precedido pelo de falar das ideias que serão fixadas no papel. Pelo menos foi assim que se deu comigo. Falar delas antes de sobre elas escrever, em conversas de amigos, em seminários, em conferências, foi também uma forma de não só testá-las, mas de recriá-las, de repartejá-las, cujas arestas poderiam ser melhor aparadas quando o pensamento ganhasse forma escrita com outra disciplina, com outra sistemática. [...] Levei mais de um ano falando de aspectos da Pedagogia do Oprimido. Falei a amigos que me visitavam, discuti-os em seminários, em cursos. Um dia minha filha Madalena chegou a chamar, delicadamente, minha atenção para o fato. Sugeriu maior contenção de minha parte na ânsia de falar sobre a Pedagogia do Oprimido ainda não escrita. Não tive forças para viver a sugestão. Continuei apaixonadamente falando do livro como se estivesse, e, na verdade, estava aprendendo a escrevê-lo[10].

Todo o processo de criação do livro foi desenvolvido aos poucos, em discussões com pessoas que encontrava.

Cabe, aqui, um parêntese teórico e que diz respeito ao sujeito da criação cultural. Para os freireanos, este sujeito é mais do que coletivo; é transindividual. Para se entender esta diferença, há de se recorrer ao exemplo anedótico oferecido por Lucien Goldmann[11]: Imagine que uma pessoa queira levantar um piano de cauda muito pesado. Aplica toda sua força em um ponto do instrumento e não consegue levantá-lo, evidentemente. Apela para mais pessoas que, somando suas forças à do levantador originário, não logram, tampouco, levantar a peça, enquanto

---

10. Ibid., p. 54.
11. Goldmann, 1972.

aplicam o montante das forças no mesmo ponto do piano. Só têm sucesso quando somam as forças e as aplicam em pontos diferentes do objeto a ser levantado. Portanto, enquanto o sujeito coletivo seria o resultante do mero somatório das forças dos sujeitos individuais, o sujeito transindividual é a soma das capacidades dos indivíduos, mas lhe acrescenta uma qualidade nova, constituindo um novo sujeito: a aplicação das forças individuais em diferentes pontos do objeto a ser levantado. Nesta perspectiva, os(as) grandes artistas, pensadores(as) e cientistas não seriam, no limite, os autores de suas obras geniais, mas os "formatadores" de obras já criadas, coletiva e transindividualmente. É claro que sua marca pessoal está no estilo, na forma, na síntese de sucesso obtida pelo "autor" individual, que tem a capacidade de perceber a potencialidade da criação social, dando-lhe uma forma adequada e historicamente oportuna. Foi o que, certamente, fez Paulo Freire, no processo de escritura de *Pedagogia do Oprimido*.

Ainda exilado no Chile, recorria também às fontes secundárias dos autores que lhe inspiravam, sempre anotando, em pedaços de papel, o que lhe ocorria, numa espécie de verdadeiro "alvoroço intelectual"[12]. Combinava tais anotações com os registros que fizera em fichas, nas experiências e nos círculos de cultura de que participara em comunidades camponesas chilenas. Lançava mão, também, das lembranças de experiências que tivera no Nordeste brasileiro, antes do exílio. Em suma, como afirma e reafirma o próprio Freire, buscava combinar as contribuições dos intelectuais com o "saber de experiência feito"[13], do senso comum dos educandos e demais participantes dos cír-

---

12. Freire, 1994, p. 54.
13. Ibid., p. 59.

culos de cultura. Complementa que as "fichas de ideias" acabavam por se tornar verdadeiras "fichas geradoras", num trabalho artesanal que, certamente, demandaria um esforço de arranjo e organização que deve ter-lhe tomado muito tempo e energia. Freire informa que, com essa metodologia de escritura, em 15 dias, atravessando noites, escreveu os três primeiros capítulos da obra, em julho de 1967[14].

Assim que concluiu a primeira versão do trabalho, com apenas três capítulos, entregou os originais datilografados a Ernani Maria Fiori[15], para que escrevesse o prefácio. Recebendo de volta a obra prefaciada por Fiori, Freire informa: "Quando Fiori me entregou seu excelente estudo em dezembro de 1967, tomei algumas horas em casa à noite, lendo desde o seu prefácio até a última palavra do terceiro capítulo, para mim, então, o último"[16].

Embora o livro estivesse pronto para publicação, Freire resolveu seguir o conselho do amigo Josué de Castro[17] que, se-

---

14. Ibid., p. 60.
15. Ernani Maria Fiori (1914-1985) bacharelou-se pela Faculdade de Direito de Porto Alegre, em 1935. Catedrático de História da Filosofia na Faculdade de Filosofia da Universidade Federal do Rio Grande do Sul (UFRGS). Como Paulo Freire, exilou-se no Chile por causa do golpe de 1964 no Brasil, atuando na Universidade Católica, da qual chegou a ser vice-reitor. Foi reintegrado à UFRGS, em 1979.
16. Freire, 1994, p. 60.
17. Josué Apolônio de Castro (1908-1973), médico, geógrafo e cientista social, destacou-se, nacional e internacionalmente, por seus estudos sobre a fome. Escreveu várias obras, dentre as quais se destaca Geografia da fome (1961). Foi presidente do Conselho Executivo da Organização das Nações Unidas para Agricultura e Alimentação (FAO) e embaixador brasileiro junto à ONU. Quatro vezes indicado ao Prêmio Nobel da Paz (1953, 1963, 1964 e 1965). Do mesmo modo que Paulo Freire (7ª edição), foi um dos biografados do Projeto Memória (6ª edição) do Banco do Brasil. O Projeto Memória tem por finalidade "difundir a obra de personalidades que contribuíram significativamente para a transformação social, a formação da identidade cultural brasileira e o desenvolvimento do Brasil" [Disponível em http://www.projetomemoria.art.br/ – Acesso em 19/05/2018]. Está na sua 13ª edição, tendo homenageado, pela ordem, Castro

gundo ele, estivera no Chile e que, em conversa com ele e com outro grande amigo, também exilado, Almino Affonso[18], numa das praças de Santiago, o aconselhara a guardar o texto por três ou quatro meses e, depois, voltar a ele, relê-lo e, só então, tomar a decisão de publicá-lo, ou na forma em que o encontrasse, ou acrescentando partes, já que este modo de concluir uma obra poderia levá-lo a fazer as alterações que considerasse definitivas. Embora tentado a rever o texto em "quarentena" por várias vezes, Freire informa ter resistido à tentação, para dele alcançar algum "distanciamento":

> Lá uma noite dois meses e pouco depois, me entreguei por horas ao reencontro com os originais. Era quase como se tivesse reencontrando um velho amigo. Foi mesmo com emoção grande que li, lentamente, sem querer mesmo que a leitura terminasse logo, página por página, o texto todo. [...]
>
> Não realizei mudanças importantes nele, mas fiz a fundamental descoberta de que o texto estava inacabado. Precisava de um capítulo a mais. Foi assim, então, que escrevi o quarto e último capítulo [...][19].

Não satisfeito com todo esse cuidado com a revisão da primeira versão, Freire ainda prolongou o processo de discussão dos originais, antes de entregá-los aos editores norte-americano e uruguaio:

Alves, Monteiro Lobato, Rui Barbosa, Pedro Álvares Cabral, Juscelino Kubitschek de Oliveira, Oswaldo Cruz, Josué de Castro, Paulo Freire, Nísia Floresta, João Cândido, Marechal Rondon, Carlos Drummond de Andrade e Lélia Gonzalez.
18. Almino Monteiro Álvares Affonso, advogado, foi ministro do trabalho do governo de João Goulart, deposto pelo golpe militar de 1964 e, por isso, também exilado em vários países (Argentina, Iugoslávia, Peru, Uruguai), inclusive no Chile, onde conviveu com Paulo Freire. Foi deputado federal por mais de um mandato e ocupou cargos nos governos do estado de São Paulo, chegando a ser vice-governador.
19. Freire, 1994, p. 60-61.

> Terminada finalmente a redação do quarto capítulo, revistos e retocados os três primeiros, entreguei o texto todo a uma datilógrafa para que o batesse à máquina. Em seguida, fiz várias cópias que distribuí entre amigos chilenos e alguns companheiros de exílio e amigos brasileiros[20].

São necessários dois destaques para o bem da verdade a respeito das matrizes que foram oferecidas aos editores para publicação. Em primeiro lugar, Freire diz ter tirado várias cópias do texto que completara com um quarto capítulo e com o "retoque" dos demais, entregando-o em seguida a "uma datilógrafa para que o batesse à máquina"[21].

No entanto, por duas vezes, um dos autores deste artigo conversou com Clodomir de Morais, lamentavelmente já falecido, que lhe garantiu ter datilografado o livro para o amigo Paulo Freire. Portanto, a crer nesta versão, Freire teria entregue o texto a um "datilógrafo", e não a uma "datilógrafa". Em segundo lugar, Freire afirma ter tirado várias cópias – certamente fotocópias – "que distribuiu entre amigos chilenos e companheiros de exílio e amigos brasileiros"[22]. Ora, ele não menciona a entrega de qualquer cópia a editores para a publicação do texto. Desse modo, permanece a indagação: ao contratar a publicação de *Pedagogia do Oprimido* com qualquer editora, sob que forma Freire entregara os originais? Fotocópias do texto datilografado, seja por quem for, ou cópias do manuscrito? A hipótese que mais se evidencia para nós é a de que o manuscrito é que foi copiado de uma das cópias datilografadas, dado o capricho com que foi feito – é uma verdadeira "diagramação à mão" (!) de quem estava

---

20. Ibid., p. 62.
21. Ibid.
22. Ibid.

imbuído pela intenção de presentear o futuro ministro e esposa com uma versão caprichada do texto.

Depois de rever a forma com que Paulo Freire criava seus textos – longo processo de "gestação", como ele mesmo o chamava, por meio de sua submissão à leitura de outrem, especialmente de Elza, "uma ouvinte atenciosa e crítica, [...] minha primeira leitora, igualmente crítica"[23] –, é necessário reconstituir a história do processo de edição da obra e sua relação com o manuscrito que ora se dá à luz, por meio da 2ª edição de *Pedagogia do Oprimido*: o manuscrito (2018), totalmente patrocinada pela Universidade Nove de Julho, de São Paulo.

As edições da obra

A partir da primeira edição, que tanto pode ser a norte-americana (Herder & Herder, 1970)[24] quanto a que surgiu no Uruguai, em espanhol (Tierra Nueva, 1970), seguiram-se a italiana (Arnoldo Mondadori, 1971), a alemã (Kreuz-Verlag, 1971) e a francesa (Maspero, 1974), como explica o próprio Paulo Freire, que devia ter as datas de publicação bem claras, na época em que concluiu *Pedagogia da esperança: um reencontro com a Pedagogia do Oprimido* (1992). Nesta mesma obra, expli-

---

23. Ibid., p. 65
24. Em recente visita ao Brasil, o estudante de mestrado em Ciências da Educação, Carlos Federico Brugaletta informou que obteve cópia da carta que Paulo Freire enviou ao editor uruguaio da época. Pela carta fica muito forte a hipótese de que *Pedagogia do Oprimido* tenha sido publicado pela primeira vez em espanhol, no Uruguai, nos termos que o próprio Paulo Freire explica em *Pedagogia da Esperança*. Carlos F. Brugaletta é Professor de Ciências da Educação na Universidad Nacional de la Plata e arquivista (ISEDDyT n. 8), estudante de Mestrado em Historia e Memoria e do Doutorado em Ciências da Educação da Faculdade de Humanidades e Ciências da Educação, onde desenvolve tese sobre as relação de Paulo Freire e as editoras católicas. É bolsista do Conicet. É, também, ajudante diplomado em História da Educação Geral e membro da Sociedade Argentina de História da Educação.

ca que a publicação em português (Paz e Terra, 1975), no Brasil, somente se deu depois da francesa. Desse modo, a brasileira não foi a primeira na língua materna de Freire. Se ela veio depois da francesa e a primeira edição em Portugal, pela editora Afrontamento, ocorreu em 1972, a brasileira deve ter sido a sétima.

Os primeiros editores de *Pedagogia do Oprimido* devem ter recebido cópias da versão datilografada, como explica Freire na obra mencionada no parágrafo anterior. Como entender, então, a existência de um manuscrito? Teria sido ele a base para a versão datilografada, e desta teriam sido extraídas as cópias enviadas aos editores pelo próprio Paulo Freire? Ele se refere apenas a uma versão datilografada, "batida à máquina", como registra em *Pedagogia da esperança*[25].

Certamente as posteriores edições da obra, nos diversos idiomas dos muitos países do mundo, basearam-se na versão uruguaia, em castelhano, ou na versão norte-americana, em inglês, ou, simultaneamente, em ambas. De fato, embora tivesse escrito a obra no Chile e dominasse bem o espanhol falado naquele país, escreveu-a em português. Ora, o idioma materno de Freire não tem a expressão fora dos poucos países de fala lusófona como têm essas verdadeiras "línguas francas" (castelhano e inglês), pelo menos no mundo ocidental. As edições posteriores às sete primeiras certamente foram baseadas em tradução da tradução – a brasileira foi a sétima, e ela também se realizou a partir de uma cópia (datilografada) enviada, clandestinamente, para o editor Fernando Gasparian, e cujas peripécias para passar na alfândega brasileira o próprio Freire descreveu tão bem na obra já mencionada. A edição brasileira não traz os dois dia-

---

25. Freire, 1994, p. 62-63.

gramas mencionados, um ao lado do outro, que têm por título, respectivamente, "Teoria da Ação Revolucionária" e "Teoria da Ação Opressora"[26]. Assim, ela não foi matriz das edições em que eles aparecem.

A edição alemã, ou se baseou na cópia datilografada enviada por Freire, ou surgiu a partir da norte-americana, pois ambas trazem os diagramas, respectivamente, às p. 131 e 114.

A edição francesa não contém os desenhos de Freire, nem na última, realizada em 2018, com base na norte-americana e na brasileira.

A primeira edição portuguesa traz os diagramas de Freire[27]. A segunda edição realizada em terras lusas, em 2018, não traz os diagramas, porque, segundo informação pessoal do editor da Afrontamento aos autores deste artigo, os direitos autorais para a língua portuguesa são da editora brasileira – que não traz os desenhos originais de Freire pelas razões que serão explicadas mais adiante – e, por isso, teve de se basear na da última edição brasileira.

Mesmo a partir da 17ª edição brasileira, *Pedagogia do Oprimido* ainda não traria os dois diagramas mencionados nas edições brasileiras subsequentes. E por que se destaca, neste texto, a 17a. edição brasileira da obra? Sobre esta edição vale a pena uma pequena explicação: um exemplar da 15a. edição da obra no Brasil foi encontrado numa das prateleiras do Instituto Paulo Freire, todo revisado à mão pelo próprio Paulo Freire. Providencialmente quem a encontrou tirou imediatamente uma fotocópia, porque, lamentavelmente essa revisão original se perdeu.

---

26. P. 15 do cap. IV e à p. 322-323 do manuscrito fac-similado
27. Cf. p. 188

Certamente, com base nessa revisão do próprio autor, nasceu a 17ª edição, "a primeira decente", teria dito Paulo Freire, numa dedicatória de um exemplar que ofereceu a Moacir Gadotti e a sua esposa Rejane.

O próprio Paulo Freire reconheceu a importância do aprendizado que teve no Chile, seja a partir da vivência no contexto pré-revolucionário, seja pela inspiração dos autores socialistas a que teve acesso. Por isso, dentre outras razões, justifica-se a publicação simultânea do manuscrito com a transcrição em espanhol, que se realizou no Chile, pelo Programa Interdiciplinario de Investigaciones em Educación (PIIE), em articulação com o Ministério da Educação daquele país andino e com a editora da Universidade Nove de Julho, do Brasil, em 2018.

Segundo o depoimento do próprio autor, antes de ser publicado em português, *Pedagogia do Oprimido* foi publicado em inglês, espanhol, italiano, francês e alemão[28].

Tentando driblar a vigilância da ditadura militar e sabendo que o livro não poderia ser publicado no Brasil, Paulo Freire informa que enviou uma cópia datilografada ao diretor da Editora Paz e Terra, Fernando Gasparian[29]. O portador dos originais para o Brasil foi o professor da Universidade de Genebra e conselheiro nacional da Suíça, Jean Ziegler, que não foi incomodado pelas autoridades alfandegárias nacionais, certamente por causa de seu passaporte diplomático.

Vamos dar novamente a palavra ao próprio Paulo Freire pela importância da informação:

---

28. Freire, 1994. Freire certamente se esqueceu da edição portuguesa, que foi negociada pessoalmente com ele, em Genebra, segundo o editor da Afrontamento, também em informação pessoal aos autores deste artigo.
29. Ibid.

Dias depois, Gasparian discretamente, acusava o recebimento do material pedindo que esperasse por tempos mais favoráveis por sua publicação[30]. Remeti o texto nos fins de 1970, quando o livro já tinha sua primeira edição em inglês, nos começos de 1971. Sua publicação aqui, sua primeira impressão só foi possível em 1975[31].

Ora, considerando as datas das aquisições dos direitos autorais da obra para as publicações em outros países, a do Brasil, de 1975, segundo Paulo Freire, deve ter sido a sétima edição da obra, antecedida, pela ordem, pela do Uruguai (1970), dos Estados Unidos (1970), da Alemanha e da Itália (ambas no ano de 1971), de Portugal (1972) e, finalmente, pela da França (1974).

Um pouco mais adiante, Freire comenta que um grupo de operários lhe escrevera uma carta na qual comentavam que haviam estudado a obra, em português, a partir de "uma cópia do original batido à máquina no Chile"[32]. Esta informação de Freire demonstra que, apesar da proibição, a obra era lida no Brasil clandestinamente, a partir de cópias do original datilografado, ou em edições estrangeiras, como narra também Freire o caso da freira que "no regresso de suas viagens aos Estados Unidos, com alguns exemplares da Pedagogia, sobre cuja capa original ela punha capas de livros religiosos"[33].

Por toda essa trajetória da redação de *Pedagogia do Oprimido* e de suas primeiras edições, pode ser que o manuscrito

---

30. Teria sido pelos fatores de "tempos menos favoráveis" que Gasparian teria eliminado os diagramas sobre a "teoria da ação revolucionária" e "teoria da ação opressora", que tanto chamavam a atenção nos originais, das edições da obra no Brasil? O que não se justifica mais é manter tal mutilação nas edições contemporâneas que se dão no Estado de Direito.
31. Freire, 1994, p. 63.
32. Ibid.
33. Ibid.

foi escrito antes, servindo de base para a versão datilografada. Como pode ter sido escrito depois, com base na versão datilografada, dado o capricho com que que foi manuscrito – verdadeiramente "diagramado à mão", como já foi afirmado neste texto – e, neste caso, confirmando a hipótese dos autores deste artigo sobre a precedência da versão datilografada e suas cópias.

A data da dedicatória do manuscrito a Jacques Chonchol e a Maria Edy, a esposa do ex-ministro de Allende – "Paulo, Santiago, Primavera 68" o indicam. E, naquela oportunidade, o livro já estava acrescido do quarto capítulo.

O prefácio de Ernani Maria Fiori, datado de dezembro de 1967, "excelente estudo", se refere ao livro "inacabado", como disse o próprio Paulo Freire[34], com apenas três capítulos. O prefácio não aparece em algumas edições realizadas em outros países, como, por exemplo, na primeira, realizada nos Estados Unidos. Nela, as "Primeiras Palavras", de autoria do próprio Paulo Freire, viraram "preface", antecedido por um "foreword" (que também quer dizer prefácio) de Richard Shaull. A edição italiana de 2011 (Edizione Grupo Abele) também eliminou o prefácio de Fiori, substituindo-o pelo de autoria de Silvia Maria Manfredi e Piergiorgio Reggio, embora tenha figurado na primeira edição italiana de Arnoldo Mondadori.

Mesmo com toda essa gênese transindividual de produção de uma obra e de sua tumultuada trajetória editorial no Brasil – fruto de uma ditadura militar regressiva que estabeleceu uma dura censura a quem com ela não concordava –, Paulo Freire é o responsável por essa síntese do pensamento progressista de uma época, constituindo-se como um verdadeiro

---

34. Ibid., p. 61.

intelectual orgânico dos oprimidos e oprimidas e apontando, consciente e intencionalmente, para um processo revolucionário por meio de uma educação como único caminho para que a humanidade não caia na barbárie e construa um mundo onde ainda seja possível amar.

Quando a contrarrevolução explodiu no Chile e as tropas de Pinochet atacaram o palácio do governo e mataram o Presidente Salvador Allende, Jacques Chonchol, seu principal ministro também sofreria sérias represálias. Escapou com vida porque estava em missão no exterior, voltando ao Chile no dia do golpe e fugindo graças à ajuda de amigos. Tendo a casa invadida e sua biblioteca confiscada, o manuscrito escapou porque certamente os esbirros da ditadura que se implantava naquele país andino não deram muita importância para uma pasta simples de cartolina, contendo folhas de papel almaço escrita à mão.

Por mais de quatro décadas, o manuscrito permaneceu em poder da família Chonchol, tendo sido levado para Paris, pela irmã do ex-ministro exilado. Como ele narra na entrevista contida na edição do manuscrito, por um triz não o entregou a um órgão da Unesco instalado na capital francesa. Ao retornar a Santiago, levou de volta o manuscrito e guardou-o cuidadosamente.

Finalmente, por um ato de generosidade extrema, mas com o espírito de estadista que o caracteriza, tomou a decisão de doá-lo ao povo brasileiro e, de fato, entregou o manuscrito de *Pedagogia do Oprimido* em uma belíssima cerimônia realizada na Universidade Nove de Julho de São Paulo, em 5 de novembro de 2013.

A atualidade do legado freireano

O apelo reiterado de Paulo Freire em vida por si só perpetuaria a atualidade de sua obra e de seu legado: "Não me repitam; reinventem as ideias em cada contexto". Ora, não há nada mais atual em qualquer teoria do que o reiterado apelo de seu próprio autor para sua constante atualização. Além disso, as pesquisas insuspeitas realizadas fora do Brasil, que colocam o livro *Pedagogia do Oprimido* como um dos mais traduzidos, mais demandados e mais lidos no mundo, ratificam essa atualidade.

Passado um século de seu nascimento, se ainda vivo, Paulo Freire não teria a exata dimensão da repercussão de sua obra por todo o Planeta. Foi assim sua reação de espanto quando, em 1996, Moacir Gadotti e José Eustáquio Romão foram à sua residência, situada na Rusa, n. 170, no Bairro Alto do Sumaré, em São Paulo, entregar-lhe o primeiro exemplar de *Paulo Freire*: uma biobibliografia que acabara de sair. Esta publicação resultara de um esforço conjunto de membros do Instituto Paulo Freire do Brasil de levantar, até aquela data, tudo que saíra no mundo a respeito do autor de *Pedagogia do Oprimido*. Certamente, a atualização desta obra, numa tentativa de produzir uma espécie de *vade-mecum* sobre Paulo Freire, geraria, hoje, em 2021, mais de um volume da mesma dimensão (mais de 700 p.). Em outras palavras, passados quase 25 anos da primeira tentativa de levantar o "estado da arte" do legado freireano, as repercussões e as produções sobre o educador pernambucano ampliaram-se exponencialmente, numa prova incontestável de sua atualidade e importância no mundo.

Não se pode deixar de mencionar, porém, que, como todo grande pensador, Paulo Freire acabou acumulando seguidores sectários, como adversários também sectários. Nem uns nem outros colaboram para uma análise responsável sobre a contribuição de Freire para a solução dos problemas humanos. O sectarismo de qualquer lado, da direita ou da esquerda, como o próprio Freire abordou, é tão maléfico quanto a opressão que aliena, que tenta naturalizar as desigualdades historicamente construídas e instaladas.

Em 2021, vários eventos estão já ocorrendo em várias partes do Brasil e do mundo, no sentido da comemoração do centenário de nascimento de Freire. Entretanto, a melhor maneira de se comemorar o pensamento de alguém é verificando sua atualidade, isto é, sua persistência resistente a toda e qualquer forma de violência, de discriminação e de opressão, enfim, sua validade como instrumento de luta, na atualidade, contra a desumanização. Desse modo, cabe examinar a atualidade da obra de Paulo Freire em relação aos "gabinetes do ódio" implantados em governos neoconservadores que grassam pelo mundo contemporâneo e, de modo especial no Brasil.

Aqui cabe narrar um incidente ocorrido em fins de 2020 em uma visita de avaliadores do Ministério da Educação (MEC) a uma Instituição de Ensino Superior no Brasil. Como cortesia, sempre reiterada nesse tipo de visita, a IES presenteia os avaliadores do Ministério da Educação com alguns brindes e com um exemplar de *Pedagogia do Oprimido*: o manuscrito (2018), cuja publicação apoiou. Ocorre que, no dia da entrega dos brindes aos visitantes, o chefe da missão não estava presente. Assim, os três outros receberam a bolsa com algumas lembranças da IES e com a obra mencionada, manifestando emoção e, inclusive, solicitando dedicatória na obra e fotografias junto a um dos organizadores da edição. No último dia, ao abordar este organizador e coautor deste capítulo, o chefe da missão reclamou ter sido discriminado, porque não recebera o livro de Paulo Freire. Quando o professor lhe esclareceu que não fora discriminação e que ele ainda não recebera seu exemplar, que estava guardado e que lhe seria entregue, porque não estivera presente na reunião em que houve a entrega dos brindes, reagiu com as seguintes palavras:

– Estou brincando, professor... Não quero o livro. Se há uma pessoa que mais odeio neste mundo, é Paulo Freire.

Ao que, atônito, o presenteador conseguiu responder:

– Certamente não li a obra que o senhor leu, nem tomei conhecimento do ato de Paulo Freire que o faz odiar tanto assim. Qual foi este livro, ou qual foi a obra?

As questões ficaram sem resposta e o alto dirigente do MEC completou:

– Não sei por que o Weintraub – referindo-se ao ministro da educação apeado do cargo por declarações e iniciativas, no mínimo, polêmicas – não derrubou aquele monumento dedicado a Paulo Freire e instalado em frente ao Ministério. Vou jogar pedra nele até derrubá-lo.

Obteve como resposta do professor, cada vez mais atônito, como boquiabertos estavam, também, muitos outros diretores, professores e estudantes da IES visitada ao ouvir tais barbaridades:

– Por favor, no dia em que o Senhor for derrubar o totem mencionado, avise-me que irei ajudá-lo.

Aí, quem ficou atônito foi o membro do "gabinete do ódio":

– O senhor iria mesmo?!

Obteve a resposta:

– Eu iria, sem dúvida, mas, certamente por razões diferentes da sua: o monumento não é lá muito bonito, na minha opinião. Eu iria para substituí-lo por um mais bonito.

E acrescentou:

– Com todo respeito, parece que o senhor desconhece que Paulo Freire ainda não foi aplicado devidamente no Brasil, persistindo, por isso, as mazelas, fragilidades e dificuldades da nossa educação. Pelo contrário, os países que o aplicaram figuram nos bons *rankings* internacionais.

O alto dirigente do MEC se retirou da IES rapidamente, deixando para trás seus colegas de comissão de avaliação.

A despeito da grosseria e da brutalidade não comum em um alto dignatário do Ministério da **Educação** (aqui destacada), cabe analisar, nem que seja sinteticamente, essa manifestação de ódio a uma obra cujo "odiador" nitidamente desconhece. De fato, além de o legado de Paulo Freire ser um convite às relações amorosas entre os seres humanos, o ódio se alimenta das frustrações na vida pessoal e coletiva, dos fundamentalismos religiosos mal informados, da busca de alvos que desviem o olhar de suas próprias contradições e fragilidades.

Certamente, quando a pandemia do Corona Vírus passou a cobrar um protagonismo responsável de todas as autoridades, no caso brasileiro, a ausência das autoridades educacionais é notória. O Ministério da Educação esteve ausente de todas as entrevistas coletivas de membros do alto escalão do Governo Federal, no sentido de orientar os governantes estaduais e municipais, bem como a população brasileira, quanto às políticas e aos protocolos de enfrentamento da doença.

Dialeticamente, a pandemia também acabou provocando uma providencial alteração no calendário do principal acontecimento da comunidade freireana mundial: o tradicional Encontro Internacional do Fórum Paulo Freire, que se realiza bienalmente, nos anos pares, e que congrega freireanos de todo o Planeta, foi adiado de setembro de 2020 para setembro de 2021, a realizar-se em Paris, no ano do centenário de Paulo Freire. Para a capital francesa deverão convergir os olhos do mundo, especialmente os dos educadores, no sentido de aquilatar ecos do legado freireano, bem como extrair desse legado os mecanismos, as ferramentas e as estratégias que poderão orientar o mundo na revisão seus procedimentos educacionais e de seus protocolos de convivência humana na pós-pandemia.

Referências

CHONCHOL CHAITT, J. *Por una nueva reforma agraria para Chile*. Santiago: LOM, 2018.

ECO, U. *Quase a mesma coisa*: experiências de tradução. Trad. Eliana Aguiar. São Paulo: Record, 2007.

FREIRE, P. *Pedagogía del Oprimido*. Trad. Programa Interdisciplinario de Investigaciones en Educación, Santiago: Universidad Tecnológica Metropolitana, 2018.

FREIRE, P. *Pedagogia do Oprimido*: o manuscrito. São Paulo: Ed. L./ Ed. Uninove/BT Acadêmica, 2018 [Projeto editorial, organização, revisão e notas de Jason Ferreira Mafra, José Eustáquio Romão e Moacir Gadotti.]

FREIRE, P. *Pedagogia da Esperança*: um reencontro com a *Pedagogia do Oprimido*. 3. ed. Rio de Janeiro: Paz e Terra, 1994.

FREIRE, P. *Pedagogia do Oprimido*. Rio de Janeiro: Paz e Terra, 1975.

FREIRE, P. *Pédagogie des Opprimés*. Paris: Maspero, 1974.

FREIRE, P. *Pedagogia do Oprimido*. Porto: Afrontamento, 1972.

FREIRE, P. *Pädagogik der Unterdrückten*. Stuttgart: Kreuz-Verlag, 1971.

FREIRE, P. *La pedagogia Degli Oppressi*. Milão: Mondadori, 1971.

FREIRE, P. *Pedagogía del Oprimido*. Montevideo: Tierra Nueva, 1970.

FREIRE, P. *Pedagogy of the Oppressed*. Nova York: Herder & Herder, 1970.

GADOTTI, M. *Paulo Freire*: uma biobibliografia. São Paulo/Brasília: Cortez/Instituto Paulo Freire/Unesco, 1996.

GOLDMMANN, L. *A criação cultural na sociedade moderna*. 3. ed. Rolando Roque da Silva. São Paulo: Difel, 1972.

McLAREN, P. *Che Guevara, Paulo Freire y la pedagogía de la revolución*. Trad. María Guadalupe Benítez Toriello, México: Siglo XXI, 2001.

5
Filosofia e educação

O ideário humanista em Paulo Freire

Daniel Ribeiro de Almeida Chacon

Nossa intencionalidade com a feitura do presente ensaio é a de realizar um retorno, mesmo que conciso, ao postulado humanista da pedagogia do(a) oprimido(a) em Paulo Freire. Ademais, reconhecemos a necessidade que se nos impõe de analisar a questão do ideário humanista a partir do cenário mesmo de desumanização, de aviltamento e opressão, denunciado antes na *Pedagogia do Oprimido*, e que, contudo, jaz ainda agora[1].

Laureado com a designação de patrono da educação brasileira, Paulo Freire foi um notável humanista, intelectual e educador do século XX. De modo *sui generis*, sua mais célebre obra, *Pedagogia do Oprimido*, desvela o caráter eminentemente pedagógico da luta de classes, fundando, pois, suas bases na conscientização popular através da práxis dialógica. Nesse sentido, a educação pensada em Freire não se dá em vista de uma pedago-

---

[1]. Ora, o ideário humanista em questão não se constitui neutro e apático em face das questões sociais e políticas. O problema da luta de classes é, portanto, fundamental para o postulado humanista freireano. De acordo com Freire: "na verdade, não há humanização sem libertação, assim como não há libertação sem transformação revolucionária da sociedade de classes, em que a humanização é inviável" (FREIRE, 2015a, p. 201).

gia em geral, mas de uma pedagogia singular, com rara especificidade, qual seja: uma pedagogia humanista, da práxis, da alteridade, da libertação, isto é, uma pedagogia do(a) oprimido(a)[2].

A efetivação de uma pedagogia humanista, crítica e libertadora é descrita por Freire considerando dois momentos distintos, a saber:

> O primeiro, em que os oprimidos vão desvelando o mundo da opressão e vão comprometendo-se, na práxis, com a sua transformação; o segundo, em que, transformada a realidade opressora, esta pedagogia deixa de ser do oprimido e passa a ser a pedagogia dos homens em processo permanente da libertação[3].

Com efeito, apesar da natureza conceitual inerente à proposição de uma educação humanista, a pedagogia em questão é gestada dialogicamente a partir da situação concreta de opressão, considerando, necessariamente, a linguagem, os valores, a cultura e os dilemas das pessoas marginalizadas. Compromisso, portanto, inegociável com mulheres e homens, velhos(as) e

---

2. A constituição de uma pedagogia do(as) oprimido(a) é um complexo projeto de educação humanista que se faz irredutível à escrita de uma determinada obra. Com efeito, a Dra. Ana Maria Araújo Freire declara: "a 'Pedagogia do Oprimido' traduz a leitura de mundo de Paulo Freire, carregada da paixão pela vida, dialeticamente relacionando emoção e razão, teoria e prática, explicitadas por meio da indignação e do amor, da denúncia e da esperança, dos limites e da liberdade, da ética e da estética, da palavração e da práxis. É a sua identidade maior, profunda, plena e vibrante. Enfim, a 'Pedagogia do Oprimido' como um todo, e não só a *Pedagogia do Oprimido*, é a síntese da vida de Paulo Freire, de seu modo de viver e entender o mundo" (FREIRE, 2017, p. 29-30). Ainda, Leonardo Boff, no prefácio da obra *Pedagogia da Esperança*, também nos diz que a: "*Pedagogia do Oprimido* é mais que um livro, é antes uma prática pedagógica que, num momento de seu processo de constituição, ganhou corpo numa escritura. Prática pedagógica que parte de uma clara opção ético-humanística prévia: o amor ao ser humano oprimido contra a sua opressão e em favor da vida e da liberdade" (BOFF, 2016a, p. 9).
3. Freire, 2016b, p. 74.

crianças, sem distinção de etnia, gênero ou religião, mas que, todavia, encontram-se desumanizados.

Não obstante, é necessário principiarmos nosso ensaio, então, buscando compreender o que significa, efetivamente, a designação ser humano. O presente esforço se justifica à luz da centralidade da antropologia filosófica na constituição de uma determinada concepção pedagógica. Nesse sentido, na obra *A educação e o processo de mudança social*, o próprio Freire alega que:

> Não é possível fazer uma reflexão sobre o que é a educação sem refletir sobre o próprio homem. Por isso, é preciso fazer um estudo filosófico-antropológico. Comecemos por pensar sobre nós mesmos e tratemos de encontrar, na natureza do homem, algo que possa constituir o núcleo fundamental onde se sustente o processo de educação[4].

Os postulados quanto à formação humana dependem, obviamente, da concepção que se tem sobre o que é o ser humano. Anterior, então, a qualquer teoria pedagógica, impõe-se uma compreensão antropológico-filosófica. Não sem razão, portanto, na *Pedagogia do Oprimido*, Freire desvela as dimensões antropológicas de suas proposições político-educacionais e, também, os problemas de tal natureza na constituição da pedagogia bancária, isto é, tecnicista.

Com veemência, enfatizamos aqui que na gênese da pedagogia da(o) oprimida(o) se situa, de modo consciente e explícito, a pergunta filosófica pela natureza mesma do ser humano. Nesse sentido, em Freire, o projeto político-educacional está intimamente vinculado, inclusive, à investigação do estatuto ontológico dos seres humanos, de suas potencialidades. A partir

---
4. Freire, 2014a, p. 33.

desse cenário, a tessitura de uma pedagogia do(a) oprimido(a) se desenvolve.

Necessário se faz, ainda, termos consciência da complexidade da questão em jogo. A antropologia filosófica não é uma simples temática de somenos. A pergunta sobre o ser humano é um drama que nos interpela profundamente, pois se encontra enraizada na própria constituição da humanidade[5]. Tal dilema é revestido ainda mais de força em contextos de crise, em momentos que nos sentimos fora de nós mesmos, vulneráveis, desamparados num mundo que, por circunstâncias históricas e existenciais, parece-nos demasiadamente hostil[6].

No século XX, a partir da perdurável vivência soturna a que nos legou as grandes guerras, a pergunta pelo ser humano, por sua natureza e constituição tornou-se um problema indeclinável. Nesse contexto dramático, a antropologia filosófica não apenas ganhou notoriedade, como também se instituiu enquanto disciplina autônoma.

Não sem razão, a pedagogia humanista freireana se preocupa, então, em pensar com muito esmero e clareza as questões de recorte antropológico-filosófico, pois, enquanto pedagogia do(a) oprimido(a), ela nasce dos problemas relativos ao sofrimento humano, isto é, a partir de realidades concretas de desigualdade, opressão, violência, de coisificação humana, de negação da liberdade e do próprio ser do(a) outro(a), de sua condição de pessoa plenamente humana. Em face desse quadro obscuro de desumanização, a pergunta pela natureza humana torna-se, assim, ainda mais imperiosa.

---

5. Cf. Lima Vaz, 1998, p. 9-10.
6. Cf. Schaff, 1967, p. 14.

Conquanto, resta-nos o retorno à nossa investigação inicial: o que é o ser humano de acordo com a *Pedagogia do Oprimido*? Destarte, a complexidade do problema exige-nos uma postura cautelosa quanto à análise dos postulados antropológico-filosóficos presentes na obra[7]. Ainda, precisamos considerar também o que Freire nos havia antecipado na *Educação como prática da liberdade*. No referido texto, Freire nos apresenta conceitos que, *a posteriori*, tornaram-se demasiadamente caros à *Pedagogia do Oprimido*, a saber: o humano enquanto ser de transcendência, essencialmente histórico e, portanto, inconcluso. Comecemos, todavia, por um significativo *insight*: a antropologia filosófica freireana nos parece reivindicar, como fundamentação primeira, os pressupostos da antropologia cristã[8]. De acordo com Freire:

> Ademais, é o homem, e somente ele, capaz de transcender [...]. A sua transcendência está também, para nós, na raiz de sua finitude. Na consciência que tem desta finitude. Do ser inacabado que é e cuja plenitude se acha na ligação com seu Criador. Ligação que, pela própria essência, jamais será de dominação ou de domesticação, mas sempre de libertação. Daí que a Religião – *religare* – que encarna este sentido transcendental das relações do homem, jamais deva ser um instrumento de sua alienação. Exatamente porque, ser finito e indigente, tem o homem na transcendência, pelo amor, o seu retorno à sua Fonte, que o liberta"[9].

---

[7]. À vista disso, enfatizamos aqui que não intencionamos esgotar a questão, antes nossa intenção se restringe apenas a assinalar alguns traços fundamentais da antropologia filosófica do ideário humanista freireano.
[8]. Cf. Torres, 2014, p. 7.
[9]. Freire, 2014b, p. 56.

Muito embora o estudo das relações entre a pedagogia do(a) oprimido(a) e o cristianismo escape à intenção deste ensaio[10], consideramos, decerto, imprescindível assinalar que, de modo geral, os postulados da inteligência da fé cristã em si são determinantes na feitura do ideário humanista freireano. Nesse sentido, com clareza, Freire afirma que: "todos os argumentos a favor da legitimidade da minha luta por uma sociedade mais gentificada têm, na minha fé, sua fundamentação mais profunda"[11]. Ademais, Paulo Freire nos remete a uma intrigante citação de Miguel de Unamuno que diz: "as ideias se têm, nas crenças se está"[12]. Com efeito, a antropologia filosófica presente no humanismo freireano é, definitivamente, devedora da tradição teológica cristã. E, à luz desse horizonte, deve ser interpretada.

Isto posto, consideramos de enorme importância explicitar o sentido do conceito de transcendência na obra *Pedagogia do Oprimido*. De capital valor, a ideia de transcendência perfaz todo o humanismo em Freire e, na referida obra, faz-se subscrita na alegação do humano enquanto ser radicalmente aberto à busca inquieta, ao movimento de realização da vocação ontológica de ser mais[13]. O humano enquanto ser de transcendência é, assim, concebido em sua inconclusão, em seu vir-a-ser.

A existência humana é, para Freire, uma sempre interminável tarefa de construção de si. Somos, pois, vocacionados a sermos sempre mais, ainda que, porventura, inscreva-se a nós uma realidade esmagadora e servil de opressão. A vocação on-

---

10. Para uma aproximação inicial às afinidades entre o humanismo freireano e a teologia cristã, sugerimos o texto *Exílio, humanidade e libertação: Pedagogia do Oprimido*, conexões teológicas, do Prof. Marcial Maçaneiro. Cf. Referências.
11. Freire, 2000, p. 85.
12. Ibid.
13. Freire, 2016b, p. 126.

tológica de ser mais nos diz de nossa capacidade de suplantação do estado de desumanização e nos desvela, assim, nossa dimensão de transcendência.

Nesse sentido, o humano possui como signo distintivo a abertura às possibilidades inesgotáveis de aperfeiçoamento e transformação. Com efeito, os embargos, as contradições e os desafios impeditivos da realização de nossa humanização não são determinantes históricos insuperáveis[14]. Diante, pois, desses desafios, designados por Freire sob a alcunha de "situações-limite"[15], os seres humanos são capazes de exercer uma postura decisória no mundo "[...] do qual o ser se 'separa', e, objetivando-o, o transforma com sua ação"[16].

Não obstante, enfatizamos ainda que a condição humana é de radical alteridade, ou seja, de abertura ao outro, à natureza e à realidade última: "[...] existir é um conceito dinâmico. Implica uma dialogação eterna do homem com o homem. Do homem com seu Criador. É essa dialogação do homem sobre o seu contorno e até sobre os desafios e problemas que o faz histórico"[17].

A dimensão transcendente a que nos referimos aqui[18] se realiza, contudo, na imanência, na própria existência histórica.

---

14. De acordo com Freire: "é algo importante perceber que a realidade social é transformável; que feita pelos homens, pelos homens pode ser mudada; que não é algo intocável, um fado, uma sina, diante de que só houvesse um caminho: a acomodação a ela. É algo importante que a percepção ingênua da realidade vá cedendo seu lugar a uma percepção que é capaz de perceber-se; que o fatalismo vá sendo substituído por uma crítica esperança que pode mover os indivíduos a uma cada vez mais concreta ação em favor da mudança radical da sociedade" (FREIRE, 2015a, p. 59).
15. Freire, 2016b, p. 153.
16. Ibid.
17. Freire, 2014b, p. 56.
18. Evocamos, pois, uma definição presente na obra *Ação cultural para a liberdade e outros escritos* a que muito nos interessa, devido ao caráter elucidativo do conceito de transcendência no sentido mesmo que consideramos neste ensaio: "transcendência,

Nesse sentido, o ser transcendente é necessariamente ser histórico, social, portanto, imanente. A ilimitada abertura humana se realiza na finitude. Na história é que se constitui, então, o devir humano.

De modo contrário, os animais não humanos, por exemplo, não se constituem enquanto seres históricos. Antes, estes se encontram imersos em pura imediaticidade. Incapazes de atribuir qualquer sentido à realidade, vivem num presente esmagador, num agora que se dá enquanto mero habitat[19]. São, assim, seres de estrema finitude, não conscientes de seu estatuto ontológico e incapazes de transcender sua condição.

Nossa existência[20], todavia, "está marcada pela finitude, pela inconclusão e nos caracteriza como seres históricos. Não apenas temos sido inacabados, mas nos tornamos capazes de nos saber inacabados"[21]. A consciência de nossa inconclusão, ou seja, do *devenir* que é ser humano, nos possibilita deflagrar nossa vocação ontológica de ser mais, de transcender o contexto de opressão e degradação, à procura permanente e incansável de condições efetivas de humanização.

Destarte, uma pedagogia humanista necessita, então, ser sensível à natureza humana, em sua transcendência, historicidade, potencialidade criativa e curiosidade insaciável. Requer considerar o humano em sua dimensão político-social, de alteridade, de linguagem, não furtando-lhe, assim, sua própria palavra:

---

neste contexto, significa a capacidade da consciência humana de sobrepassar os limites da configuração objetiva. Sem esta capacidade nos seria impossível a consciência do próprio limite" (FREIRE, 2015a, p. 109).
19. Cf. Freire, 2016b, p. 149-155.
20. Conforme Freire: "[...] os homens, ao contrário do animal, não somente vivem, mas existem, e sua existência é histórica" (FREIRE, 2016, p. 151).
21. Freire, 2000, p. 75.

Existir, humanamente, é pronunciar o mundo, é modificá-lo. O mundo pronunciado, por sua vez, se volta problematizado aos sujeitos pronunciantes, a exigir deles novo pronunciar. Não é no silêncio que os homens se fazem, mas na palavra, no trabalho, na ação-reflexão[22].

A pedagogia do(a) oprimido(a) se propõe, dessa forma, a ser essencialmente dialógica. Nela, a abertura real ao diálogo se funda, inevitavelmente, no amor, na esperança e na fé no potencial humano de criação e recriação, de transformação, de coragem, de liberdade e libertação. O diálogo é, portanto, um encontro humilde e benevolente para o ser mais[23].

Desse modo, o processo dialógico que visa à libertação das amarras da desumanização não pode ser pensado a partir da massificação popular, do dirigismo propagandista, da manipulação do(a) oprimido(a), mas do compromisso com a realidade, com a irrupção popular de uma consciência crítica. A natureza pedagógica da luta histórica não pode ser, portanto, outra que não dialógica. Necessário se faz, então, ao revolucionário, o exercício de escuta da palavra dos(as) oprimidos(as), de agir, assim, em comunhão[24], posto que "a ação política junto aos oprimidos tem de ser, no fundo, "ação cultural", para a liberdade, por isto mesmo, ação com eles"[25]. Com efeito, o protagonismo da luta histórica revolucionária pertence à classe oprimida, que, no entanto, por vias é silenciada. O ideário humanista aspira, então, "[...] propor ao povo, através de certas contradições básicas, sua situação existencial, concreta, presente, como problema

---

22. Freire, 2016b, p. 134.
23. Cf. ibid., p. 136-140.
24. Cf. ibid., p. 95.
25. Ibid., p. 97.

que, por sua vez, o desafia e, assim, lhe exige resposta, não só no nível intelectual, mas no nível da ação"[26].

A educação humanista se realiza numa pedagogia problematizadora, emancipatória e conscientizadora na qual o(a) oprimido(a) assume seu papel de sujeito cognoscente, autor(a) de sua própria história e capaz de se libertar através da ação/reflexão transformadora – práxis. Ora, o quefazer histórico e humanista dos(as) oprimidos(as) é, justamente, libertar-se a si mesmo, e não apenas a si, mas também o(a) próprio(a) opressor(a)[27]:

> A violência dos opressores, que os também faz desumanizados, não instaura uma outra vocação – a do ser menos. Como distorção do ser mais, o ser menos leva os oprimidos, cedo ou tarde, a lutar contra quem os fez menos. E esta luta somente tem sentido quando os oprimidos, ao buscarem recuperar sua humanidade, que é uma forma de criá-la, não se sentem idealistamente opressores, nem se tornem, de fato, opressores dos opressores, mas restauradores da humanidade em ambos[28].

Pois bem, o presente excerto nos aponta horizontes a que devemos analisar aqui em nosso ensaio. Inicialmente, Freire postula que o ser menos, isto é, o estado de desumanização, não se constitui numa outra vocação ontológica, mas, antes, realiza-se enquanto uma distorção histórica da vocação ontológica de ser mais. Nossa vocação ontológica, o ser mais, e sua distorção, o ser menos, efetivam-se apenas historicamente. Nesse sentido, a história é o cenário em que o drama por humanização se realiza.

---

26. Ibid., p. 146.
27. Cf. ibid., p. 63.
28. Ibid.

Por conseguinte, as condições que possibilitam a desigualdade socioeconômica são sempre de ordem histórica. Ninguém é ontologicamente constituído para uma vida miserável, relegada à penúria e à marginalização. As teorias que se esforçam para justificar as desigualdades socioeconômicas a partir de determinismos biológicos, a exemplo de teorias oriundas do darwinismo social, são, portanto, falsas. Inclui-se, também, a vã concepção religiosa que "encontra no sofrimento, produto da exploração a que está, a vontade de Deus, como se ele fosse o fazedor desta desordem organizada"[29]. Tem-se aí um fatalismo que, conforme Freire, apenas imprime uma imagem inevitavelmente distorcida e, portanto, equivocada de Deus[30].

Em face, então, da situação de opressão, da privação de ser mais, não compete aos(às) oprimidos(as) uma docilidade ingênua, uma espera passiva pela concretização de um destino melhor. É dever da(o) oprimida(o) assumir o protagonismo histórico na luta de classes, sem prescindir, assim, da "ética da luta" e da "boniteza da briga"[31]. Ao abdicar do seu quefazer histórico e humanista, os(as) oprimidos(as) relegam a história à tragédia do desamor. Compete à classe oprimida a encarnação do amor na luta histórica.

O exercício do amor implica, dessa maneira, a indignação diante das desumanizações, a inquietação diante das institucionalizações das formas de opressão e o ímpeto revolucionário de transformação:

> A maior e única prova de amor verdadeiro que os oprimidos podem dar aos opressores é retirar-lhes, radical-

---

29. Ibid., p. 91.
30. Cf. ibid., p. 91.
31. Freire, 2016a, p. 71.

mente, as condições objetivas que lhes conferem o poder de oprimir... somente assim os que oprimem podem se humanizar. E esta tarefa amorosa, que é política, revolucionária, pertence aos oprimidos. Os oprimidos na verdade se transformam em educadores. Os opressores, enquanto classe que oprime, jamais libertam e jamais se libertam. Só a debilidade dos oprimidos é suficientemente forte para fazê-lo[32].

O humanismo em Freire diz, assim, de uma teoria da ação na conquista por libertação e condições humanizadas de vida. Aponta para uma pedagogia crítica, reflexiva e atuante que não se omite diante dos antagonismos sociais essencialmente conflitantes, daqueles que relegam aos miseráveis a mais pura ausência de condições reais para a efetivação da dignidade humana. Desse modo, a pedagogia do(a) oprimido(a) assume uma enorme preocupação com a dimensão política da educação, numa indubitável opção preferencial pelos pobres e necessitados, num esforço de desvelamento das condições históricas, filosóficas, sociais e econômicas concretas que instituem a opressão e desumanização.

A narrativa de uma pretensa neutralidade política do fenômeno educacional é, então, colocada em xeque. O intento de redução da educação à descrição estática da realidade, sem considerar, pois, a situação histórica, social e existencial dos educandos é, em si mesmo, uma opção política que visa à manutenção do *status quo*. Ora, o modelo educacional que possui em sua única margem de ação a simples memorização de conteúdos fragmentados e desconectados da realidade é, inevitavelmente, um instrumento de ideologia da opressão.

---

32. Cf. Freire, 2014a, p. 70.

Por conseguinte, Freire questiona radicalmente a educação bancária, tecnicista[33], ou seja, os modelos pedagógicos que invariavelmente minimizam ou mesmo anulam a criticidade, a perspicácia e a capacidade criativa dos educandos, estimulando, em contrapartida, a ingenuidade, com o intuito de satisfazer os interesses dos opressores. A estes, a educação não diz respeito ao desnudamento do mundo, ainda menos à transformação da realidade. Nesse sentido, "seu 'humanitarismo', e não humanismo, está em preservar a situação de que são beneficiários [...]"[34].

A pedagogia bancária pressupõe uma concepção fictícia do humano. A antropologia filosófica em questão postula o humano como ser de mera acomodação e ajustamento, destinado tão somente a ser expectador, e não recriador do mundo. Diante disso, o conhecimento seria apenas um depósito da pretensa sapiência docente sobre o educando, numa atitude antidialógica de imposição de uma cultura do silêncio, da alienação, da manipulação e da absolutização da ignorância discente[35].

De outro modo, a pedagogia do(a) oprimido(a) assume como ponto de partida a problematização da realidade, a indagação concernente aos dilemas existenciais e aos desafios históricos em que os(as) estudantes se encontram, pois, de acordo com Freire: "quanto mais se problematizam os educandos,

---

33. Necessário é pontuar que a crítica freireana aos modelos educacionais tecnicistas não se dá em virtude de uma rejeição arbitrária à formação técnico-científica em si. Nas palavras do Freire: "uma das preocupações, enquanto pedagogo e enquanto homem, que me acompanha desde o início de minhas atividades, é exatamente esta que eu chamo de humanizante, de humanista. Quero, porém, fazer um parêntese para dizer que a minha postura humanizante não é uma postura adocicada, açucarada; a minha postura humanista não tem nada beligerantemente contra a tecnologia e contra a ciência. Eu não nego a tecnologia e nem me oponho a ela. A minha posição é sempre a de quem suspeita, de quem se pergunta [...]" (FREIRE, 2013, p. 233).
34. Freire, 2016b, p. 107-108.
35. Cf. ibid., p. 105-106.

como seres no mundo e com o mundo, tanto mais se sentirão desafiados. Tão mais desafiados, quanto mais obrigados a responder ao desafio"[36].

No entanto, a despeito do papel primordial atribuído à educação na luta de classes, a pedagogia do(a) oprimido(a) não ignora a complexidade de fatores históricos, sociais e políticos que se fazem indispensáveis para o processo de libertação. Ela não padece da ingenuidade que delega à educação as respostas mágicas para a solução dos antagonismos sociais que desaguam no ostracismo e na desumanização. Não se pretende, então, postular uma pedagogia que, solitariamente, seja capaz de reunir de forma intrínseca todas as condições necessárias para extinguir a lógica estrutural do estado de opressão. Com efeito, embora necessária, a educação problematizadora e conscientizadora não é, em si mesma, suficiente.

No entanto, diz-nos Freire:

> O que se coloca à educadora ou educador democrático, consciente da impossibilidade da neutralidade da educação, é forjar em si um saber especial, que jamais deve abandonar, saber que motiva e sustenta sua luta: se a educação não pode tudo, alguma coisa fundamental a educação pode. Se a educação não é a chave das transformações sociais, não é também simplesmente reprodutora da ideologia dominante. O que quero dizer é que a educação nem é uma força imbatível a serviço da transformação da sociedade, porque assim eu queira, nem tampouco é a perpetuação do "status quo" porque o dominante o decrete. O educador e a educadora críticos não podem pensar que, a partir do curso que coordenam ou do seminário que lideram, podem trans-

---

36. Ibid., p. 122.

formar o país. Mas podem demonstrar que é possível mudar. E isto reforça nele ou nela a importância de sua tarefa político-pedagógica[37].

À guisa de conclusão, enfatizamos aqui que a pedagogia humanista não dissolve a educação numa dimensão estritamente teórica e especulativa do saber. Não obstante, ela se encarna enquanto uma pedagogia da práxis, isto é, da reflexão em ação e da ação em reflexão. Consciente de seu papel na história, desnuda-nos a dimensão política da formação humana e a necessidade da luta na construção de uma sociedade humanizadora.

Dessarte, o ideário humanista nos interpela profundamente na exigência do amor, da esperança e da fé. Uma abertura radical, portanto, às virtudes teologais, pensadas, porém, à luz do cenário de luta de classes. Nesse sentido, o ideário humanista em Paulo Freire se caracteriza pela proposição de uma educação fundada na **prática do amor**, que, todavia, não se furta da revolta contra a desumanização; na **esperança utópica**, que não se acomoda na espera passiva, mas que se figura, assim, ativamente comprometida com a luta histórica e na **fé na classe oprimida** em razão de sua vocação ontológica de ser mais.

Referências

BOFF, L. "Prefácio". In: FREIRE, P. *Pedagogia da esperança*. 23. ed. Rio de Janeiro/São Paulo: Paz & Terra, 2016a.

FREIRE, A.M.A. "A pedagogia do(a) oprimido(a) como parte da "pedagogia do(a) oprimido(a)" de Paulo Freire". In: FREIRE, A.M.A. (org.). *Pedagogia da Libertação em Paulo Freire*. Rio de Janeiro/São Paulo: Paz & Terra, 2017, p. 27-35.

---

37. Freire, 2015b, p. 110.

FREIRE, P. *Pedagogia da Esperança*: Um reencontro com a Pedagogia do(a) oprimido(a). 23 ed. Rio de Janeiro/São Paulo: Paz & Terra, 2016a.

FREIRE, P. *Pedagogia do Oprimido*. 60. ed. Rio de Janeiro/São Paulo: Paz e Terra, 2016b.

FREIRE, P. *Ação cultural para a liberdade e outros escritos*. 15. ed. Rio de Janeiro/São Paulo: Paz & Terra, 2015a.

FREIRE, P. *Pedagogia da Autonomia*: saberes necessários à prática educativa. 51. ed. Rio de Janeiro/São Paulo: Paz e Terra, 2015b.

FREIRE, P. *Educação e mudança*. 36. ed. Rio de Janeiro/São Paulo: Paz & Terra, 2014a.

FREIRE, P. *Educação como prática de liberdade*. 38. ed. Rio de Janeiro/São Paulo: Paz & Terra, 2014b.

FREIRE, P. *À sombra desta mangueira*. São Paulo: Olho D'Água, 2000.

LIMA VAZ, H.C. *Antropologia filosófica I*. 4. ed. São Paulo: Loyola, 1998.

MAÇANEIRO, M. "Exílio, humanidade e libertação – *Pedagogia do Oprimido*, conexões teológicas. In: CHACON, D.R.A. (org.). Pedagogia do Oprimido *em perspectiva*: legado para uma educação humanizadora. Curitiba: CRV, 2018, p. 113-129.

SCHAFF, A. *O marxismo e o indivíduo*. Rio de Janeiro: Civilização Brasileira, 1967 [Coleção Perspectivas do Homem, vol. 23 – Série Filosofia].

TORRES, C.A. *Diálogo e práxis educativa* – Uma leitura crítica de Paulo Freire. Trad. Mônica Mattar Oliva. São Paulo: Loyola, 2014.

6
Paulo Freire

Um outro paradigma pedagógico?*

Miguel G. Arroyo

O presente livro se propõe a nos voltarmos para o pensamento pedagógico de Paulo Freire. Nos tempos atuais, de que pensamento pedagógico nos aproximarmos? Penso que em tempos de golpe e de vivências de opressões políticas, sociais tão próximas dos tempos em que Paulo Freire refletiu sobre a opressão nos obrigam a nos aproximarmos da *Pedagogia do Oprimido*.

Organizar um livro sobre Paulo Freire em tempos de requintados processos de opressão é uma afirmação de que temos consciência da urgência de formar docentes-educadores capazes de entender os brutais processos de opressão de que são vítimas milhões de educandos nas escolas públicas e na EJA. Deixemo-nos interrogar por Paulo Freire, pelos oprimidos.

Que interrogações dos oprimidos Paulo Freire traz para o pensamento pedagógico? Interrogações políticas, éticas, pedagógicas radicais que conferem nova radicalização ético-política ao pensamento pedagógico. À educação.

---

* Este texto é inspirado na conferência por mim realizada durante o encerramento do II Congresso Internacional Paulo Freire: o legado global, em maio de 2018, na Universidade Federal de Minas Gerais, em Belo Horizonte.

Interrogações de sujeitos no mundo sendo/não sendo no mundo, na economia, na política, na educação. Paulo Freire continua propondo que privilegiemos os Sujeitos. Interroga-nos sobre qual o lugar, a centralidade dos sujeitos e suas interrogações sobre ser/não-ser no mundo no pensamento pedagógico, nas políticas. Nos currículos de formação?

Paulo Freire prioriza ver, reconhecer os Outros como sujeitos de voz, sujeitos de saberes, culturas, consciência. Um ver os Outros de extrema radicalidade política que se contrapõe a uma História de tentativas brutais de reprimir sua voz, suas presenças na política, na história, na cultura. Até na pedagogia.

Mas como vê-los? Paulo os vê como Oprimidos que nos interrogam a vê-los como Oprimidos. Superar um pensamento político e pedagógico que oculta ver a história como uma relação opressores-oprimidos.

Novos-velhos tempos de opressão

A Pedagogia do Oprimido retoma atualidade. Por quê? Porque a opressão continua, os oprimidos aumentaram, os processos de opressão não só se repetem, mas se aperfeiçoam em refinamentos. Os oprimidos são decretados criminosos. Extermináveis como militantes, e até como jovens, adolescentes e crianças.

Estamos em tempos de golpes ditatoriais tão próximos aos tempos que nos 60 provocaram Paulo a escrever a Pedagogia do Oprimido. Seu pensamento é atual porque a opressão é atual. As violências de Estado são atuais e requintadas contra os mesmos: os trabalhadores e seus direitos, os jovens pobres, negros, periféricos e seus extermínios; os movimentos sociais por direito à terra, teto, trabalho, renda, saúde, educação, por identidades de coletivos reprimidos, exterminados. Tempos de anulação política das formas de resistência de classe dos oprimidos. Tempos de jogar milhões ao desemprego, sem direitos ao trabalho e sem um futuro previdenciário, tempos de concentração da renda e da terra em mãos de poucos e de aumento da miséria, da pobreza, dos sem-renda, sem-terra, sem-teto, sem-trabalho. Tempos de aumento dos oprimidos, de radicalização das formas de opressão tornam de extrema atualidade Paulo Freire e a *Pedagogia do Oprimido*.

Sempre que os processos de opressão são repostos e sempre que os oprimidos aumentam somos obrigados a repor o pensamento de Paulo Freire. Aprender a olhar esses processos de opressão com o olhar de Paulo Freire. Sobretudo sempre que os oprimidos resistem a toda forma de opressão, resistem por libertação somos obrigados a tentar entender com que Pedagogias se libertam, se humanizam.

O pensamento político-pedagógico é obrigado a tentar entender que os oprimidos continuam se afirmando sujeitos de Outras Pedagogias. Entender que existem Outras Pedagogias que interrogam, desconstroem as Pedagogias hegemônicas, que se julgam únicas, universais.

Questões obrigatórias para a pedagogia, para a formação de docentes-educadores/as: com que paradigma pedagógico entender, acompanhar os milhões que vão às escolas públicas, sobretudo, os que voltam à EJA vivenciando desde crianças opressões sociais, políticas, culturais: desemprego, pobreza extrema, desterritorializados, sem lugar digno de viver, à procura de um lugar, sobrevivendo ameaçados de extermináveis nas prisões e até nos centros socioeducativos? Que currículos de formação de docentes-educadores/as para entender, acompanhar esses educandos nos processos de desumanização, de roubar suas humanidades.

Com que pensamento pedagógico as faculdades de educação prepararão profissionais nas Artes pedagógicas de recuperar as humanidades roubadas de milhões de crianças, adolescentes, jovens e adultos que resistem, lutam por se libertar da opressão? Diante das radicais formas políticas de opressão, de extermínios, como decodificar a radicalidade da Pedagogia do Oprimido? Reconhecer que dos Oprimidos vem um Outro Paradigma Pedagógico. Não vêm suplicar piedosas pedagogias de como ensiná-los, inclui-los, letrá-los, conscientizá-los.

O presente livro sobre o pensamento de Paulo Freire será uma oportunidade para colocar-nos uma interrogação radical: dos oprimidos e suas Pedagogias vem um Outro Paradigma Pedagógico? Sugiro que neste livro destaquemos que de Paulo Freire vem a urgência político-pedagógica de reconhecer que dos oprimidos vem um Outro Paradigma político-pedagógico.

Pretendo trabalhar essa hipótese em torno dos seguintes itens:

1º) Os oprimidos repõem outro paradigma de formação humana.

2º) Os oprimidos desconstroem o paradigma de humano/in-humano.

3º) Os oprimidos repõem o paradigma de desumanização/humanização.

4º) Os oprimidos se sabem roubados em sua humanidade.

5º) Os oprimidos se sabem ameaçados das violências de Estado.

6º) Os oprimidos resistem, afirmam-se humanos.

1º) Os oprimidos repõem outro paradigma de formação humana.

O paradigma que persiste no pensamento pedagógico desde a Paideia se propõe acompanhar os processos de formação humana desde a infância. Acompanhar apenas os humanos reconhecidos humanos, educáveis, humanizáveis. O pensamento pedagógico desde suas origens se defronta com uma dúvida: a que grupos sociais, políticos reconhecer como humanos, educáveis, humanizáveis? A Paideia reconhecerá apenas os homens livres, pensantes, dirigentes da *Polis*. A crença na educabilidade, humanidade não se aplica aos Outros, aos trabalhadores manuais, mulheres, escravos. A pedagogia ilustrada só reconhecerá como humanos aqueles que se atreverem a pensar e a ser éticos orientados pelo bem pensar. Os humanos homens de bem porque bem pensantes.

Uma marca persistente no paradigma pedagógico hegemônico: reconhecer e acompanhar os processos de formação humana dos grupos sociais, políticos, culturais reconhecidos como humanos, educáveis, humanizáveis, mas acompanhada de uma persistente crença segregadora: nem todos são racionais, éticos, educáveis, humanizáveis a merecer o reconhecimento da Pedagogia de serem acompanhados nos processos de formação humana[1].

O pensamento pedagógico hegemônico assumiu uma postura de descompromisso político, ético, pedagógico com os processos de humanização dos Outros, dos oprimidos por não

---

1. Arroyo, 2015.

reconhecê-los humanizáveis, educáveis, passíveis de formação humana.

Paulo Freire se contrapõe a esse pensamento pedagógico segregador, se identifica como educador, em defesa da formação humana ao longo de todos seus escritos e suas práticas. Não pensa os oprimidos como não humanizáveis, mas como humanos já. Por que tanta dificuldade de Paulo Freire ser reconhecido nas análises do pensamento pedagógico? Porque se contrapõe a essa marca tão persistente do paradigma pedagógico hegemônico e reconhece que os Outros são educáveis, humanizáveis. Sujeitos de pedagogias Outras de formação humana. Se contrapõe a segregar os Outros, os grupos sociais pobres, trabalhadores, os oprimidos como primitivos, irracionais, sem saberes, valores, sem leituras de mundo e de si no mundo, sem consciência política, sub-humanos, in-educáveis, in-humanizáveis.

Paulo Freire ao reconhecer os oprimidos como sujeitos de processos, de Pedagogias de formação humana leva sua crítica política, ética, pedagógica a um dos pontos nucleares do paradigma hegemônico de formação humana. Não critica o pensamento pedagógico apenas por ter esquecido como de sua responsabilidade acompanhar e entender também os processos de formação humana dos Outros, mas sua crítica ao paradigma pedagógico hegemônico é ter julgado e segregado os Outros, os oprimidos como à margem dos processos de formação humana a que a pedagogia é chamada a compreender e acompanhar.

Reconhecer os Outros, os oprimidos como sujeitos de formação humana representam um outro paradigma de formação humana, mas Paulo vai além: denuncia que os oprimidos sejam condenados a processos históricos brutais de de-formação humana.

Que exigências traz para os cursos de formação de educadores, educadoras, docentes de crianças, adolescentes nas escolas, de jovens-adultos na EJA jogados pela sociedade em processos de de-formação humana? Os currículos de formação se defrontam com carências de teorias sobre deformação humana desses educandos oprimidos. O pensamento pedagógico tem acumulado mais teoria sobre processos de formação humana, de desenvolvimento humano do que teorias sobre os brutais processos e deformação humana.

Dominar os saberes acumulados sobre desenvolvimento humano capacitará os educadores-docentes para entender, acompanhar os brutais processos de deformação, negação do desenvolvimento humano de que são vítimas os educandos oprimidos? Outro paradigma de formação-de-formação humana que exige centralidade na formação de profissionais dos oprimidos.

2º) Os oprimidos desconstroem o paradigma de humano/in-humano

O que levou o pensamento pedagógico a segregar os Outros como não sujeitos da Pedagogia, dos processos de formação humana? Pensá-los sem os atributos de humanidade, educabilidade: sem razão, sem valores, sem cultura, sem consciência política, subcidadãos, sub-humanos. Boaventura de Sousa Santos nos lembra que "a tensão entre humano/não humano convive com a ideia de uma deficiência originária de humanidade, a ideia de que nem todos os seres com o fenótipo humano são plenamente humanos"[2]. Aníbal Quijano[3] nos lembra que os povos originá-

---

2. Santos, 2013, p. 76.
3. Quijano, 2009.

rios nas Américas foram jogados à pré-história da condição humana – em estado de natureza. Um mito metafísico. Deficiência no ser humano.

Esse é um traço persistente estruturante do paradigma pedagógico hegemônico: a polarização entre cidadãos/subcidadãos, humanos-in-humanos. Delegar à educação tentar incluir os subcidadãos na cidadania, tentar incluir os in-humanos no parâmetro único de humanidade. Reconhecimento de cidadania e de humanidade condicionado a superar os percursos de educação exigidos para serem ou não reconhecidos cidadãos e humanos: sair do estado de natureza.

O pensamento pedagógico traz as marcas do paradigma segregador de humano/in-humano, cidadão/subcidadão tão presente e persistente no pensamento social, político hegemônico. Nem todos merecem ser reconhecidos cidadãos da pólis por não merecerem ser reconhecidos humanos. A república grega e todas as repúblicas investiram mais em formar os reconhecidos cidadãos do que os decretados subcidadãos. O pensamento político-pedagógico tem concentrado mais saberes, políticas, diretrizes para humanizar os já reconhecidos humanos do que para educar os segregados como in-humanos. Para os segregados como subcidadãos, in-humanos, promessas de inclusão pela educação, escolarização com promessas de reintegração na sociedade se reeducados nos sistemas socioeducativos. Até o sonho da educação progressista traz essa dicotomia: educação para a cidadania, para a formação humana dos grupos sociais segregados como ainda não cidadãos. Não humanos.

Definir um protótipo único, universal de humano tem servido como parâmetro de segregação dos Outros como in-humanos. Um protótipo de humano elevado à condição de único, universal que vem desde a paideia, reforçado pelos humanismos renascentistas, ilustrado e de maneira radical pela empreitada colonizadora. Paulo Freire aprende com os oprimidos que não apenas se afirmam humanos, mas se contrapõem ao paradigma de humano em nome do qual são decretados não humanos.

Podemos reconhecer que a pedagogia colonizadora tão persistente nas Américas é uma das experiências de radicalização desse paradigma segregador de humano, in-humano. A história de nosso pensamento pedagógico se tem alimentado dessa segregação dos Outros como in-humanos, desde a empreitada educativa colonizadora e como subcidadãos na empreitada educadora republicana e democrática. O pensamento colonial para legitimar a apropriação da terra e a exploração escravista do trabalho decretou os povos originários e os negros como sem alma, in-humanos. Traço que persiste na classificação social, étnica, racial, no pensamento social, político, cultural. Pedagógico.

A crítica de-colonial vem mostrando como se configurou o sistema de classificação social, étnica, racial em nossa história. Uma crítica que levanta questões radicais para a pedagogia: que papel teve a pedagogia e continua tendo na legitimação desse sistema de classificação-segregação social, humana? Com que visões humanas, pedagógicas dos grupos sociais, étnicos, raciais se legitima conformar identidades coletivas inferiorizadas de in-humanos?

Aníbal Quijano[4], sociólogo latino-americano, defende que aqui se configurou um sistema de classificação social, racial, étnica da população do mundo (não apenas da periferia colo-

---

4. Ibid., 2009.

nizada), classificação, expressão do poder-saber que o capitalismo torna mundial. A diversidade étnico-racial convertida em padrão de superioridade/inferioridade humana, intelectual, cultural, moral tem sido em nossa história um dos mecanismos pedagógicos mais perversos e persistentes.

No livro *Outros sujeitos, outras pedagogias*[5], me pergunto como as concepções pedagógicas que legitimaram e foram elaboradas na construção desse sistema de classificação social, étnica, racial e nesse padrão de dominação/subalternização/inferiorização produziram concepções, teorias e práticas de como "educar" para legitimar essa classificação-inferiorização social e racial.

A pedagogia colonial, republicana e moderna se constitui atrelada a esse sistema de classificação social e legitima as relações de poder-dominação/subalternização que lhe são constituintes dos padrões de apropriação-expropriação da terra, dos territórios, do padrão de trabalho escravo, explorador, alienante. Subalternização/inferiorização social, étnica, racial, cultural e pedagógica determinante do projeto pedagógico hegemônico aqui gestado para cada um desses coletivos na colonialidade e na pós-colonialidade republicana e democrática.

Paulo Freire se contrapõe a esse paradigma de humano/in-humano que vem das origens da Pedagogia e se radicaliza na experiência pedagógica, política da colonização e do poder-saber que o capitalismo torna mundial. A esse paradigma político, pedagógico segregador do Nós como humanos e os Outros como in-humanos, Paulo Freire contrapõe Outro paradigma de humano: reconhece os oprimidos, segregados

---

5. Arroyo, 2012, p. 153.

em nossa história como à margem dos processos de humanização como humanos, sujeitos não apenas de educabilidade, humanizáveis pela educação de qualidade, mas os reconhece humanos já. Sujeitos de humanidade, sujeitos de pedagogias do oprimido.

A Pedagogia do Oprimido é a síntese dessa contraposição política, ética, pedagógica ao segregador paradigma de humano/in-humano, in-humanizáveis, in-educáveis que tem prevalecido no paradigma político-pedagógico antiético hegemônico. Paulo não se limita a uma crítica a esse paradigma, afirmando que os in-humanos são humanizáveis, vai além e afirma outro paradigma ao reconhecer como humanos já, os grupos sociais marcados com a mais antipedagógica e antiética segregação-opressão: não reconhecê-los como humanos, mantê-los na condição de in-humanos. Para Paulo a opressão mais brutal é não reconhecer um ser humano como humano e segregá-lo como in-humano. Essa a crítica política radical de Paulo ao paradigma de humano/in-humano.

Essa radicalidade crítico-ética de Paulo Freire ao pensamento pedagógico hegemônico explica por que essa radicalidade é tão temida ou tem estado ausente no pensamento educacional, nos currículos de formação, de Pedagogia e Licenciatura, nas políticas e diretrizes curriculares que persistem em prometer, oferecer aos oprimidos políticas de tirá-los da in-humanidade e incluí-los na humanidade, tirá-los da subcidadania e incluí-los na cidadania, mas apenas se provarem ser educáveis-humanizáveis.

Milhões de crianças-adolescentes de jovens-adultos reprovados nas escolas, na EJA não tanto porque iletrados, mas porque reprovados como irracionais, com problemas de aprendizagem, porque indisciplinados, violentos, sem valores, condutas de humanos. Reprovados porque decretados in-humanizáveis. In-educáveis. Entregues a extremos controles nos centros socioeducativos e até entregues à justiça penal ou extermináveis. Uma pergunta incômoda que vem da Pedagogia do Oprimido: como a pedagogia vem reforçando, legitimando o paradigma de in-humano tão persistente em nossa história colonial, republicana, democrática?

Uma questão urgente para o pensamento pedagógico prevalecente nos currículos de formação de educadores-docentes: como trazer os embates de paradigmas de humanos/in-humanos para o núcleo de formação? Como docentes-educadores/as das infâncias-adolescências, dos jovens-adultos oprimidos ainda classificados na sociedade, na política, na cultura, nas políticas de segregação em centros socioeducativos, de extermínio como in-humanos têm direito a entender e se contrapor a esse paradigma hegemônico de humano/in-humano.

Os próprios educandos que carregam às escolas, à EJA essa inferiorização como in-humanos têm direito a entender-se e conhecer esse paradigma político, que os inferioriza como in-humanos. Direito a saber-se para reforçar suas resistências por emancipação-libertação. Paulo insistia, os oprimidos têm direito a saber de si no mundo que os oprime na maior das opressões: segregá-los como in-humanos. Paulo Freire aponta o caminho: aprender com os próprios oprimidos que não se limitam a afirmar-se humanos, mas desconstroem o protótipo único de humano em nome do qual foram segregados como in-humanos.

3º) Os oprimidos repõem o paradigma de desumanização/humanização

Os oprimidos reagem à dicotomia humano/in-humano, não se aceitam na condição de in-humanos, mas ninguém melhor do que eles para ter consciência dos processos de desumanização a que a opressão social, étnica, racial, sexual os submete. Revelam que a contraposição humanos/in-humanos oculta outra contraposição mais radical: opressores/oprimidos ou a classificação social que submete seres humanos a processos de desumanização.

Um dos conceitos mais presentes no pensamento pedagógico de Paulo Freire são os conceitos humanização-desumanização recuperando o olhar mais de origem da Pedagogia: humanizar, acompanhar desde a infância, o broto do humano, os processos de humanização. Mas Paulo adverte a Pedagogia: "O problema de sua humanização, apesar de sempre dever haver sido o problema central, assume, hoje, caráter de preocupação iniludível. Constatar esta preocupação implica, indiscutivelmente, reconhecer a desumanização, não penas como viabilidade ontológica, mas como realidade histórica"[6].

Se a desumanização é uma realidade histórica não haverá como entender, reconstruir a história da própria educação como história da formação humana sem reconstruir e entender a história de desumanização. Reconheçamos ser uma história esquecida, silenciada na própria história da educação. Uma história de desumanização que os próprios oprimidos vítimas de tantas estruturas, de tantas histórias de desumanização guardadas em suas memórias relembram a própria história da educação.

---

6. Freire, 1987, p. 29-30.

Paulo nos leva além: a desumanização é uma produção de estruturas de sujeitos históricos: há oprimidos porque há opressores, porque há estruturas sociais opressoras, desumanizadoras. Paulo soma com o pensamento político, social, pedagógico socialista que vem destacando que as estruturas materiais, de classe, de raça, de gênero produzem a desumanização. O mito da inferioridade ôntica dos indígenas, negros, pobres, trabalhadores manuais – produzidos como seres em estado de natureza – é uma produção histórica para apropriação de suas terras e exploração de sua força de trabalho.

Um pensamento que se confronta com o pensamento e as políticas que continuam negando, ocultando a produção histórica da desumanização-discriminação e responsabilizam os próprios grupos sociais, étnicos, raciais por sua condição de oprimidos, desumanizados. Visão ainda tão persistente na própria cultura escolar segregadora dos milhões de oprimidos desde a infância condenados, reprovados porque responsabilizados pelas desumanizações com que a história os vitima até como adolescentes em conflito com a lei.

Freire vai além e lembra que todo processo histórico de humanização esteve sempre acompanhado de brutais processos de desumanização. O projeto colonial de educação dos povos indígenas, dos negros escravizados esteve acompanhado de violentos extermínios, de expropriação de suas terras, de suas crenças, de suas culturas e identidades. O projeto educativo-cultural colonial acompanhado de violentos culturicídios, desumanizantes. Walter Benjamin nos lembra de que todo projeto cultural tem sido acompanhado de barbárie.

Paulo Freire lembra a pedagogia de que se o problema da humanização deve ser um problema central, é iniludível reconhecer a desumanização não apenas como uma viabilidade ontológica, mas como realidade histórica constituinte de nossa história social, política, cultural, pedagógica.

Paulo Freire faz uma crítica radical ao pensamento pedagógico hegemônico: considerar como sua função histórica apenas entender e acompanhar os processos de humanização, ignorando os históricos processos de desumanização. Dessa crítica chega uma pergunta desafiante para o pensamento pedagógico hegemônico: assume, não assume a desumanização como uma produção histórica? Por que não tem assumido com centralidade entender os processos históricos de desumanização a que foram e continuam submetidos os grupos sociais, étnicos, raciais, de gênero, os oprimidos porque decretados onticamente inferiores em humanidade?

Desde a Paideia poucas teorias sobre os processos de desumanização foram acumuladas. Nem nos humanismos pedagógicos renascentistas, nem ilustrados, nem republicanos teve centralidade entender esses processos históricos de desumanização de que Paulo Freire nos chama a atenção. Os docentes-educadores/as de crianças, adolescentes e jovens-adultos submetidos a processos de desumanização experimentam essas lacunas: que poucos saberes acumularam nos cursos de formação para entender os processos históricos de desumanização que os educandos levam às escolas, à EJA.

Freire provoca o pensamento pedagógico e seus profissionais a entender mais, a formular e acumular teorias sobre os processos históricos não apenas de humanização, mas de desumanização. Reconhecer que a desumanização é uma realidade histórica iludível. Logo uma exigência histórica iludível para os profissionais da educação dos grupos sociais que padecem a opressão-desumanização: entender mais os processos de desumanização.

Uma questão a ser central nos currículos de formação: formam profissionais capazes de entender, acompanhar educandos vitimados por processos tão brutais de desumanização? Entender esses processos exige outro pensamento pedagógico, Outra formação, Outros saberes, Outros profissionais, Outros currículos de Pedagogia e de Licenciatura onde tenha centralidade entender os processos de desumanização que milhões de educandos padecem.

4º) Os oprimidos se sabem roubados em sua humanidade

O pensamento social, político, pedagógico quando reconhece a desumanização dos Outros como realidade constrói suas explicações: a desumanização é uma produção dos próprios grupos sociais segregados como in-humanos. Aníbal Quijano[7] nos lembra de que o pensamento educativo político colonial assim pensou os povos originários, indígenas, negros, não em estado de humanidade, mas de natureza, logo incapazes de participar na produção intelectual, cultural, moral da humanidade. Uma inferiorização ôntica que os responsabiliza por sua desumanização.

Uma outra explicação persistente que vem desde a Paideia: são as funções de direção, de participação na Polis, de domínio da cultura, do raciocínio, dos trabalhos intelectuais que humanizam seus sujeitos. Como são os trabalhos servis, manuais, de produção da vida, de criação, procriação que desumanizam os grupos sociais, sexuais, raciais que os exer-

---

7. Quijano, 2009.

cem. À educação são encomendadas as tarefas de instruir e, sobretudo, moralizar os sem valores, sem racionalidade, sem consciência para sair da condição de desumanização. É encomendada ainda a função de formá-los para outros trabalhos, outras ocupações menos desumanizantes. Educação dos outros para a cidadania, para o trabalho. Essas são funções esperadas da educação para superar a desumanização. Funções que persistem na cultura pedagógica escolar, docente, avaliativa e que tentam legitimar os padrões sexistas, classistas, racistas de trabalho, de poder, de justiça, de renda, de proteção ou de extermínio.

Paulo Freire se contrapõe de maneira radical a essas explicações que culpam os oprimidos pela desumanização que os oprime. Vê a humanização e desumanização, dentro da história, num contexto real objetivo: "Se ambas são possibilidades na história só a humanização é a vocação dos homens, vocação negada, mas também afirmada na própria negação. Vocação de humanização negada na injustiça, na exploração, na opressão, na violência dos opressores, mas afirmada no anseio de liberdade, de justiça, de luta dos oprimidos pela recuperação de sua humanidade roubada"[8].

Paulo Freire não responsabiliza os oprimidos pela desumanização de que são vítimas, responsabiliza as injustiças, a exploração, a opressão, a violência dos opressores. Coloca uma interrogação radical, ética, política para o pensamento social, político, pedagógico: continuar vendo os pobres trabalhadores, que pressionam por direitos, por educação, por trabalho e vida justa como responsáveis da desumanização que padecem ou vê-

---

8. Freire, 1987, p. 30.

-los e tratá-los como vítimas das injustiças, da exploração e da violência dos opressores?

Uma interrogação radical para os currículos de formação e para a cultura escolar e docente: Os profissionais formados nos cursos de Pedagogia, de Licenciatura para trabalhar com crianças, adolescentes, jovens-adultos condenados a processos de desumanização, que compreensão recebem e levam desses processos e dos educandos oprimidos? Com que Artes pedagógicas são formados para trabalhar vidas em processos de desumanização? Os currículos das escolas públicas, sobretudo, e de EJA garantem o direito dos oprimidos a entender esses processos históricos que os desumanizam? Os saberes escolares, docentes continuarão responsabilizando os desumanizados pela desumanização que padecem?

Paulo Freire desafia a pedagogia, a docência, o pensamento pedagógico, as teorias do desenvolvimento humano a entender o que há de mais radical nos processos de opressão-desumanização: roubar humanidades, roubar as possibilidades de ser humanos. De ser mais. Roubados na vocação ontológica de ser humanos. Os docentes-educadores de milhões de crianças, adolescentes, jovens-adultos oprimidos receberam teorias e artes para entender e acompanhar processos tão complexos de ser roubados em suas humanidades? Desafios radicais para a teoria pedagógica, os próprios docentes-educadores têm consciência de lidarem com humanidades roubadas desde a infância. Aprendem que as imagens de infância flor, primavera, esperança se quebraram. Imagens quebradas de alunos e mestres[9]. Processos de desenvolvimento humano quebrados a exigir outras teorias de desenvolvimento, de formação humana.

---

9. Arroyo, 2004.

5º) Os oprimidos se sabem ameaçados das violências de Estado

Estamos em tempos dos oprimidos – jovens, adolescentes, militantes saberem-se ameaçados das violências de Estado. Uma radicalização política da opressão. Novos tempos ainda mais radicais: as velhas-novas formas de opressão, de roubar humanidades se radicalizaram em processos de execução, de extermínio social, de classe, racial, de milhares de jovens-adolescentes-crianças, militantes, negros, mulheres como Marielle.

Saberem-se ameaçados de morte desde a infância-adolescência-juventude porque trabalhadores militantes pobres, periféricos, negros ou porque militantes mulheres em lutas por direitos acrescenta uma nova radicalidade à opressão, a exigir um olhar pedagógico mais radical. Radicalidade política nova porque as ameaças de extermínios, mortes vêm das forças da ordem, com a cobertura da justiça. Do Estado. Dos poderes instituídos. Violências contra adolescentes nos centros socioeducativos que os privam de liberdade e violências, extermínios de jovens, em sua maioria negros, nos fins de semana ou nas prisões. A justificativa dos governantes: "nenhum dos mortos era um santo". Volta a visão de serem In-humanos a não merecer nem o direito à vida e menos o direito à educação.

Tempos de violências políticas, de Estado. Tempos de lembrar que o Estado tem donos, a justiça tem donos, a terra tem donos, a renda do trabalho tem donos. O poder tem donos. As políticas de saúde, de educação têm donos. Tempos de aprender a duvidar até do Estado de direitos e de justiça. Tempos de mudar de estratégias de luta: de não poder mais proclamar: educação direito de todo cidadão, Dever do Estado! De que Estado? De não esperar justiça da justiça do Estado. De não esperar nem o direito à vida de um Estado e de seus aparelhos que exterminam.

Paulo Freire foi vítima das violências de Estado, foi exilado e se contrapôs às violências de Estado de que os oprimidos são vítimas. Experimentou e denunciou a negação política da ética: "Impossível fazer política sem ética". Paulo não apenas denuncia e se contrapõe à omissão criminosa das políticas do Estado com os direitos dos oprimidos. Defendeu e se empenhou na construção de outro Estado. Os movimentos sociais e o movimento infanto-juvenil lutam por outro Estado, reagindo às violências de Estado que os vitimam e até exterminam em massacres e extermínios das forças do Estado. Que indagações vêm para o pensamento pedagógico?

Exterminar vidas é mais radical ainda do que roubar humanidades. Há motivos para o pensamento político, pedagógico hegemônico ignorar esses extermínios tão brutais. Há motivos para ignorar o Outro pensamento que Paulo Freire reforça. Motivos para não reconhecer Paulo Freire patrão da Educação: o Estado e seus aparelhos passaram a ser os opressores. As violências de Estado privando adolescentes de liberdade e até exterminando vidas. Os educadores/as aprendem no conviver com educandos roubados em suas humanidades e até exterminados. Aprendem que as formas de opressão se radicalizaram nos extermínios. Haverá lugar nos currículos de formação para que os educadores, educadoras entendam os educandos roubados em suas humanidades e até sabendo-se ameaçados de extermínios? Há algo mais opressor para um ser humano do que desde criança roubar-lhe sua humanidade e proibir-lhe de ser, de viver?

Estamos em tempos em que a longa experiência histórica de opressão, de produção e manutenção de estruturas opressoras se tornou uma experiência totalitária. De Estado. A opressão estruturante das políticas de apropriação da terra, do solo, da renda legitimando o Estado, a justiça decretando a reintegração da posse e legitimando a morte, extermínio de militantes em lutas por direito à terra, teto, vida.

A opressão não é apenas desumanização da violência de ser condenados a viver na miséria, na fome, em lugares inumanos. Nem a vivência da opressão é apenas não ser do mundo comum, público, da cidadania, dos direitos políticos, cidadãos. Institucionalizar a opressão em nível das violências de Estado radicaliza a opressão em nível de extermínio. De roubar mais do que possibilidade de ser-mais. Roubar possibilidades de viver. Dados mostram que jovens, adolescentes e até crianças são um dos grupos vítimas dos extermínios e violências de Estado.

O relatório da Unicef destaca que 29 jovens-adolescentes são mortos por dia, que o número de mortes de adolescentes revela que o risco de morte nesse tempo humano é maior do que na população geral. São os jovens/adolescentes/crianças pobres, das periferias, negros que lutam por trabalho, por escola pública, por vida. As justificativas das violências de Estado para seus extermínios: são adolescentes-jovens de extrema periculosidade. São criminosos, ameaçam a ordem pública. Até como adolescentes são pensados em conflito com a lei.

Um olhar inferiorizante, segregador da sociedade, do Estado, da cultura política que tende a contaminar o olhar, a cultura pedagógica, escolar e docente, condenando-os, reprovando-os como violentos, indisciplinados. Aumenta o número de escolas, de educadores/as que vê esses educandos como vítimas das brutais violências da sociedade, do Estado e dos órgãos de segurança. Suas indisciplinas sociais, escolares são apenas resistências às violências brutais que padecem.

Uma pergunta obrigatória para o pensamento pedagógico: como a dialética desumanização-humanização é deslocada pela institucionalização da opressão/repressão/extermínio-não humanização que orienta as políticas de repressão-extermínio de violência de Estado? A função encomendada à pedagogia desde suas origens – superar, corrigir a desumanização e pela educação humanizar os ainda não humanos, não cidadãos –, educação para a cidadania, para o trabalho, para a formação humana assumida pelas constituições republicanas e democráticas perde sentido diante de um Estado e seus aparelhos – justiça, forças da ordem – pautados pela repressão, extermínio dos jovens, adolescentes, até crianças não os reconhecendo educáveis, humanizáveis, nem sequer como desumanos-humanizáveis, mas decretados criminosos, logo extermináveis.

A dialética desumanização-humanização que justificou a pedagogia, as políticas de escolarização perdem sentido quando se decretam crianças, adolescentes-jovens como criminosos, irrecuperáveis, extermináveis em nome da preservação da segurança pública e em nome da reintegração da propriedade da terra. Logo, a ação pedagógica de socialização, moralização, reeducação é dispensada como inútil. Nessa criminalização dos oprimidos não há lugar para a função ético-política da dialética educar para superar a desumanização e incluir na humanização.

Diante desse decretar o não lugar, não função da ética-política de pedagogia na dialética desumanização-humanização, questões radicais demandam o pensamento pedagógico a repensar-se. Entender que milhões de seres humanos, inclusive jovens/adolescentes, crianças são submetidos a novos processos de segregação, repressão, extermínio exige ir além de pensar as políticas socioeducativas como mecanismos de educar para humanizar. Exige repensar a função social, política, pedagógica das escolas, da docência, do sistema escolar: ser espaços-tempos de proteção de vidas ameaçadas de extermínios. Os profissionais das escolas públicas, sobretudo, e da EJA onde chegam os adolescentes até adultos ameaçados no viver, sobreviver se perguntam qual seu ofício, qual a função da docência: proteger vidas ameaçadas? Não é essa a esperança que as mães depositam em nós educadores? E os educandos?

Essa é a indagação política-pedagógica-ética que tantos educadores e educadoras se colocam. Uma indagação radical para o pensamento pedagógico, para os currículos de Pedagogia e Licenciatura: Que acúmulo de teoria produzir para que os profissionais com a função de entender e acompanhar milhões de proibidos de ser desde a infância, roubados de sua humanidade e até ameaçados de extermínio entendam e acompanhem esses processos? Reconheçamos que há uma lacuna histórica de teoria pedagógica sobre os históricos processos de roubar humanidades, de proibi-los de ser humanos. De saber-se roubados em seu direito à vida. Lacuna que exige ser preenchida com toda urgência.

6º) Os oprimidos resistem, afirmam-se humanos

Paulo Freire se pergunta pela função da pedagogia, dos profissionais da educação no acompanhar educandos roubados em suas humanidades: responsabilizá-los da opressão que padecem? Conscientizá-los? Paulo Freire não vê os oprimidos como inconscientes de ser roubados em sua humanidade, condenados a vivências de desumanização e de extermínios. Nos lembra: "quem melhor que os oprimidos se encontrará preparado para entender o significado terrível de uma sociedade opressora? Quem sentirá melhor que eles, os efeitos da opressão?"[10]

A pedagogia, até crítica, tem insistido que sua função é conscientizar os oprimidos dos significados da sociedade opressora. Paulo aponta para uma tarefa mais radical: reconhecer os próprios oprimidos preparados para entender os significados de uma sociedade opressora, de um Estado opressor, porque ninguém melhor que eles sentem os efeitos da opressão.

A função dos cursos de formação de docentes educadores será prepará-los para entender com os oprimidos os significados da sociedade opressora e do Estado opressor; entender suas consciências-saberes de experiências de opressão feitos e, sobretudo, entender suas resistências aos efeitos desumanizantes da Opressão que padecem. Logo formar para entender com prioridade os processos de desumanização e seu efeito mais radical: roubar suas humanidades. Paulo nos convida a ir além. Reconhecer os processos históricos de desumanização, de ser roubados em suas humanidades que milhões de oprimidos padecem é para Paulo Freire um desafio radical para a pedagogia e a docência. Mas ele vai além e nos desafia a entender as resistências e lutas dos oprimidos por justiça, por liberdade, pela recuperação de sua humanidade roubada. Pelo direito à vida justa.

Para Paulo, a tarefa do pensamento pedagógico e dos educadores, educadoras de milhões de educandos que desde a infância padecem a opressão é reconhecê-los sujeitos de resistentes processos de libertação-humanização-emancipação. Reconhe-

---

10. Freire, 1987, p. 31

cer os educandos oprimidos sujeitos desde a infância de lutas pela humanização, pelo trabalho livre, pela desalienação, pela sua afirmação como pessoas, como "seres para si"[11]. Que políticas educativas, que formação de docentes-educadores capaz de entender os educandos roubados em suas humanidades, mas resistentes em lutas por humanização? Por recuperar as humanidades roubadas? Em lutas por continuar vivos?

Freire se contrapõe às políticas socioeducativas generosas, compassivas de sua condição de oprimidos, de roubados em sua humanidade. Denuncia a fraqueza dessas políticas socioeducativas que apenas tentam corrigir os brutais processos de opressão/desumanização que produzem as políticas e estrutura de apropriação-expropriação da terra, do trabalho, da renda, da moradia, da saúde, da vida.

Freire enfatiza: aqueles que oprimem, exploram, violentam, em razão de seu poder, não podem ter, neste poder, a força de libertação dos oprimidos. O Estado perdeu a função de Estado protetor, libertador dos oprimidos. Só o poder, que nasça da debilidade dos oprimidos, será suficientemente forte para libertar-se. Freire sugere que a função da pedagogia, da docência será fortalecer essa debilidade dos oprimidos para fortalecer sua liberação, emancipação.

Paulo Freire critica esse traço tão persistente das políticas socioeducativas inclusivas, corretivas das desumanidades dos oprimidos. Critica as políticas e o poder dos opressores que quando pretendem amenizar a debilidade dos oprimidos não apenas quase sempre se expressam em falsa generosidade como jamais a ultrapassam. Paulo nos lembra de que os opressores,

---

11. Ibid.

falsamente generosos, têm necessidade para que sua "generosidade" continue tendo oportunidade de realizar-se, da permanência da injustiça. A "ordem" social injusta é a fonte geradora, permanente, dessa "generosidade" que se nutre da morte, do desalento e da miséria"[12].

Uma crítica política radical de Paulo Freire a tantas políticas socioeducativas corretivas, inclusivas, generosas destinadas às infâncias-adolescências das escolas públicas, da EJA e até dos centros socioeducativos de adolescentes privados de liberdade. Uma crítica política radical a tantas diretrizes de formação de docentes-educadores nas artes de implementar políticas de falsa generosidade, de inclusão compassiva, corretiva. Políticas que ocultam a permanência das injustiças que educandos e educadores padecem. Políticas de Estado que ocultam as violências de Estado e dos seus aparelhos da ordem e até da justiça, que levam a repressão aos oprimidos e levam a processos brutais de extermínios. Novos-velhos tempos em que as violências de Estado não se limitam a colocar os oprimidos à-margem, mas os decretam extermináveis, porque negros, militantes, mulheres líderes como Marielle. Nem mais lugar para políticas inclusivas, compassivas para com os oprimidos.

A esse paradigma pedagógico compassivo hegemônico tão persistente e a essas violências de Estado, Paulo Freire contrapõe a Pedagogia do Oprimido: aquela pedagogia que tem de ser forjada com ele e não para ele, enquanto homens e povos, classes, na luta incessante de recuperação de sua humanidade. De preservação de suas vidas. Pedagogia que faça da opressão e de suas causas objeto da reflexão dos oprimidos, de que resultará

---

12. Ibid.

o seu engajamento necessário na luta por sua libertação em que esta pedagogia se fará e refará[13].

Neste texto nos acompanhou a hipótese de que Paulo Freire nos aponta para Outro Paradigma Pedagógico. Poderíamos terminar com uma pergunta: nos aponta para Outro paradigma de formação de docentes-educadores/as? Que dimensões da sua formação para entender, acompanhar, fortalecer os educandos vítimas de tantas opressões e para fortalecer suas resistências por emancipação da opressão? Por direito à vida?

- Produzir mais teorias sobre os processos de desumanização.
- Formar educadores para entender educandos roubados em suas humanidades.
- Entender as violências de Estado que os ameaçam de extermínios.
- Reconhecer os próprios oprimidos sujeitos de resistências, de libertação, emancipação.
- Reforçar o direito a saber-se roubados em suas humanidades, mas em lutas por se afirmar humanos. Por recuperar suas humanidades roubadas. Por preservar suas vidas ameaçadas.

Tempos de repolitizados processos de opressão. Tempos de reaprender com Paulo Freire o que ele aprendeu: deixar-nos interrogar pelos Oprimidos, por suas Pedagogias de Oprimidos. Aprender que os Oprimidos resistem à opressão e resistindo se humanizam. Se educam e educam o Estado opressor. Educam a Política. Educam a sociedade opressora. Educam o pensamento pedagógico. Educam a Educação. Como educadores e educado-

---

13. Ibid.

ras deixemo-nos não só interrogar, deixemo-nos educar pelos Oprimidos.

Referências

ARROYO, M.G. "O humano é viável? É educável?" In: *Revista Pedagógica*, vol.17, 2015, p. 21-40.

ARROYO, M.G. *Outros sujeitos, outras pedagogias*. Petrópolis: Vozes, 2012.

ARROYO, M.G. *Imagens quebradas*: trajetórias e tempos de alunos e mestres. Petrópolis: Vozes, 2004.

FREIRE, P. *Pedagogia do Oprimido*. 17. ed. Rio de Janeiro: Paz e Terra, 1987.

QUIJANO, A. "Colonialidade do poder e classificação social". In: SANTOS, B.S.; MENEZES, M.P. (orgs.). *Epistemologias do Sul*. São Paulo: Cortez, 2009.

SANTOS, B.S.; CHAUÍ, M. *Direitos humanos, democracia e desenvolvimento*. São Paulo: Cortez, 2013.

7
Por uma pedagogia da indignação e da resistência*

Nilma Lino Gomes

Nos anos de 1960, 1970 e 1980, a visão do educador Paulo Freire sobre a realidade social brasileira ia além dos olhares da esquerda combativa e ultrapassava, em muito, à da direita reacionária. Ele problematizava as estruturas de poder e de dominação e tinha especial atenção em relação aos sujeitos sobre os quais a dominação e o poder imperavam: os oprimidos (e as oprimidas).

Paulo Freire se recusou a ver esses sujeitos como massa de manobra, seja de grupos progressistas ou de direita. Ele os viu como realmente são: sujeitos da sua própria história. Uma história de opressão, de luta e de resistência. Sujeitos que não somente precisavam da escola para construir conhecimento. Sujeitos cujo conhecimento era forjado pela dura experiência da pobreza, pela ausência de condições materiais e dignas de sobrevivência e pelo descaso do Estado. Sujeitos que, na sua

---

* Este texto é inspirado na conferência por mim realizada durante o encerramento do II Congresso Internacional Paulo Freire: o legado global, em 1º de maio de 2018, na Universidade Federal de Minas Gerais, em Belo Horizonte.

prática cotidiana, produziam pedagogias e, com elas, enriqueciam os insalubres conhecimentos escolares, quando lhes eram proporcionado o direito à educação.

Esses sujeitos ajudaram a transformar a educação, e isso desencadeou o medo dos poderosos e das elites. A presença desses sujeitos na escola possibilitou não somente a teoria de Paulo Freire, mas vários movimentos de renovação pedagógica, dando força aos movimentos sociais e setores progressistas que lutaram contra a ditadura e a opressão capitalista.

São esses sujeitos que inspiraram Paulo Freire e todos nós, que acreditamos e lutamos por uma educação pública, laica, democrática e que reconhece a diversidade, a adotarmos posturas pedagógicas que recusem a educação bancária. Instaram-nos a trabalhar por uma educação que é denúncia das desigualdades e anúncio de uma outra forma de construir e produzir conhecimento e que não é um método de alfabetizar, mas uma postura ética, diante do/a adulto/a, trabalhador/a ou não, repleta de leitura de mundo.

Paulo Freire nos mostrou que a escola que existia à época não tinha competência para receber e ensinar esses sujeitos, de modo que ela precisava se reinventar para saber recebê-los e compartilhar conhecimentos. Para isso, tinha que se despojar do seu lugar de arrogância, como única instância legítima de conhecimento, para, então, reconhecer o conhecimento como aquele construído na lida, na luta e na experiência de opressão, e assim, junto com esse sujeito de conhecimento, construir uma outra leitura de mundo a qual precede o ensino da leitura e da escrita.

Paulo Freire nos alertou para o fato de que, sem a leitura do mundo, a educadora e o educador progressistas não conseguirão socializar conhecimento, nem ensinar e aprender com aqueles que a eles chegam na escola. E chegam com vidas precarizadas, oriundos de uma situação social, econômica, racial e de gênero marcada pelas mais diversas formas de violência e injustiças, mas cheios de experiências e sabedorias de vida.

E que "mundo" é esse que vivemos no Brasil atual? Com quais realidades se deparam os sujeitos pobres, as mulheres, a população negra, do campo, indígena, quilombola, LGBT que chegam às escolas de educação básica e ao ensino superior?

Quais acontecimentos têm incidido sobre a história mais recente do Brasil, marcando profundamente a subjetividade de todos e todas nós, e colocando os Oprimidos e as Oprimidas do século XXI em situação de maior opressão?

Nos dias atuais, olhamos esses sujeitos políticos e de conhecimento, dos quais fala Paulo Freire, não somente pelo viés da opressão e das desigualdades, mas aprendemos, com os movimentos sociais, a compreender que esses sujeitos fazem parte de coletivos diversos transformados em desiguais. São sujeitos em cujas experiências, raciais, de gênero e de diversidade sexual, fazem parte sua forma de ser e estar no mundo, bem como dos conhecimentos que produzem, da forma como reivindicam e de suas lutas por direito.

Sobre esses sujeitos pertencentes aos coletivos sociais diversos acirra ainda mais a opressão que vivemos no Brasil do século XXI. Uma opressão que apresenta aspectos ainda mais complexos ao ser comparada com aquela vivida pelos sujeitos dos quais fala Paulo Freire quando produziu a sua teoria: ela se realiza com maior crueldade. A crueldade capaz de ser construída nas relações de poder, que incide sobre os corpos considerados como matáveis ou não matáveis e que também constrói um tipo de pedagogia: a pedagogia da crueldade.

Como diz a antropóloga Rita Segato: "[...] a truculência é a única garantia do controle sobre territórios e corpos, e de corpos como territórios, e pelo outro, a pedagogia da crueldade é a estratégia de reprodução do sistema"[2].

Destacarei cinco fatos que expressam como a pedagogia da crueldade se manifesta na sociedade atual.

Fato 1

> [...] o processo de impeachment revelou um Estado tíbio, mas ao mesmo tempo perigoso, dissimulado e desorientado com as suas instituições apodrecidas, que precisam ser reconfiguradas, fortalecidas ou reformatadas. A partir desse mecanismo jurídico-parlamentar, e da ação dos conglomerados midiáticos que respaldaram a destituição da ex-Presidenta Dilma Rousseff, o Brasil, impactado pelos reflexos do golpe e com suas fraturas expostas, passou a vivenciar instabilidades democráticas, confrontos entre os poderes constituídos, inexistência de diálogos sociais e aumento da violência, desaguando, pela via do processo eleitoral, na consagração de Jair Bolsonaro, com a sua irrelevante trajetória política no Parlamento brasileiro. Em síntese, esse retrocesso no campo político, que afetou a democracia e o pleno Estado Democrático de Direito, foi acentuado com a efetivação do golpe que destituiu Dilma Rousseff por motivações político-ideológicas sem as devidas provas cabais quanto à existência de crimes de responsabilidade[3].

---

2. Segato, 2014, p. 345.
3. Nunes, 2019.

Fato 2

Em 15 dezembro de 2016, é aprovada a Emenda Constitucional (EC) 95, que estabeleceu a redução dos gastos públicos em educação, saúde, assistência social e outras políticas sociais por 20 anos, aprofundando a miséria e acentuando as desigualdades sociais do país, em especial, comprometendo ainda mais as condições de sobrevivência da população pobre e negra. A EC 95 é objeto das Ações Diretas de Inconstitucionalidade (ADI) 5633, 5643, 5655, 5658, 5715 e 5743 que propõe a revogação da Emenda pelo Supremo Tribunal Federal. Todas essas ADIs foram distribuídas à Ministra Rosa Weber.

Estudos da Plataforma DHESCA; do Inesc/Oxfam/Centro para os Direitos Econômicos e Sociais e do Ipea vêm demonstrando o impacto da Emenda em várias áreas sociais, acarretando grandes retrocessos na garantia de direitos e a piora acelerada da situação dos indicadores sociais do país. O Relator Especial da ONU para Extrema Pobreza, Philip Alston, caracterizou a Emenda Constitucional 95 como uma medida drástica que contraria as obrigações do Estado brasileiro na garantia dos direitos sociais (com informações do portal do Instituto de Estudos Socioeconômicos)[4].

Fato 3

Após agressões com chutes e golpes de pau, a travesti Dandara dos Santos foi assassinada a tiros, segundo o secretário da Segurança Pública e Defesa Social do Ceará, delegado André Costa. Os dois suspeitos de atirar em Dandara foram presos, conforme o secretário. Também foram apreendidos três adolescentes que aparecem no

---

4. Inesc, 2018.

vídeo agredindo a vítima, e um sexto suspeito está foragido.

"Depois das agressões, levaram [Dandara] até outro local, próximo de onde foram feitas aquelas imagens. Como é visto nas imagens, ela foi brutalmente, covardemente, assassinada através de um disparo de arma de fogo", detalhou o delegado em entrevista nesta terça-feira (7).

As prisões ocorreram na noite desta segunda-feira (6) e no início da tarde desta terça-feira, no Bairro Bom Jardim, em Fortaleza, e no município de Trairi.

Um dos presos é apontado como o homem que filmou o crime. Segundo o titular da SSPDS, o homem é suspeito de tráfico de drogas, e já era conhecido da polícia.

"A investigação apurou que essa pessoa [traficante] que está presa foi quem filmou. As provas demonstram que é a voz dele que aparece no vídeo", comentou o secretário.

Ainda segundo o secretário, a polícia vai ouvir os suspeitos para investigar a motivação do crime. "Dependendo do que for apurado, pode haver alguma qualificação do crime", afirma. Um dos presos já tinha passagem na polícia por tráfico de drogas.

[...]

Caso Dandara

O crime aconteceu no dia 15 de fevereiro de 2017, no Bairro Bom Jardim, e ganhou repercussão nas redes sociais após o compartilhamento do vídeo que mostra a travesti sendo agredida por um grupo no meio da rua.

O vídeo, gravado por uma pessoa que está com o grupo de agressores, mostra parte da violência. A gravação tem 1 minuto e 20 segundos e termina quando os suspeitos colocam a vítima no carrinho de mão, após agressões com chutes, chineladas, pedaços de madeira, e descem a rua.

O governo do Ceará emitiu uma nota de repúdio em relação aos 'atos de violência e intolerância como o que praticado contra Dandara dos Santos', morta por brutal espancamento[5].

Fato 4

Na noite do dia 14 de março de 2018, a vereadora carioca Marielle Franco e o motorista Anderson Gomes foram mortos a tiros no Estácio, região central do Rio de Janeiro, quando o carro em que estavam foi atingido por diversos disparos. Quatro tiros acertaram a vereadora e três, o motorista.

Marielle voltava de um evento na Lapa, chamado Jovens Negras Movendo as Estruturas, quando teve o carro emparelhado por outro veículo, de onde partiram os tiros. Uma assessora da parlamentar, que também estava no carro, sobreviveu aos ataques. As câmeras de monitoramento de trânsito existentes na região estavam desligadas.

Eleita com 46,5 mil votos, a quinta maior votação para vereadora nas eleições de 2016, Marielle Franco estava no primeiro mandato como parlamentar. Oriunda da favela da Maré, zona norte do Rio, Marielle tinha 38 anos, era socióloga, com mestrado em administração pública e militava no tema de direitos humanos[6].

Fato 5

"A primeira e única vez que confiei meu filho a ela, ela deixou meu filho ir para a morte', afirmou Mirtes Re-

---

5. G1, 2017.
6. Agência Brasil, 2020.

nata Santana de Souza, mãe do menino Miguel Otávio Santana da Silva, de 5 anos, sobre a patroa Sari Gaspar Côrte Real. [...]

A criança morreu ao cair do 9º andar de um edifício de luxo no Recife, após a mãe descer para passear com o cachorro da família e deixar o menino aos cuidados da patroa, Sari.

"Era uma criança inocente. Não tinha noção de perigo, ele queria a mim, só queria a mãe dele. Ela não teve um pingo de paciência. [...] Sari, eu amo teus filhos como se fossem meus. No único minuto que eu confiei meu filho a você, você deixou meu filho naquela situação"[7].

Violência e crueldade: uma constante dos processos de opressão

Todos os cinco fatos narrados são aviltantes, revoltantes e cruéis. Eles podem ser considerados como mensagens dos grupos hegemônicos, dos racistas, dos machistas e dos LGBTQIA+fóbicos no Brasil, principalmente, para aquelas e aqueles que fazem parte das lutas anticapitalistas, antipatriarcais, antirracistas, antiLGBTQIA+fóbicas. Representam uma afronta àqueles que lutam por uma democracia que reconheça e contemple a diversidade.

Mas, além desses fatos, temos dados que comprovam essa violência e crueldade. Cerqueira e colaboradores, nas análises realizadas no Atlas da Violência 2020, relatam que:

> Ao analisarmos os dados da última década, vemos que as desigualdades raciais se aprofundaram ainda mais, com uma grande disparidade de violência experimenta-

---

7. G1, 2020.

da por negros e não negros. Entre 2008 e 2018, as taxas de homicídio apresentaram um aumento de 11,5% para os negros, enquanto para os não negros houve uma diminuição de 12,9% [...][8].

A análise dos dados desvela uma realidade denunciada pelo Movimento Negro brasileiro: a morte das pessoas negras não é causada apenas pelo fato de serem, na sua maioria, pobres e viverem em situação de maior vulnerabilidade, mas ela é atravessada fortemente pela raça; ou seja, ser negro é um determinante para que a violência incida com mais força sobre essa parcela da população. Essa constatação não é nada mais do que a afirmação da existência do racismo, ainda que considerado um crime inafiançável e imprescritível desde a Constituição Federal de 1988.

O Mapa da Violência 2020 mostra a continuidade da brutal e histórica violência contra a mulher e as diferenças entre mulheres negras e não negras no que se refere à taxa de homicídios femininos.

> Embora o número de homicídios femininos tenha apresentado redução de 8,4% entre 2017 e 2018, se verificarmos o cenário da última década, veremos que a situação melhorou apenas para as mulheres não negras, acentuando-se ainda mais a desigualdade racial. Se, entre 2017 e 2018, houve uma queda de 12,3% nos homicídios de mulheres não negras, entre as mulheres negras essa redução foi de 7,2%. Analisando-se o período entre 2008 e 2018, essa diferença fica ainda mais evidente: enquanto a taxa de homicídios de mulheres não negras caiu 11,7%, a taxa entre as mulheres negras aumentou 12,4%[9].

---

8. Cerqueira et al., 2020, p. 47.
9. Ibid., p. 37.

Outro grande desafio apresentado pelos dados das pesquisas nacionais se refere aos homicídios de adolescentes e jovens, que atingem especialmente os moradores homens de periferia e áreas metropolitanas dos centros urbanos.

Em 2017, 75,5% das vítimas de homicídio eram pessoas pretas ou pardas. Entre os adolescentes e jovens de 15 a 19 anos do sexo masculino, os homicídios foram responsáveis por 59,1% dos óbitos[10].

A dramática situação de violência retratada nesses dados e em outros, que podem ser citados, evidencia um misto entre desigualdades econômicas, regionais, racismo, patriarcado e adultocentrismo e explicita que o nosso país está imerso na mais dura crueldade que recai sobre coletivos sociais diversos que são tratados como desiguais e inferiores. E o que é pior: mesmo com a existência desses dados-denúncia ainda existem pessoas que não acreditam nessa situação. Elas desprezam o sofrimento alheio e sequer compreendem que um país que vive essa realidade possui uma dívida histórica com esses sujeitos e os coletivos dos quais fazem parte, e por esse motivo, o Estado brasileiro tem o dever ético e político de garantir-lhes dignidade e direitos.

Não se trata apenas de dados a serem analisados e apresentados para a mídia nos grandes congressos nacionais e internacionais ou analisados nos artigos e pesquisas acadêmicas, mas de considerar que as estatísticas e os números anteriormente citados falam sobre pessoas concretas, sujeitos sociais, históricos e políticos e de vidas humanas ceifadas por uma dominação que se arrasta desde os tempos coloniais.

---

10. *Atlas da Violência*, 2019.

Os dados alertam, também, para o fato de que as nossas análises sobre as históricas e tensas relações de poder, acúmulo de riquezas e violência em relação à população negra, em particular, e aos pobres, em geral, precisam considerar a interseccionalidade, sobretudo porque nenhum desses fenômenos cruéis operam sozinhos, mas estão imbricados e interrelacionados.

O que nos diria Paulo Freire?

Mas, o que os cinco fatos inicialmente apresentados neste artigo e os dados da violência registrados têm a ver com o pensamento de Paulo Freire? Eu lhes digo: tudo, eles têm tudo a ver. Todos os cinco fatos tratam de casos explícitos de desigualdade, de ataque aos direitos sociais e aos direitos humanos e falam de processos de desumanização, de exploração e de inferiorização, enfim, de injustiças.

Paulo Freire sempre se colocou contra as injustiças. Como diz Alípio Casali na contracapa do livro *Pedagogia da Indignação*: "a antiga verdade freireana é: não se educa sem a capacidade de se indignar diante de injustiças"[11].

Diante do exposto, cabe-nos perguntar: o que Paulo Freire teria a nos dizer se estivesse entre nós e acompanhasse todo esse processo? Como os fatos destacados no início deste artigo inspirariam as suas análises e reflexões, somando-se com toda a produção e prática emancipatórias às quais ele dedicou toda a sua vida? Como o contexto atual seria lido por ele, na sua leitura de mundo, e como ele o incorporaria para adensar ainda mais o seu debate teórico, político e epistemológico para a construção de uma pedagogia que rompe com o paradigma pedagógico

---

11. Casali, 2000.

hegemônico, trazendo elementos como opressão, autonomia, esperança e indignação?

Paulo Freire não está mais entre nós fisicamente, mas as suas ideias estão mais do que presentes, nacional e internacionalmente. O seu reconhecimento internacional, inclusive, extrapola o nacional.

Neste capítulo, inspiro-me em uma parte dos seus escritos, mais particularmente as cartas e artigos que celebram a sua vida publicados pela sua companheira, Ana Maria Araújo Freire, Anitta Freire.

No pensamento de Paulo Freire, em especial quando ele refletia e expressava sobre o que lhe causava profunda indignação, podemos encontrar a inspiração necessária para que não nos dispersemos, em tempos de retomada internacional, da opressão, da virada à direita e à extrema direita no mundo, do acirramento do capitalismo, do golpe parlamentar no Brasil, em 2016, da ascensão da extrema direita ao poder no ano 2018, dos tempos de pandemia causados pela Covid-19, que têm gerado mais violência e retrocessos para todos, todas e *todes*[12], principalmente para os oprimidos, com os quais Paulo Freire tanto se preocupou e se comprometeu durante toda a sua vida.

---

12. "Tod@s", "Todes", "Todxs", é uma tentativa de uma neolinguagem de gêneros gramaticais que seja inclusiva para/com as mulheres, as pessoas não binárias, as "pessoas T entre gêneros" (ROCHA; COELHO; FERNANDES, 2020). O uso de "pronomes e adjetivos neutros" vem se constituindo numa linguagem não sexista, não machista, não misógina, não transfóbica. Ao nos referirmos às pessoas não binárias, àquelas que não se identificam nem com o gênero masculino nem com o feminino, como as "pessoas T entre gêneros", as transexuais, as travestis, as *drag queens*, as intersexo, as pessoas trans em transição com adjetivos neutros, minimamente respeitamos sua condição humana, temporária ou não e vislumbraremos a igualdade de gênero (ROCHA, 2020).

Como se posicionaram aquelas e aqueles que tomaram conhecimento dos cinco fatos narrados no início deste artigo? Como temos reagido a isso tudo? Como a educação, as ciências sociais e humanas, a universidade, a Educação de Jovens e Adultos (EJA), os estudos sobre a violência e segurança pública têm reagido? Como o campo progressista lida com tal situação de violência, desigualdade e crueldade? Essas situações têm afetado a nossa ação pedagógica? Têm sido discutidas nas nossas aulas, seminários e palestras nos espaços da educação, em especial, nos cursos de Licenciatura? No Direito? Na formação dos profissionais da Segurança Pública?

Ao pensar sobre tudo isso, fiz-me a seguinte pergunta: Se Paulo Freire estivesse entre nós, o que ele nos diria?

Ninguém melhor do que Paulo Freire, que aprendeu com os/as oprimidos/as, e nos instava, a todo o instante, a reconhecer que os/as oprimidos/as, na experiência da opressão produziam conhecimentos, para nos ajudar a elaborar tudo o que vivemos e a pensar estratégias de ação.

Por isso, decidi buscar, nos escritos do próprio autor, o que ele já nos disse que pudesse servir de orientação e palavras de sabedoria, nesse momento histórico de tantos retrocessos, de aumento avassalador da pandemia, em decorrência da Covid-19 e de total desgoverno, e do aumento do desemprego e da insegurança pública. São tempos, nos quais nos encontramos espantados/as e perplexos/as, talvez até mais espantados/as e perplexos/as do que indignados/as. E, ainda quando indignados/as, ficamos imóveis diante de tanta violência com o acirramento da opressão e das desigualdades no contexto internacional e nacional.

Além da indignação, enxergo nos escritos de Paulo Freire um outro chamado à ação política e pedagógica: a resistência.

Paulo Freire nos convoca não somente a reconhecer a Pedagogia do Oprimido, mas, principalmente, a colocar em ação uma Pedagogia da Indignação e da Resistência.

A indignação permeia toda a obra de Paulo Freire: Pedagogia do Oprimido, Pedagogia da Esperança, Pedagogia da Autonomia e todas as outras. Mas, para a reflexão aqui realizada, busquei o seu livro *Pedagogia da Indignação*. São cartas pedagógicas que Paulo Freire escrevia quando nos deixou, em 2 de maio de 1997, além de outros escritos com temas sobre os quais ele se ocupou de escrever, refletir, produzir.

Nas cartas, ele nos dá pistas para continuar lutando e acreditando. Paulo Freire admoesta o campo progressista sobre os perigos de uma luta progressista que acaba não acreditando no povo, no saber construído pelos setores populares, pelas mulheres e homens oprimidos/as.

O autor nos convoca a retomar o nosso lugar progressista no mundo. Admoesta-nos para sermos coerentes com a nossa posição democrática e reforça que o projeto de sociedade pelo qual lutamos "não é privilégio das elites dominantes nem tampouco das lideranças dos partidos progressistas. Pelo contrário, participar dos debates em torno do projeto diferente de mundo é um direito das classes populares que não podem ser 'puramente' guiadas ou empurradas até o sonho por suas lideranças"[13].

Uma admoestação que as esquerdas e as tentativas de frentes democráticas, no contexto atual de avanço do neoliberalismo, do fascismo e da extrema direita, precisam compreender e praticar.

Ele nos diz:

---
13. Freire, 2000, p. 43.

> A tarefa progressista é assim estimular e possibilitar, nas circunstâncias mais diferentes, a capacidade de intervenção no mundo, jamais o seu contrário, o cruzamento de braços em face dos desafios. É claro e imperioso, porém, que o meu testemunho antifatalista e que a minha defesa da intervenção no mundo jamais me torne um voluntarista inconsequente, que não leva em consideração a existência e a força dos condicionamentos. Recusar a determinação não significa negar os condicionamentos[14].

E ainda:

> O que quero dizer é o seguinte: não posso de maneira alguma, nas minhas relações político-pedagógicas com os grupos populares, desconsiderar seu saber de experiência feita. Sua explicação do mundo de que faz parte a compreensão de sua própria presença no mundo. E isso tudo vem explicitado ou sugerido ou escondido no que chamo de "leitura de mundo" que precede sempre a "leitura da palavra"[15].

Indago: quais elementos da *Pedagogia de Indignação* de Paulo Freire poderíamos destacar para entendê-la e colocá-la em prática, nos dizeres do próprio Paulo Freire? E o que é a pedagogia da indignação?

A pedagogia da indignação é aquela que desconfia do discurso da impossibilidade da mudança para a melhora do mundo. Entende que esse discurso não é o da constatação da impossibilidade, mas o discurso ideológico da inviabilização do possível. Um discurso por isso mesmo reacionário; na melhor das hipóteses, um discurso desesperadamente fatalista[16].

---

14. Ibid., p. 59.
15. Ibid., p. 83.
16. Ibid., p. 40.

> O discurso da impossibilidade de mudar o mundo é o discurso de quem, por diferentes razões, aceitou a acomodação, inclusive por lucrar com ela. A acomodação é a expressão da desistência da luta pela mudança. Falta a quem se acomoda ou em quem se acomoda, fraqueja, a capacidade de resistir. É mais fácil a quem deixou de resistir ou a quem sequer foi possível em algum tempo resistir aconchegar-se na mornidão da impossibilidade do que assumir a briga permanente e quase sempre desigual em favor da justiça e da ética[17].

Mas Paulo Freire adverte:

> [...] é importante enfatizar que há uma diferença fundamental entre quem se acomoda perdidamente desesperançado, submetido de tal maneira à asfixia da necessidade, que inviabiliza a aventura da liberdade e a luta por ele, e quem tem, no discurso da acomodação, um instrumento eficaz de sua luta – a de obstaculizar a mudança. O primeiro é o oprimido sem horizonte: o segundo, o opressor impenitente[18].

"Esta é uma das razões por que o alfabetizador e a alfabetizadora (e eu diria, o educador e a educadora) progressistas não podem contentar-se com o ensino da leitura e da escrita que dê as costas desdenhosamente à leitura do mundo"[19].

A Pedagogia de Indignação é uma pedagogia crítica radical libertadora. Uma das suas tarefas principais é

> trabalhar a legitimidade do sonho ético político da superação da realidade injusta. [...] Essa pedagogia jamais pode fazer nenhuma concessão às artimanhas do "pragmatismo" neoliberal que reduz a prática educativa ao

---

17. Ibid., p. 40-41.
18. Ibid., p. 41.
19. Ibid.

treinamento técnico-científico dos educandos. Ao treinamento e não à formação[20].

Paulo Freire chama a atenção para o fato de que a realização da pedagogia da indignação só tem espaço no fazer pedagógico e político daquelas e daqueles que se sabem e agem como educadoras e educadores progressistas. E, "se somos progressistas, realmente abertos ao outro e à outra, devemos nos esforçar, com humildade, para diminuir, ao máximo, a distância entre o que dizemos e o que fazemos", diz Paulo[21].

A pedagogia da indignação é aquela que acredita na construção e no aperfeiçoamento da democracia.

> [...] Não de uma democracia que aprofunda as desigualdades, puramente convencional, que fortifica o poder dos poderosos, que assiste de braços cruzados à aviltação e ao destrato dos humildes e que acalenta a impunidade. Não de uma democracia cujo sonho de Estado, dito liberal, é o Estado que maximiza a liberdade dos fortes para acumular capital em face da pobreza e às vezes da miséria das maiorias, mas de uma democracia de que o Estado, recusando posições licenciosas e autoritárias e respeitando realmente a liberdade dos cidadãos, não abdica do seu papel regulador das relações sociais. Intervém, portanto, democraticamente, enquanto responsável pelo desenvolvimento da solidariedade social[22].

O que é impossível de aceitar, diz Paulo Freire, "é uma democracia fundada na ética do mercado que, malvada e só se deixando exercitar pelo lucro, inviabiliza a própria democracia"[23].

---

20. Ibid.
21. Ibid., p. 45.
22. Ibid., p. 48.
23. Ibid., p. 49.

O apelo contido nas cartas pedagógicas, escritas por Paulo Freire e inseridas no livro Pedagogia da Indignação, escrito em 1997, continua atual até hoje.

Paulo Freire acreditava no direito e no dever de mudar o mundo. Esse é o tema da sua segunda carta. E se estamos, hoje, perguntando o que fazer, para onde ir, diante da imposição de forças hegemônicas capitalistas, jurídicas, midiáticas, racistas, sexistas, LGBTQIA+fóbicas, escutemos a resposta que, guardadas as devidas proporções, Paulo Freire se colocava em 1997.

A resposta a esse questionamento é mais um aspecto da pedagogia da indignação. Ele coloca relevo nas condições materiais e objetivas que produzem a opressão, mas não despreza que a nossa intervenção para a mudança tem que considerar a subjetividade e esta faz parte da história e se desenvolve numa tensão dialética.

> Se as estruturas econômicas, na verdade, me dominam de maneira tão senhorial, se, moldando meu pensar, me fazem objeto dócil de sua força, como explicar a luta política, mas, sobretudo, como fazê-la e em nome de quê? Para mim, em nome da ética, obviamente, não da ética do mercado, mas da ética universal do ser humano, para mim, em nome da necessária transformação da sociedade de que decorra a superação das injustiças desumanizantes. E tudo isso porque, condicionado pelas estruturas econômicas [e eu diria hoje, em tempos de desgoverno], não sou, [não somos], por elas determinados [...]. Se não é possível desconhecer, de um lado, que é nas condições materiais da sociedade que se gestam a luta e as transformações políticas, não é possível, de outro, negar a importância fundamental da subjetividade na história. Nem a subjetividade faz, *todo-poderosamen-*

te, a objetividade e nem esta perfila, inapelavelmente, a subjetividade. Para mim, não é possível falar em subjetividade a não ser se compreendida em sua dialética relação com a objetividade. [...] Só na história como possibilidade e não como determinação se percebe e se vive a subjetividade em sua dialética relação com a objetividade. [...] E é assim que mulheres e homens eticizam o mundo, podendo, por outro lado, tornar-se transgressores da própria ética[24].

Indignação e resistência

Ao nos indignarmos, produzimos resistência. Mas não é qualquer resistência, é a resistência que emancipa. A resistência que emancipa é o eixo nuclear da pedagogia da resistência que pode ser lida na obra de Paulo Freire e está sintetizada nas cartas, e nos outros escritos, que celebram a sua vida.

Engana-se quem pensa em Paulo Freire como uma figura passiva e romântica. Essa ideia de passividade e romantismo tem sido gerada por muitas leituras equivocadas que alguns setores do campo da educação, no Brasil, têm feito do autor. Muitas leituras pedagógicas de Paulo Freire retiram dos seus escritos a sua radicalidade, a sua indignação, a sua raiva.

Paulo Freire conclama: Façamos a resistência. "No fundo, as resistências – a orgânica e/ou cultural – são manhas necessárias à sobrevivência física e cultural dos oprimidos"[25].

Paulo Freire nos alerta para o fato de que temos de transformar posturas rebeldes em posturas revolucionárias, que nos engajem no processo radical de transformação do mundo. A

---

24. Ibid., p. 57.
25. Ibid., p. 81.

rebeldia é só o ponto de partida indispensável, pois ela ajuda a deflagrar a justa ira. Mas não é suficiente.

A rebeldia tem que estar plena de denúncia e anúncio. Enquanto denúncia, ela precisa se alongar até uma posição radical e crítica, a revolucionária, a qual é fundamentalmente anunciadora.

A mudança do mundo para Paulo Freire implica a dialetização entre a denúncia da situação desumanizante e o anúncio de sua superação, no fundo, o nosso sonho.

"Mudar é difícil, mas é possível", afirma Paulo Freire em vários momentos das suas cartas e escritos indignados. Saber que mudar é difícil, mas é possível, é fundamental para o educador e a educadora progressistas. Aprendi, relendo Paulo Freire, que é nisso que reside a esperança. É nisso que reside a atualização do sonho, que, muitas vezes, se encontra desgastado de tanto lutarmos contra a opressão. E para que isso aconteça, temos que brigar.

Paulo Freire nos diz: "Para mim, a briga pela atualização do sonho, da utopia, da criticidade, da esperança é a briga pela recusa, que se funda na justa raiva e na ação político-ética eficaz, da negação do sonho e da esperança"[26].

E é na recusa da negação do sonho e da esperança que a Pedagogia da Indignação se encontra com a Pedagogia da Resistência. São as únicas pedagogias possíveis para superar os momentos de retrocessos, de perplexidade, de espanto diante dos sérios riscos sofridos pela democracia que arduamente construímos após a queda da ditadura militar e com a sanção da Constituição Federal de 1988. Uma democracia imperfeita, de baixa intensidade, como diria o sociólogo Boaventura de Sousa

---

26. Ibid., p. 115.

Santos, mas a democracia possível em um país como o Brasil, cuja história social e política sempre fora marcada por colonialismos, violências, golpes e ditaduras. E que precisa ser aperfeiçoada por uma resistência criativa.

Por tudo isso, temos que nos dar o direito à raiva. Raiva contra a dominação, contra o golpe parlamentar de 2016, contra a política de morte da extrema direita, contra a opressão, o capitalismo, o neoliberalismo, as injustiças, o racismo, o machismo, a LGBTQIA+fobia, a xenofobia e a violência religiosa. Raiva que nos ajude a não cair no desalento. Essa é a chave que nos faz lutar por uma Pedagogia da Indignação e da Resistência.

Finalizo com as sábias palavras de Paulo Freire, indignado com a "desgentificação da sociedade"[27], ousado o suficiente para nos conclamar a "azucrinar a cabeça dos poderosos"[28], desafiando-nos a agir no presente, entendendo "o futuro como problema e não como inexorabilidade"[29].

Ele diz:

> [...] meu direito à raiva pressupõe que, na experiência histórica da qual participo, o amanhã não é algo "pré-dado", mas um desafio, um problema. A minha raiva, minha justa ira, se funda na minha revolta em face da negação do direito de "ser mais" inscrito na natureza dos seres humanos. Não posso, por isso, cruzar os braços fatalisticamente diante da miséria, esvaziando, desta maneira, minha responsabilidade de mudar porque a realidade é mesmo assim. O discurso da acomodação ou de sua defesa, o discurso da exaltação do silêncio imposto de que resulta a imobilidade dos silenciados,

---

27. Ibid., p. 73.
28. Ibid., p. 76.
29. Ibid., p. 79.

o discurso do elogio da adaptação tomada como fardo ou sina é um discurso negador da humanização de cuja responsabilidade não podemos nos eximir[30].

Considerações finais

Inspirada em Paulo Freire, afirmo: continuemos na luta. Pois como ele mesmo nos alerta: "O mundo não é. O mundo está sendo"[31].

Sejamos, então, aquelas e aqueles que continuarão a lutar para mudar e fazer mais justos e equânimes o mundo e a sociedade em que vivemos. A luta social é a protagonista de várias mudanças no mundo. Transformações que têm ampliado os direitos sociais para sujeitos que deles não partilhavam. Elas têm ajudado e pressionado por Estados mais democráticos. Denunciado as desigualdades e as mazelas das opressões, do capitalismo, do fascismo, do machismo, do racismo, da LGBTQUIA+fobia e da violência religiosa nas mais diversas sociedades.

Continuemos nas lutas sociais por maior democracia, direitos, justiça social, justiça cognitiva e equidade. Sempre com indignação e com a resistência que emancipa.

Referências

CASALI, A. *Pedagogia da Indignação* – Cartas pedagógicas e outros escritos. São Paulo: Unesp, 2000, contracapa.

CERQUEIRA, D. et al. *Atlas da violência 2020*. Rio de Janeiro: Ipea-FBSP, 2020.

---

30. Ibid., p. 76.
31. Ibid., p. 81.

CERQUEIRA, D. et al. *Atlas da violência 2019*. Rio de Janeiro: Ipea-FBSP, 2019.

FREIRE, P. *Pedagogia da Indignação* – Cartas pedagógicas e outros escritos. São Paulo: Unesp, 2000.

G1. *Caso Miguel*: "Ela deixou meu filho ir para a morte", diz mãe de menino que estava aos cuidados da patroa e morreu, 2020 [Disponível em https://g1.globo.com/pe/pernambuco/noticia/2020/06/05/ela-deixou-meu-filho-em-perigo-diz-mae-de-menino-que-estava-aos-cuidados-da-patroa-e-morreu.ghtml – Acesso em 24/03/2021].

G1. *Travesti Dandara foi apedrejada e morta a tiros no Ceará, diz secretário*, 2017 [Disponível em http://g1.globo.com/ceara/noticia/2017/03/apos-agressao-dandara-foi-morta-com-tiro-diz-secretario-andre-costa.html – Acesso em 24/03/2021].

INESC. *Coalizão lança mobilização nacional pela revogação do teto dos gastos sociais*, 2018 [Disponível em http:// www.inesc.org.br/coalizao-lanca-mobilizacao-nacional-pela-revogacao-do-teto-dos-gastos-sociais/ – Acesso em 06/04/2021].

NUNES, P. "Arqueologia do *impeachment* de Dilma Rousseff e o papel da imprensa corporativa brasileira". In: NUNES, P. *Democracia fraturada*: a derrubada de Dilma Rousseff, a prisão de Lula e a imprensa no Brasil. João Pessoa/Aveiro: CCTA/RIA, 2019, p. 15-90 [Disponível em http://www.ccta.ufpb.br/ppj/contents/livros/imprensa-crise-politica-e-golpe-no-brasil/EBOOK_DEMOCRACIA_FRATURADA.pdf].

ROCHA, D. *Bom dia a tod@s, todes, todxs* – O uso de pronomes neutros (não binários) e a desconstrução da linguagem sexista, machista, misógina, transfóbica, 2020 [Disponível em https://anped.org.br/news/bom-dia-tods-todes-todxs-o-uso-de-pronomes-neutros-nao-binarios-e-desconstrucao-da-linguagem – Acesso em 24/03/2021].

SEGATO, R.L. "Las nuevas formas de la guerra y el cuerpo de lãs mujeres". In: *Sociedade e Estado*, Brasília, vol. 29, n. 2, 2014, p. 341-371.

8
Pedagogia do Oprimido e Teologia da Libertação: sintonia a serviço dos pobres

Elio Estanislau Gasda
Karen de Souza Colares

Qual a relação do centenário de nascimento de Paulo Freire com a Teologia da Libertação latino-americana? Os teólogos e teólogas identificados com sua pedagogia podem somar-se às comemorações deste centenário? O capítulo visa apresentar a sintonia ideológica, teórica e prática entre Paulo Freire e a Teologia da Libertação latino-americana.

Metodologicamente, para alcançar seu objetivo, o texto está organizado em três momentos: primeiramente, oferece uma descrição panorâmica da Teologia da Libertação na América Latina, destacando seus primeiros 20 anos: definição, contextualização histórica, síntese de três elementos fundamentais (método, opção pelos pobres, práxis libertadora).

Paulo Freire, sua pessoa e pensamento, é o foco do segundo momento. Do ponto de vista teológico, o texto passa a elencar convergências importantes entre Freire e Teologia da Libertação: não há libertação verdadeira sem uma pedagogia igualmente libertadora; comunhão em torno da mesma fé em Jesus de Nazaré; a *Pedagogia do Oprimido* é uma pedagogia libertadora; papel pedagógico das igrejas.

O capítulo oferece, na última parte, algumas considerações sobre a pertinência e atualidade da pedagogia de Paulo Freire e da Teologia da Libertação latino-americana. Portanto, ao final deste escrito, os teólogos e teólogas identificados com essa corrente teológica somam-se em júbilo pelo centenário de nascimento de tão ilustre celebridade.

A Teologia da Libertação

Teologia da Libertação (TL), a rigor, é um conjunto de escritos teológicos elaborados na América Latina por autores e autoras como Gustavo Gutiérrez, Juan Luís Segundo, Hugo Assmann, Rubén Alves, Joseph Comblin, Ivone Gebara, Leonardo e Clodovis Boff, Segundo Galilea, Pablo Richard, Juan Carlos Scannone, João Batista Libânio, Ignacio Ellacuría e Jon Sobrino, para nomear alguns dos mais conhecidos.

Essa corrente de pensamento tem origem no cristianismo latino-americano no final dos anos 1960. Desenvolveu-se no continente e no mundo a partir dos anos 1970 e se mantêm, dentro do possível, viva até os dias de hoje. De forma geral seu nascimento se insere no cenário dos movimentos de contestações social, política e cultural ocorridos em várias sociedades da época.

Na América Latina, essas resistências estão relacionadas ao impacto da Revolução Cubana de 1959, com o surgimento de movimentos guerrilheiros em vários países da região, com o desenvolvimento das organizações e mobilizações camponesas, operárias, estudantis, e das mulheres, dos indígenas e do movimento negro.

O fator que deve ser considerado mais determinante para o advento da TL é a presença de setores cristãos nos processos de subversão. O surgimento de um cristianismo revolucionário foi um fenômeno quantitativo e qualitativamente importante, levantou questões que não poderiam ser respondidas sem a renovação do pensamento teológico.

É um movimento práxico do cristianismo sem o qual seria difícil entender o alcance da revolução na América Central, do movimento indígena nos Andes e o ressurgimento do movimento operário no Brasil. Em âmbito continental, seria impossível compreender outras ações como Igreja e Sociedade na América Latina (ISAL, 1961-1975); na Argentina, Movimento dos Sacerdotes do Terceiro Mundo (1967-1976); no Chile, partido Cristãos pelo Socialismo e a Esquerda Cristã (1971-1973); no Peru, o grupo de sacerdotes ONIS (Escritório Nacional de Informação Social, 1968-1980); na Nicarágua, o Movimento Cristão Revolucionário (1973); na Colômbia, o grupo de padres Golconda (1968-1972). Os teólogos e teólogas da libertação, inseridos no mesmo movimento, repensam a fé a partir de sua própria experiência e experiência coletiva, agindo como 'intelectuais orgânicos' da igreja dos pobres.

A TL apresenta uma dimensão crítica da economia política que a vincula à constelação do cristianismo progressista. Essa teologia continua inspirando uma diversidade de práticas coletivas na construção da justiça social, econômica, política e pastoral. Também contribuiu para o surgimento de movimentos sociais no último quartel do século XX: lutas camponesas e indígenas pela reforma agrária e reconhecimento da diversidade cultural, a organização de economia solidária, movimentos ambientalistas e de defesa dos direitos humanos.

A TL é, antes de tudo, teologia, isto é, um discurso racional sobre a fé (inteligência da fé), também uma reflexão sobre a relação entre a criatura humana e Deus. Esta reflexão passa pelo reconhecimento da capacidade de se construir e de construir um mundo, pela redescoberta da liberdade e da práxis, do compromisso histórico pela humanização do mundo. A TL captura esse espírito afirmando-se como uma reflexão da práxis histórica[1].

Durante o primeiro período da TL (1968-1989) os seguintes elementos se destacam: método teológico; opção preferencial pelos pobres, práxis libertadora e compromisso com uma sociedade igualitária; espiritualidade de libertação e profetismo[2].

Método

A TL é um discurso teológico que articula a práxis histórica com a hermenêutica cristã libertadora contextualizada em situações de pobreza e exploração. O método utilizado reflete a articulação intrínseca entre opção pelos pobres e práxis libertadora, estruturada em três momentos: socioanalítico, hermenêutico-teológico, práxis ético-pastoral.

A mediação socioanalítica refere-se à exigência de um conhecimento objetivo da realidade fornecido pelo resultado analítico das diferentes mediações sociais; a mediação hermenêutico-teológica refere-se ao fato de que princípios, categorias de compreensão e critérios de verdade derivam da fé cristã; a me-

---

1. Gutiérrez, 1980, p. 40.
2. Richard, 2004.

diação prático-pastoral contém as correspondentes expressões de intervenção social libertadora.

A TL tem uma intenção prática manifestada em três relações com a epistemologia da práxis. O conceito de práxis não é mera aplicação de um conceito anterior de verdade, mas funciona como princípio de legitimidade e credibilidade do discurso teológico. O labor teológico leva em conta o conteúdo das ciências humanas e sociais. O saber teológico "na práxis" está comprometido com a causa dos pobres e explorados. É teologia "para a práxis", diante das mediações políticas de uma ação transformadora da realidade. Nela, a própria práxis tem uma dimensão de juízo crítico[3].

O discurso teológico apoiado nesse método visa construir uma linguagem que leva em conta as situações de marginalização dos pobres e de exploração sofrida na América Latina. Com ele, a TL tenta responder ao desafio que todas as formas de exclusão social apresentam ao cristianismo.

Opção pelos pobres

"Irrupção dos pobres", "despertar dos oprimidos", são expressões geralmente usadas para descrever processos que têm a ver com a América Latina, mas também com a África, com a Ásia, com as minorias raciais, sexuais e com presença da mulher na história. O fenômeno principal é a consciência de uma realidade de exclusão e pobreza socioeconômica generalizada e a análise das causas como a dependência econômica, o autoritarismo político, a alienação cultural e religiosa em que vivem os países da periferia explorados pelo poder do capital.

---

3. Libanio, 1989.

O tema dos pobres é onipresente. A experiência dos pobres é o que dá à TL sua autêntica novidade, seu ponto de partida, sua razão de ser e sua meta. A experiência dos pobres é, antes de tudo, a percepção da sua realidade desumana, cruel e injusta e o compromisso que ela suscita, o protesto indignado contra os geradores desta situação e a luta para superá-la. Ao falar dos pobres, os teólogos da libertação incorporam uma dupla tradição: bíblica e marxista, ou seja, tem caráter religioso e ético-político.

A experiência dos pobres é a experiência teológica fundamental. Os pobres são colocados na linha de frente como receptores privilegiados da ação de Deus e da mensagem do Evangelho do Reino proclamado por Jesus de Nazaré. A novidade da TL sobre o tema se dá a partir de uma análise socioestrutural da pobreza e suas causas e da dimensão política da opção social pelos pobres. Essa concepção ocorre por meio do exercício intelectual crítico e do compromisso político com a justiça social.

A teologia concebe a situação de pobreza como uma situação estrutural de pecado. Essa é a raiz última da pobreza. O conceito de estrutura do pecado precisa da análise das ciências humanas e econômicas para determiná-lo. A ação política para superá-la se traduz, então, em compromisso que se caracteriza como opção de classe. Daí deriva o viés marxista da TL. O pobre-explorado é um conceito que se situa na categoria sociológica da exclusão social, que define o sujeito radicalmente excluído dos bens e recursos econômicos e das decisões políticas de uma sociedade.

Na esfera eclesial, a relação entre teologia e modernidade, entre fé e sociedade, é assumida pela TL a partir da opção pela renovação da Igreja decidida no Concílio Vaticano II (1962-1965). Na América Latina, o espírito do Concílio ganha forma mais definida na opção pelos pobres adotada na II Conferência

Geral do Episcopado Latino-Americano, em Medellín (1968). A experiência de fé é inseparável do ato de acolher os pobres. Este ato abre um horizonte de sentido que transcende a dimensão ética e política deste acolhimento. A opção pelos pobres implica uma participação ativa dos mesmos no interior da Igreja.

O espírito de Medellín, confirmado na III Conferência Geral de Puebla (1979), cria condições eclesiológicas favoráveis para o encontro entre cristãos e não cristãos comprometidos com o mesmo projeto de transformação econômica, social e política.

Práxis libertadora

A teologia é uma inteligência da fé vivida. A TL é uma reflexão crítica sobre a práxis histórica à luz do Evangelho. Por um lado, a experiência política concreta de um setor de cristãos latino-americanos é o fator que desencadeia a TL. Por outro, a práxis histórica dos cristãos constitui o horizonte da TL. Em consonância com a prioridade dos pobres está a questão da prioridade da práxis. O primeiro na vida cristã é o compromisso de amor e serviço ao próximo necessitado. A teologia vem depois, é ato segundo. Trata-se de transformar uma realidade para que se torne humanamente significativa. Significa transformar a realidade a partir de dentro, na prática, à luz do Evangelho, cujo horizonte é uma sociedade de iguais baseada na justiça.

O termo libertação pertence originariamente à dimensão política. Libertação ou libertador possui um conteúdo semântico preciso na América Latina. Seu sentido se opõe à realidade de dependência e dominação. Pressupõe, também, a superação da concepção do processo de mudança desenvolvimentista, significando uma ruptura com a situação de dependência do capitalismo. O termo quer superar a visão reformista da economia e da política.

A linguagem da libertação, na esfera socioeconômica, substitui a linguagem do desenvolvimentismo. E, na esfera política, reivindica uma dupla emancipação: soberania contra o imperialismo capitalista e suas múltiplas formas de colonização, e a mudança no interior dos próprios países da periferia na direção de uma democracia integral.

Na esfera cultural, a libertação se opõe tanto ao colonialismo quanto à domesticação do sistema. Por isso, supõe a latino-americanização da cultura através do resgate dos valores culturais autóctones dos povos originários. O movimento pedagógico libertador de Paulo Freire é uma de suas manifestações mais influentes, como veremos no próximo tópico.

A TL apresenta um cristianismo que nasce da práxis, segue a teoria e retorna para a elaboração de uma nova práxis libertadora das opressões inspirada pela fé. Sem a práxis e o protagonismo dos oprimidos não há Teologia da Libertação. Onde há opressão real sobre oprimidos reais, aí faz sentido lutar pela libertação integral[4].

A práxis histórica, na qual a teologia exerce sua função crítica, é determinada pelos três níveis de significação que Gutiérrez atribui ao termo libertação. Em primeiro lugar, libertação expressa as aspirações das classes sociais e dos povos oprimidos e sublinha o aspecto conflituoso do processo econômico, social e político que os opõe às classes opressoras e aos povos opulentos. Tal libertação requer a criação de sistemas de organização social

---

4. Boff, 2014, p. 11.

e política baseados na liberdade e na participação de todos na tomada de decisões. Libertação implica necessariamente a saída do capitalismo e a construção de um socialismo marcadamente latino-americano[5].

Em segundo lugar, libertação significa conceber a história como um processo de libertação do homem, no qual este assume conscientemente o seu próprio destino, situa-se num contexto dinâmico e alarga o horizonte das transformações sociais almejadas, e colocado nesta perspectiva surge como uma exigência de implantação. O desdobramento "de todas as dimensões do humano [...]. A conquista gradual de uma liberdade real e criativa leva a uma revolução cultural permanente, à construção de um novo ser humano, a uma sociedade qualitativamente diferente"[6]. Este sentido de libertação tem a ver com cultura e se refere à construção de modos de vida alternativos que envolvam outros valores, diferentes formas de se relacionar com a natureza e a materialidade em geral, bem como novas relações inter-humanas.

A estes dois primeiros níveis de significação, Gutiérrez acrescenta um terceiro que podemos chamar de teológico: a libertação entendida como libertação do pecado e como comunhão com Deus e com os homens. Falar de libertação nos leva às fontes bíblicas. Cristo é apresentado a nós como trazendo-nos a libertação. Cristo Salvador liberta o homem do pecado, raiz última de todo rompimento de amizade, de toda injustiça e opressão, e o torna autenticamente livre, isto é, para viver em comunhão com Ele, fundamento de toda a fraternidade humana. Não são três processos paralelos ou que se sucedem crono-

---
5. Gutierrez, 1980, p. 157.
6. Ibid., p. 68.

logicamente. São três níveis de um processo único e complexo que encontra seu significado profundo e sua plena realização na obra salvadora de Cristo[7].

A libertação humana é um lugar fundamental para pensar a realidade teologicamente. Compreender a relação com Deus em termos de libertação. A opressão econômica, a escravidão social, a escravidão psicológica e outras estão mutuamente envolvidas e têm a mesma raiz antropológica e teológica.

O conceito de libertação não apenas interpreta o passado e o presente, mas abre um espaço para utopias futuras. A relação entre libertação e esperança cristã, entre utopia e reino de Deus, utopia e força histórica dos pobres, mantém a dupla centralidade do Reino de Deus e dos pobres no mundo.

A teologia frequentemente relaciona a experiência de opressão (Egito)/libertação (êxodo) do povo de Israel com as experiências de opressão/libertação da América Latina. A libertação dos israelitas foi modelo e referência de libertação, uma libertação bíblica, divina e real ao mesmo tempo. É o povo de Deus que deve se libertar da submissão e das condições de vida desumanas. O Deus que aparece na Bíblia é um "Deus ético", que realmente ama a justiça e que detesta toda injustiça e arrogância que alguns homens demonstram sobre os outros.

Libertação é um processo. O potencial humanizador do cristianismo está encarnado na dinâmica libertadora da história, na qual a salvação cristã toma forma. Não há contradição entre a liberdade cristã oferecida por Cristo e os distintos processos de autêntica libertação socioeconômica, política e cultural na história. A ação libertadora de Cristo não suprime a res-

---

7. Ibid., p. 69.

ponsabilidade humana, muito pelo contrário. A liberdade é um dom cujo acolhimento leva ao compromisso com os oprimidos. Todo autêntico processo de libertação é um sinal incompleto na história da libertação plena oferecida em Cristo. A dimensão soteriológica contém uma dimensão ética.

A ruptura de amizade com Deus e com o próximo está na origem das estruturas de pecado sustentadas na iniquidade e na violência. Toda estrutura injusta se apoia na rejeição do Deus libertador revelado em Cristo. A responsabilidade pelos explorados deve estar na raiz dos processos de libertação das desumanizações. A TL é um dos apelos mais fortes à responsabilidade cristã por aquele cuja liberdade foi roubada.

Paulo Freire

Não há libertação verdadeira sem uma Pedagogia Libertadora

A TL contém intrinsecamente um trabalho pedagógico de natureza libertadora. Sem formação da consciência crítica, não há possibilidade de libertação. O discurso libertador implica um trabalho de consciência. Nessa perspectiva, a TL representa uma consciência crítica da realidade de opressão e de todas as formas de exclusão. A pessoa oprimida precisa de um tipo de racionalidade que possa demonstrar a "cultura da dominação"[8].

Nesse contexto irrompe a grandeza de Paulo Freire. Sua pedagogia nasce nas periferias, a partir da realidade dos pobres. O importante papel desempenhado pela pedagogia de Paulo Freire na TL é indiscutível. É um dos autores mais lidos. Nas páginas da Teologia da Libertação de Gustavo Gutiérrez, en-

---

8. Freire, 1967, p. 66.

contramos numerosas citações de Freire. O pai da TL reconhece na Pedagogia da Libertação um sinal inconfundível da utopia latino-americana na construção de um novo paradigma humanista e civilizatório.

Leonardo Boff considera que não só existem pontos comuns entre a pedagogia freireana e a TL, como também a TL lança suas bases no método freireano. A TL, na esteira de Paulo Freire, ajudou a formular sua própria estratégia na busca de soluções adequadas à superação da injustiça social e da alienação cultural. Essa prática, quando motivada pela fé cristã e pelo Evangelho do Reino de Deus, fornece as bases de uma reflexão crítica, que passa a se chamar então de Teologia da Libertação[9].

A Pedagogia Libertadora e a TL nascem em contextos semelhantes, a saber, a constatação político-sociológica e cultural de que existem grandes massas da população que sofrem com a pobreza, sujeitos sociais que clamam por justiça e libertação. Em 1968, a Conferência Episcopal Latino-americana se reuniu em Medellín para traduzir o Concílio Vaticano II (1962-1965) à realidade dos povos do continente. Nesse mesmo ano, Gustavo Gutiérrez deu início ao movimento que será a Teologia da Libertação. E Paulo Freire escreveu o primeiro manuscrito da *Pedagogia do Oprimido*. Durante os anos 1970, os movimentos populares originaram-se em toda a América Latina, incluindo movimentos de alfabetização de base. Muitos deles tiveram suas origens na década de 1960, e alguns outros foram forjados na Revolução Cubana.

Em meio a todos esses movimentos, nasceu uma pedagogia social, que por sua vez se tornou educação popular com um

---

9. Boff, 2014, p. 13.

corte político. Desenvolve-se como prática pedagógica que tem por finalidade um projeto político que visa à emancipação do continente latino-americano como região livre, tendo Freire como principal promotor.

O termo "popular" está focado na mudança social, em grupos vitimados pelas estruturas do capitalismo. No processo de consolidação da educação popular, a contribuição da TL não pode ser esquecida. Por um lado, a TL transferiu seu método teológico para a educação popular. Por outro, seu trabalho teológico transformou-se em tarefa pedagógica.

A convergência entre Freire e a TL ressoa em práticas pedagógicas que são nutridas por conceitos compartilhados: libertação, consciência, diálogo e solidariedade. Libertação significa a ação e reflexão do ser humano para romper com a opressão que o limita. Educação libertadora que Freire propõe é um processo de reconhecimento crítico da realidade. Conscientizar é, para TL, a construção de uma nova racionalidade, espiritualidade e ética que permitam construir outros mundos possíveis. Paulo Freire considera a conscientização como uma abordagem crítica da realidade por meio da qual o ser humano assume seu compromisso histórico de transformar o mundo.

A opção pelos pobres é uma opção político-pedagógica a partir da qual se encontra, se alimenta e se forma com as propostas teóricas de Paulo Freire e a TL. A educação popular e o discurso evangélico compartilham o compromisso com um projeto semelhante de sociedade. As propostas fundadoras de Gustavo Gutiérrez da TL, assim como as de Paulo Freire e a educação popular, forjaram projetos de formação baseados em programas de alfabetização e consciência política.

Os autores e autoras da TL tinham um pensamento humanista semelhante ao de Paulo Freire, todos conheceram experiências de pobreza, injustiça e violência de Estado. Por fim, Freire promoveu o Movimento de Educação Popular (MEB) ao lado de Dom Helder Câmara, bispo de Olinda e Recife.

"Enfeitiçado" pela teologia: comunhão de fé em Jesus de Nazaré

Paulo Freire considerava-se católico. Sua identidade como cristão se reflete em seus escritos e em seu estilo de vida. É evidente a preocupação com a dignidade da pessoa humana no pobre, com sua liberdade e autonomia. Paulo Freire está muito próximo da filosofia personalista de Emanuel Mounier. Seu humanismo cristão permitiu-lhe aproximar-se com naturalidade da TL. Paulo Freire disse que era um crente em Jesus Cristo e que este é o Fundamento da TL. De fato, os teólogos e teólogas latino-americanos focalizam a encarnação do Filho de Deus e sua humanidade. Estes apresentam Jesus Cristo como um Libertador por excelência das injustiças e opressões, um Jesus Cristo que se torna carne e real, que acompanha os pobres em suas lutas e sofrimentos.

Sua filiação cristã está registrada em seu livro *Educação como prática de liberdade*: "existir é um conceito dinâmico que implica um diálogo em torno do homem com o homem e do homem com seu criador"[10]. Ele ratifica sua afinidade teológica ao afirmar que "ao se engajar cada vez mais com os oprimidos, uma teologia política da libertação é defendida hoje e não uma teologia desenvolvimentista modernizante"[11].

---

10. Freire, 1978, p. 20.
11. Freire, 1974, p. 19.

Freire era um homem enfeitiçado pela teologia. Assim se expressou no texto *Terceiro mundo e teologia: Carta a um jovem teólogo*, publicada em 1970: "Ainda que eu não seja teólogo, mas um 'enfeitiçado' por esta teologia que marca muitos aspectos de minha pedagogia, tenho a impressão de que o Terceiro Mundo pode, por isso, converter-se em uma fonte inspiradora de renovação teológica"[12].

Freire, nessa carta, se pergunta pelo problema realmente fundamental da libertação do ser humano. Como Freire entende a teologia? Ele distingue, por um lado, uma teologia do Primeiro Mundo, ou uma teologia a serviço da burguesia, que "cria um homem passivo e adaptado, que espera uma vida melhor no céu, que dicotimiza o mundo". Essa teologia também pode ser caracterizada como bancária. O sujeito que vive a educação bancária e a teologia se limita a repetir fórmulas e pressupostos sem problematizá-los. A teologia bancária é ingênua. Com essa teologia, Freire contrapõe uma teologia que nasce do solo do Terceiro Mundo, que é "uma teologia utópica, uma teologia da denúncia e do anúncio, que implica profecia e esperança". Essa teologia está intimamente ligada ao seu programa de elaboração de uma pedagogia dos oprimidos. Por meio da prática e do discurso de uma teologia utópica, Freire reconhece que a construção de um novo homem será favorecida: "Como o Verbo se fez carne, só é possível abordá-lo por meio do homem, por isso a teologia tem que ser antropologia".

Sua visão é de um cristianismo comprometido com a transformação social, e não a edificação de uma instituição distante das pessoas. "O cristianismo é para mim, uma doutrina maravi-

---

12. Freire, 2016.

lhosa. Embora digam que sou um líder comunista (...) Eu nunca tive a intenção de deixar de ser, de 'estar sendo', católico (porque não sou apenas católico, mas estou sendo-o todos os dias: a condição de ser é 'estar sendo'). Não senti, até hoje, qualquer necessidade de abandonar a Igreja ou deixar minhas convicções cristãs para dizer o que estou dizendo, ou para ir para o cárcere ou para o exílio. Apenas assumo apaixonadamente, corporalmente, fisicamente, com todo o meu ser, uma postura cristã porque esta me parece, como dizem os chilenos, plenamente revolucionária, plenamente humanista, plenamente libertadora e, por isso mesmo, comprometida, utópica. E esta deve ser, a meu ver, nossa posição: a posição da Igreja que não se esquece de que, por sua própria origem, é chamada a morrer tremendo de frio. Isto é uma utopia, é uma denúncia e um anúncio do compromisso histórico que expressa a coragem no amor"[13].

Sobre a admiração pelos teólogos e teólogas da libertação, Freire em *Os cristãos e a libertação dos oprimidos* afirma que estes são fundamentais na transformação da sociedade, contribuindo eficazmente na libertação do oprimido. Sua interpretação acerca da TL é a de que ela é revolucionária por se opor à opressão e à exploração das pessoas. Contudo, ressalta que somente os oprimidos, como esses mesmos teólogos reconhecem, é que são capazes de transformar tal realidade. "Eles (os teólogos da libertação) sabem muito bem que só os oprimidos, como classe social, proibida de dizer a sua palavra, podem chegar a ser utópicos, proféticos e esperançosos, na medida em que o seu futuro não é mera repetição reformada do seu presente. O seu futuro é a concretização da sua libertação, sem a qual não lhes é possível ser. Só eles estão em condições de denun-

---

13. Freire, 2011, p. 51.

ciar a 'ordem', anunciar um mundo novo que deve ser refeito constantemente"[14].

A Pedagogia do Oprimido *é uma pedagogia libertadora*

A primeira prática libertadora é a educação. Aparece como o caminho necessário, enquanto os sistemas educacionais e as políticas que os sustentam mantenham os sujeitos e as comunidades em renovada conexão com suas próprias fontes e identidades. Trata-se de educar como testemunho coletivo de uma comunidade que acredita em seu futuro como tal e que constrói sua própria identidade. A educação, em seu sentido mais profundo, é o meio mais eficaz de redenção e libertação de toda alienação.

Uma educação libertadora permite que os oprimidos tenham uma consciência crítica de sua realidade. Freire desenvolveu a natureza política da educação e lutou contra a pedagogia alienante do poder estabelecido. Como educador, sempre considerou fundamental assumir e compreender as condições econômicas, sociais, culturais e históricas das maiorias populares.

Todo aprendizado deve estar intimamente relacionado à tomada de consciência da situação real que o indivíduo enfrenta. Onde há poder, deve haver resistência. Aprender a pensar é começar a resistir, pois este é o início da subversão. A pedagogia tem uma função insurrecional. O sistema de ensino é aquele que faz com que o aluno aplique seus conhecimentos para uma práxis social para finalmente ser sujeito de sua própria história. A autolibertação é possível por meio da participação ativa e consciente no processo de liberação. Mas não há libertação

---

14. Freire, 1978, p. 21.

radical se a libertação pessoal não estiver comprometida com a libertação dos outros.

Leonardo Boff, ao aprofundar o conceito de libertação, evoca o texto de *Educação como Prática da Liberdade*. Através da conscientização o oprimido supera sua consciência ingênua que ainda não detectou a sua própria situação de oprimido. Isso se dá também num processo libertador lento e confiante[15]. A libertação se inicia fundamentalmente a partir da formação da consciência dos indivíduos.

Freire não teoriza a liberdade a partir da doutrina liberal, mas a partir de componentes humanistas e cristãos. O ser humano está destinado à humanização[16]. Em *Pedagogia do Oprimido*, Freire afirma que tanto os oprimidos quanto os exploradores necessitam de libertação[17]. Mas é sempre a partir do lugar social do oprimido que deve ser efetivada a libertação. São eles os protagonistas do processo libertador. A Pedagogia do Oprimido é um projeto ético-político que visa à expulsão do opressor presente em nós mesmos[18].

Os impactos da teologia no método de Freire levam a reconhecer a relação recíproca entre pedagogia e teologia no projeto de humanização. Nem a pedagogia nem a teologia podem ser apresentadas como reflexões ou ciências ingênuas. É impossível fazer pedagogia e teologia fora dos processos históricos. Nesse sentido, Freire pretende demolir o mito do que chama de "ações-anestésicas ou ações-aspirina, que constituem a ex-

---

15. Boff, 2014, p. 48.
16. Freire, 1965, p. 87.
17. Freire, 1967, p. 41.
18. Ibid., p. 46.

pressão de um individualismo subjetivista que só pode levar à manutenção do *status quo*"[19].

O tema da conscientização constitui um patrimônio comum tanto na pedagogia de Freire quanto na TL. O pobre, longe de ser objeto da educação e da teologia, torna-se o lugar central a partir do qual se desenvolve o discurso teológico e a proposta pedagógica.

Como superar a ingenuidade da pedagogia e da teologia? Em primeiro lugar, reconhecendo o mundo e a história como espaços de realização humana. Para isso, os educadores, teólogos, e todos aqueles que buscam novos caminhos de consciência, devem se comprometer verdadeiramente com o mundo e com a história[20]. Ensinar requer apreensão da realidade, apreensão de forte caráter político, como experiência histórica e criticamente situada[21].

O segundo elemento para evitar a visão ingênua da pedagogia e da teologia é o primado da práxis. Este aspecto está indissociavelmente ligado ao primeiro e é definido por Freire como "aquilo que realizamos, em um contexto teórico, quando nos distanciamos da práxis realizada em um contexto concreto"[22]. A práxis para Freire e para a TL é o primeiro elemento que fornece categorias de reflexão. A consciência aparece como modos de intervenção. Não há processo educativo que não interfira no contexto em que ocorre.

---

19. Freire, 1974, p. 14.
20. Freire, 2001.
21. Freire, 2002, p. 66.
22. Freire, 1974, p. 19.

Papel pedagógico das igrejas

"Não podemos aceitar a neutralidade das igrejas frente à história"[23]. As comunidades eclesiais de base são concretizações de uma "Igreja profética, utópica e esperançada"[24]. É um modelo de igreja que "é combatido pelas Igrejas tradicionalistas e modernizantes, mas também, obviamente, pelas elites do poder"[25]. A grande missão desta Igreja profética é criar a consciência de um constante "ser Igreja", de se recriar continuamente. É um trabalho comunitário, feito em comunhão com os pobres. A pedagogia eclesial também deve ser verdadeiramente humanística e libertadora da alienação. Esta Igreja profética procura estabelecer uma pedagogia profética e uma "teologia profética, utópica e esperançosa; não importa que ainda esteja em fase de sistematização"[26].

Que a Igreja se encarne na realidade latino-americana e, a partir dela, realize "uma teologia que não se limita a pensar o mundo, mas – no protesto contra a pisoteada dignidade humana – lute contra a exploração de grande maioria dos povos. A pobreza é um mal", uma situação de pecado que não deve ser idealizada como modo de vida. Deus deve ser conhecido para, por meio Dele, reconhecer os direitos dos pobres. A obra de Freire, da TL e das CEBs subvertem os cânones estabelecidos.

Considerações fundamentais

No reconhecimento da desumanização está a possibilidade de humanização. O exercício da liberdade exige que todos, ho-

---

23. Ibid., p. 24.
24. Freire, 1972, p. 22.
25. Ibid.
26. Ibid., p. 24.

mens e mulheres, sejam criativos, responsáveis e autônomos. A proposta da TL e de Freire é com os pobres, e não apenas para os pobres. O grande objetivo é a participação ativa na recuperação da humanidade negada aos milhões de descartados e explorados. A liberdade é a possibilidade de transcender a desumanização. O homem não é um mero objeto do mundo, mas sujeito de sua história. Somos sempre humanizados em comunhão com os demais. A consciência dessa verdade é condição de ação e transformação de uma realidade profundamente injusta. A educação que se constrói no encontro com o outro é um postulado central.

O legado de Freire tem um impacto no tempo e no espaço que constitui a pedra angular do pensamento de libertação. A TL surge como uma resposta às condições econômicas e sociais em que se encontram milhões de latino-americanos pobres e que prevalecem desde os tempos coloniais. A educação tem a ver com a educação para a autonomia, para que o homem e os povos sejam livres e se autodeterminem, construindo sua própria identidade política e cultural. O povo não pode ser uma massa amorfa que se manipula pelas estruturas e sistemas de poder.

Tanto Paulo Freire, com sua Pedagogia da Libertação, quanto a TL têm lutado para que o povo seja sujeito político. A Pedagogia do Oprimido e a Teologia da Libertação se constituem como reflexos das periferias e das margens. Ou seja, são marginais. A prática educativa de Freire soube reconhecer a presença de Deus anunciada por Jesus de Nazaré a partir do contato concreto com os pobres, com o Jesus marginal, em meio aos humilhados da sociedade. Não podemos ler a pedagogia de Paulo Freire separadamente da Teologia da Libertação. E, para compreender integralmente a Teologia da Libertação é necessário considerar o pensamento pedagógico libertador de Paulo Freire.

O momento precisa urgentemente de uma compreensão crítica do capitalismo global. Pobreza, miséria, conflitos armados, desemprego, crise ecológica, a inexistência de alternativas ao capitalismo financeiro, a hegemonia do neoliberalismo, a extrema concentração da riqueza, a crise humanitária dos refugiados e imigrantes, o colapso do mundo do trabalho da quarta revolução industrial, a crise das ideologias de esquerda, a irrupção dos feminismos, enfim, tarefas à teologia não faltam. A realidade de um terço da humanidade requer um olhar crítico. Pensar fora da caixa requer uma abordagem exigente com foco na escuta do "grito da terra e do grito dos pobres", como pede Papa Francisco.

O ato primeiro é a inserção no compromisso histórico de pensar outra sociedade. Nesse contexto, o teólogo deve ser um "intelectual orgânico", organicamente ligado ao movimento popular que sonha e vive outra economia, outra política, outra educação. Falar sobre um primeiro e segundo momento não é apenas uma questão de metodologia teórica, é uma questão de estilo de vida. Pode ser o porta-voz de uma religião alienante ou libertadora. A realidade é uma realidade de miséria. Diante dessa realidade, a única forma de se posicionar com sentido cristão é tentar transformá-la. Qualquer abordagem teológica que não seja revolucionária torna-se cúmplice da exploração e miséria vivida pelos empobrecidos.

Não se sabe o que veio primeiro, se a Teologia ou a Pedagogia da Libertação, ambas se complementam, uma não existe sem a outra. Tanto uma quanto a outra aponta para a autonomia das pessoas, uma consciência da realidade, mas, acima de tudo, uma libertação total da pessoa de qualquer forma de opressão.

Cabe às novas gerações o compromisso de manter a herança deixada por Paulo Freire e a tradição da Teologia da Libertação.

As condições de vida subumanas e os constantes assassinatos em massa a que são submetidos os pobres devem provocar uma reação de pedagogos e teólogos. Gustavo Gutiérrez propõe que "se pratique uma teologia que não se limite a pensar o mundo, mas [se abra] – em protesto contra a espezinhada dignidade humana, na luta contra a expropriação da grande maioria dos homens"[27].

O lugar da educação como reprodutor do capitalismo deve ser identificado e superado. A necessidade de uma teologia latino-americana que assuma a realidade e os problemas de exclusão social em seu exercício reflexivo é mais urgente do que nunca. O discurso teológico adquire inegável legitimidade histórica diante da humanidade sofredora. A pedagogia de Paulo Freire foi uma das manifestações educacionais mais representativas do século XX.

"A educação não muda o mundo, a educação muda as pessoas, as pessoas mudam o mundo"[28].

Referências

BOFF, L. *Teologia do cativeiro e da libertação*. 7. ed. Petrópolis: Vozes, 2014.

BRANDÃO, C.R. *Minha casa, o mundo*. Aparecida: Ideias & Letras, 2008.

FREIRE, P. *Pedagogia da Esperança*: um reencontro com a *Pedagogia do Oprimido*. Rio de Janeiro: Paz e terra, 2011.

FREIRE, P. *Pedagogía de la Autonomía*. Buenos Aires: Siglo XXI, 2002.

FREIRE, P. *Pedagogía de la Indignación*. Madri: Morata, 2001.

---

27. Gutierrez, 1980, p. 41.
28. Brandão, 2008, p. 164.

FREIRE, P. *La educación como práctica de la libertad*. Bogotá: América Latina, 1978.

FREIRE, P. *Os cristãos e a libertação dos oprimidos*. Porto: Base, 1978.

FREIRE, P. "Educación, liberación e iglesia". In: *Teología Negra, Teología de la Liberación*. Salamanca: Sígueme, 1974.

FREIRE, P. *Las iglesias, la educación y el proceso de liberación humana*. Buenos Aires: Aurora, 1974.

FREIRE, P. *La misión educativa de las Iglesias en América Latina*. Talca: Fundación Obispo Manuel Larraín, 1972.

FREIRE, P. *Tercer mundo y teologia* – Carta a un joven teólogo, 1970 [Disponível em http://www.seleccionesdeteologia.net/selecciones/llib/vol13/50/050_freire.pdf – Acesso em 2016].

FREIRE, P. *Pedagogia do Oprimido*. Rio de Janeiro: Paz e Terra, 1967.

GUTIÉRREZ, G. *Teología de la Liberación* – Perspectivas. Salamanca: Sígueme, 1980.

LIBANIO, J.B. *Teología de la Liberación* – Guía didáctica para su estudio. Santander: Sal Terrae, 1989.

RICHARD, P. *Fuerza ética y espiritual de la Teología de la Liberación*. La Habana: Caminos, 2004.

9
Aprendizagens de esperança com Paulo Freire

Cirlene Cristina de Sousa
Marcial Maçaneiro

"Mas como, Paulo, uma *pedagogia da esperança* no bojo de uma tal sem-vergonhice como a que nos asfixia hoje, no Brasil?"[1] Esta indagação foi feita por um professor universitário, amigo de Paulo Freire, surpreso com o título do livro, a questionar como se poderia tratar da *esperança*, num momento em que a impunidade e o desrespeito à coisa pública se generalizavam no Brasil. Naquele momento, como hoje, o país continua a sofrer de asfixia, todas as vezes em que a cidadania é sufocada e os cidadãos deixam de respirar – e não apenas em sentido figurado. No presente momento, o leitor e a leitora podem também perguntar-se, a respeito deste capítulo: como falar de *partilha da esperança* num Brasil que ainda continua ferido pela pobreza, violência e riscos à democracia? Num país que, em pleno século XXI, agrava seu desrespeito pelos direitos humanos e pelas minorias? – Com efeito, a realidade o demonstra: mulhe-

---

1. Freire, 2018a, p. 14.

res brasileiras são assassinadas pelo simples fato de ser mulher; vigora-se o genocídio das juventudes negras; cresce a violência contra as pessoas *trans*; faz-se garimpo ilegal em terra indígena; agrava-se a crise ambiental; e posições extremistas semeiam o ódio nas redes sociais. Sem esquecer o fato recente de que a pandemia de coronavírus agravou a crise sanitária e econômica que já afetava os mais pobres, com perda de recursos, de um lado, e aumento da riqueza de uns poucos, de outro. De fato, a crise pandêmica – com suas consequências sociais, educacionais e emocionais – representa para os sujeitos e as sociedades "um teste global de esperança"[2].

Voltando às pedagogias de Paulo Freire, e esboçam-se algumas respostas à indagação acima: primeiro, ele nos lembra que a existência humana não é possível "sem esperança e sem sonho" que nutrem a "necessária luta para fazê-la melhor"[3]. Depois acrescenta: "A minha esperança é necessária, mas não suficiente. Ela, só, não ganha a luta; mas sem ela a luta fraqueja e titubeia. Precisamos da esperança crítica, como o peixe necessita da água despoluída"[4]. Por tudo isto, nós humanos seríamos, no dizer de Freire (2018a), seres programados para aprender e, consequentemente, para esperançar-se. "Sem um mínimo de esperança"[5] não podemos existir em sentido pleno; além disso, "enquanto necessidade ontológica, a esperança precisa da prática para tornar-se concretude histórica. Por isto que não há esperança na pura espera, nem tampouco se alcança o que se espera na esperança pura, que vira, assim, espera vã"[6]. Assim

---

2. Halik, 2020, p. 66.
3. Freire, 2018, p. 14.
4. Ibid., p. 14-15.
5. Ibid., p. 15.
6. Ibid.

Freire esboça a esperança como crítica e estímulo prático, que vislumbra o novo e projeta o futuro: o esperar se traduz, então, em esperançar-se!

Ainda como resposta, Paulo Freire diz que a desesperança, ao contrário, é um programa de imobilidade que não cria, nem transforma; pois nos "faz sucumbir no fatalismo em que não é possível juntar as forças indispensáveis ao embate criador do mundo"[7]. Ou seja, a desesperança não apenas imobiliza, mas obstrui a criação da humanidade e do mundo, trazendo consigo o desesperançar: a perda ou roubo da esperança, que cede seu lugar à mediocridade, à indiferença e ao fatalismo. De tal modo enfraquecida e imobilizada, a humanidade tropeça no caminho para *ser mais* – expressão com a qual Freire sintetiza a vocação humana à plena realização. Sobre esta vocação, ele adverte: "enquanto expressão da natureza humana fazendo-se na História", são necessárias "condições concretas sem as quais a vocação se distorce"[8].

Dessa forma, o *ser mais* está atrelado à esperança e ao esperançar-se no dinamismo da História: de um lado, os limites que apequenam e desafiam; de outro, o horizonte de possibilidades que amplia as escolhas e concretiza projetos, invocando na pessoa todo o vigor do ser. Pois "esta vocação para *ser mais* não se realiza na inexistência do ser, na indigência", mas "demanda liberdade, possibilidade de decisão, de escolha, de autonomia"[9]. Postas em confronto, a desesperança é uma negação do ser, uma perda existencial, um desvio do caminho à humanização; enquanto a esperança é uma afirmação do ser, um ganho de pos-

---

[7]. Ibid., p. 14.
[8]. Freire, 2015a, p. 15.
[9]. Ibid.

sibilidades, uma força que move adiante e permite a realização do novo, do inédito. Em suma, desesperançar-se é sinônimo de desumanizar-se; enquanto esperançar-se é sinônimo de humanizar-se.

1 A esperança ativa: do presente ao futuro da História

Ao esboçar suas respostas, Paulo Freire faz notar que a esperança finca raízes na atitude de dispor-se à ação; atitude que invoca a autonomia das decisões e possibilita a mobilização para reagir (frente ao fatalismo), para transformar (frente à estagnação), para libertar (frente às opressões), para afirmar a paz, a justiça, os direitos e a vida (frente a seus respectivos negacionismos). Nessas ações manifesta-se *esperança ativa* que encara o passado, assume o presente e projeta o futuro, mirando à vida plena do *ser mais*. Assim se opera o *esperançar-se* dos sujeitos e coletividades, que põe em movimento seus sonhos e seus direitos, transformando ideários em projetos. Em vista deste mover-se em esperança, Freire valoriza a consciência e a curiosidade, pedagogicamente referidas à autonomia e ao conhecimento, que estão na base da Ética e das Ciências. Movendo-se em esperança, o ser humano de "corpo consciente e curioso" vai-se "tornando capaz de compreender, de inteligir o mundo, de nele intervir técnica, ética, estética, científica e politicamente"[10]. Com acerto, Freire conclui que

> a matriz da esperança é a mesma da educabilidade do ser humano, o inacabamento de seu ser de que se tornou consciente. Seria uma agressiva contradição se, inacabado e consciente do inacabamento, o ser humano não

---

10. Ibid., p. 16.

se inserisse num permanente processo de esperançosa busca. Esse processo é a educação[11].

Há, pois, um vínculo antropológico entre esperança e educação, a atravessar não só os saberes e as escolas, mas as consciências: "inacabado e consciente do inacabamento" o ser humano põe-se a trilhar um "processo de esperançosa busca"[12]. Freire aponta à eficácia educadora do binômio esperança/busca, que atravessa os currículos e se insere nas consciências, lançando o ser humano à frente de tudo o que lhe pode diminuir, oprimir e anular. Este é um dos sentidos de *progresso* e *progressista* em Paulo Freire, coerente com os radicais latinos do conceito: *pro* (adiante ou à frente) + *gressio* (passo ou grau). Esperançado em sua busca, o ser humano põe-se à frente do racismo, afirmando a dignidade de todas as raças e etnias; põe-se à frente do autoritarismo, defendendo a democracia; põe-se à frente da indiferença, com práticas solidárias. Além de progredir em sentido técnico-produtivo, é *progressar-se* em sentido ético-social.

Esta percepção do inacabamento humano, que se abre simultaneamente à esperança e à educação, Freire toma da História. Implica, por isso, consciência e potencial dinâmico, como escolha para *ser mais*. Neste sentido, o autor escapa do fatalismo mítico do eterno retorno, bem como da nostalgia de um passado ideal perdido, cuja memória assombra os sonhos humanos. Absolutamente, retorno cíclico e ideal pretérito *não são* as vias da esperança em Paulo Freire. Ele aproxima-se mais da perspectiva histórico-escatológica da herança judaico-cristã, que entende a esperança como virtude histórica, ou seja, como vivência do tempo presente aberto ao futuro – aberto ao *novo*,

---

11. Freire, 2016a, p. 132.
12. Ibid.

enfim – que pode realizar-se à medida que as decisões de hoje o promovem e o constroem[13].

Certamente o *progressar* humano tem uma dimensão moral, pelas virtudes que põe em ato, mas não se restringe à excelência individual apenas: é um processo histórico e político, quando toca a esfera comunitária e promove a vida social da rua, do bairro e da cidade. Há casos em que o pôr-se *à frente* exige o pôr-se *de frente* para confrontar a injustiça, a mentira, a violência e a degradação. Podemos dizer que a esperança é a *virtus* (a força) que impulsiona o *progressio* (avanço) das pessoas e das sociedades rumo à humanização. Nesta perspectiva, Paulo Freire aprecia o pensamento de Moltmann[14], teólogo contemporâneo com quem ele se volta àquela esperança radical expressa pelo Apóstolo Paulo: em vista da verdade, da justiça e do bem, admite-se "esperar contra toda esperança" (Rm 4,18). Esta é a esperança "orientada para o futuro; por isso, precisa mudar o mundo em vez de explicá-lo", numa "atitude que cria a História em vez de simplesmente interpretar a natureza"[15]. E adverte: "Não há esperança na passividade, na acomodação, no ajustamento, e sim na dialética *inquietude e paz* que caracteriza o ato crítico da busca permanente"[16].

---

13. Na escatologia judaico-cristã, a promessa do *novum ultimum* não se restringe à eternidade do pós-morte, mas é uma dimensão do tempo presente, nutrida pela Aliança e pela Profecia que exortam à justiça e à santidade moral (cf. Is 49,7-13; Lc 6,20-23). A esperança é a virtude teologal que qualifica o presente como experiência cotidiana dos bens eternos: o Céu começa já na vida terrena, com a verdade, a justiça e a santidade pelas quais o Reino de Deus acontece na História. A oração do Pai-nosso diz claramente: "Venha o teu Reino; seja feita a tua vontade, assim na terra, como no céu" (Mt 6,10).
14. Cf. MOLTMANN, *Teologia da Esperança*, mencionado por Freire na "Carta a um jovem teólogo". Apud Torres Nóvoa, 2014, p. 68.
15. Ibid.
16. Ibid.

Com *ativa esperança* o ser humano enfrenta os obstáculos, as indigências e as leituras fatalistas da História; resiste ao medo que intimida, à resignação que enfraquece e à mediocridade dos cúmplices. Em esperança, o ser humano se encoraja, supera o isolamento, discerne a verdade e busca o bem com perseverança. Consequentemente, a esperança "implica decisões, rupturas, opções e riscos" à medida que nos permite mudar o presente e construir o futuro; e por isso mesmo "nunca, talvez, tenhamos tido mais necessidade de sublinhar – na prática educativa – o sentido da esperança, do que hoje"[17].

Em outras palavras, educar inclui esperançar com criticidade, resistência e potencial ativo. Algo que Paulo Freire não só propôs idealmente, mas que assumiu na sua trajetória de educador, com a missão de atualizar a esperança no mundo. Isto se verifica de muitas formas, como a *Pedagogia da esperança* faz notar em suas páginas. Mas há um aspecto a destacar: Paulo Freire acreditou na contribuição singular dos deserdados e condenados da terra, que não se acomodaram sob o peso da violência e da injustiça. No mosaico de comunidades, grupos, associações e movimentos sociais, o autor reconhece feições de resistência e esperança. De *inquietude e paz*, como ele mesmo apontou, alertando sobre a passividade e a acomodação. Quando os injustiçados, oprimidos e descartados somam forças para organizar-se e reivindicar seu justo lugar como sujeitos e cidadãos, põem em marcha um processo ético e social humanista: não obstante as mediações ideológicas ou partidárias que os contextos carregam, esta marcha é fundamentalmente expressão da dignidade e dos direitos da pessoa humana. Nos cenários de colonialismo, ditaduras, limpeza étnica, conflitos territoriais e outras guerras, aqueles e aquelas

---

[17]. Freire, 2016a, p. 132.

que resistem são expostos à ameaça e à perseguição; alguns são levados ao exílio e à morte. A História está repleta de exemplos, incluindo a moderna História latino-americana, como testemunhou Paulo Freire em primeira pessoa.

2 Ouvir os derrotados e deserdados do mundo

A esses derrotados que a falta de direitos deserdou, Paulo Freire quis encontrar e ouvir. Não só no cenário extremo das guerras e exílios, mas no cotidiano da vida operária, camponesa, migrante e periférica. Porque na experiência dessas pessoas estava o acervo de muitas esperanças em efetiva busca, resistência e criatividade. Tratar da educação com o propósito de consolidar a democracia, requer encontrar quem mais lutou por sua dignidade e seus direitos. Acontece que nos cenários marcados pela militarização do espaço público, pelo conflito social e pela exclusão, quem mais lutou, muitas vezes perdeu. Daí a atenção de Paulo Freire aos derrotados e condenados desse cenário injusto, pelas lições de esperança que preservam: Quem são e como chegaram aqui? Com que recursos lutaram e ainda lutam? O que sonham para si e para seus filhos?

Mais que perguntas numa ficha de pesquisa de campo, essas indagações se inscrevem em Paulo Freire pela empiria dos contatos e pela análise das realidades. Na rota de buscas pelo *ser mais*, esses derrotados e esfarrapados são como astrolábios, apontando à justiça e à esperança dos que resistem, como estrelas no horizonte sempre vislumbrado de uma educação humanizadora.

Na perspectiva freireana, as lutas conscientes e curiosas dos esfarrapados são matrizes de esperança: resistindo e lutando, apreendem-se como seres historicamente inacabados; sendo inacabados, atribuem para si mesmos o papel de autores da História; tomam consciência de sua dignidade e potencial; evitam, assim, ser definidos por aquilo ou quem os quer subjugar. Esperançados e ativos, esses sujeitos revertem a derrota em conquista e promovem transformações positivas ao seu redor. Com essa atitude consciente e solidária, "a ideia de liberdade" adquire sua "plena significação", porque se "comunga com a luta concreta dos homens [e das mulheres] por libertar-se"[18].

Em outras palavras, a consciência de sua própria humanidade e a solidariedade para com os deserdados – humanos *como eu* – é a raiz de onde a esperança pode brotar, frutificando como libertação das gentes oprimidas e emancipação das gentes opressoras. Pois a educação que humaniza se destina a todos os sujeitos da sociedade: o injusto ou o injustiçado, o oprimido ou o opressor. Notemos que essas adjetivações correspondem aos fatos políticos constatados por Paulo Freire e servem para denunciar tudo o que oprime, em afirmação dos direitos e das liberdades, nos diferentes níveis da vida humana e social (psicológico, religioso, político, econômico, cultural). Mas isso não significa que as perspectivas de Freire estacionem nas explicações binárias de quem encurta a realidade em dois polos, desatento às suas dinâmicas. Assim como os oprimidos podem libertar-se dos fatores de opressão que colonizam suas mentes e lhes roubam a autonomia, também quem oprime deve ser resgatado pela humanização, enredado que está nas próprias amarras de sua ideologia de dominação. A humanidade de ambos deve ser afirmada e progressada pela educação. Logo, educar é semelhante a regenerar, a cultivar, a dar à luz: a *humanidade nova* que

---

18. Freire, 2018a, p. 15.

Freire ensaia com suas pedagogias não virá sem dores de parto para os sujeitos e as sociedades.

3 Educar é esperançar-se juntos

Em consequência de sua historicidade, o caminho para a esperança requer a decisão coletiva de lutar contra todo tipo de desesperança e/ou de desumanização. Paulo Freire mostra acurada consciência ética e social dos anos em que trabalhou e escreveu, em contato com a sociedade civil, os movimentos pela democracia, os projetos de desenvolvimento, os governos e os organismos ecumênicos internacionais. Neste cenário de lutas e esforços democráticos o que está em jogo é a vida humana, no presente e no futuro das sociedades. Por isso, *esperançar-se* é a atitude dos homens e mulheres que decidem pela vida, e não pela morte, como opção fundamental a transformar o presente e construir o futuro. Neste sentido, entende-se bem que a obra *Pedagogia da Esperança* seja apresentada como uma releitura da *Pedagogia do Oprimido*.

Essas pedagogias, além de guardarem um sugestivo acervo metodológico, relatam o périplo das andanças de Paulo Freire e suas muitas aprendizagens, não apenas com lideranças emergentes, mas também com os condenados da terra, como dissemos antes. Na reflexão e escrita das pedagogias freireanas, este educador pôs-se a conversar "com camponeses, indígenas, operários, europeus e norte-americanos, negros de vários países da África, guerrilheiros interessados em educação, acadêmicos de todas as áreas, ministros e chefes de Estado"[19]. Com razão, no prefácio à *Pedagogia da esperança*, Leonardo Boff enfatiza que

---

19. Ibid., p. 11.

a esperança nasce do coração mesmo da pedagogia que tem o oprimido como sujeito. Pois ela implica uma denúncia das injustiças sociais e das opressões que se perpetuam ao longo da história. E ao tempo anuncia a capacidade humana de desfatalizar esta situação perversa e construir um futuro eticamente mais justo, politicamente mais democrático, esteticamente mais irradiante e espiritualmente mais humanizador[20].

Em todas as pedagogias freireanas, o método de aprender foi a escuta generosa, a compreensão de homens e mulheres que, embora vivendo profundas situações de desumanização, não desistem da luta e/ou do direito de existir. Sendo assim, Paulo Freire sempre afirmou que – pelo quanto aprendeu com as lutas, as falas e os jeitos de ler o mundo de oprimidos e oprimidas – ele foi se tornando um homem esperançoso. Na sua consciência, na sua ação e na sua proposta pedagógica, a esperança é uma atitude que perfila as pessoas amorosas do mundo e lhes dá vigor, no compromisso com as demais pessoas, as comunidades, a vida como um todo.

4 Paulo Freire, pedagogo da esperança

Como dito anteriormente, os oprimidos e oprimidas ensinaram a Paulo Freire a esperança; mas esta aprendizagem não seria possível se tal educador não assumisse em vida uma opção radical de amor ao "ser humano oprimido, contra a sua opressão e em favor da vida e da liberdade"[21]. Esta opção se consolidou no trajeto de Paulo Freire, convocando-o a ser um pedagogo da esperança: um homem, um educador, em cuja passagem pela

---

20. Boff, L. "Prefácio". In: Freire, 2018, p. 11.
21. Ibid., p. 9.

terra ouviu e viveu a esperança de forma radical, como ação libertadora e emancipadora. Com premura e gentileza, ele pôs-se a andarilhar pelo mundo, exercitando a escuta dos condenados da terra, essas gentes de "muitos rostos: é o explorado econômico, é o condenado à ignorância, é o negro, o índio, o mestiço, a mulher, o portador de qualquer marca produtora de discriminação"[22].

Tal atitude de escuta generosa, de amor e olhar sensível ao outro, fez da esperança uma bússola na caminhada de Paulo Freire. Movendo-se em terras diferentes, ora suas, ora de outros, valorizou cada encontro com os ditos esfarrapados ou condenados, com os quais trocou saberes e experiências. Destarte, "os [saberes] de experiências feito"[23] de homens, mulheres, jovens e crianças – sempre teimosos em viver – foram fundamentais para a experiência existencial deste educador brasileiro.

Essa escuta esperançosa acompanhou Freire em cada esquina por onde passou, em cada território que pisou, em cada história que viveu. Suas conversas foram mais intensas com esses condenados de feição migrante, sofrida, periférica e lutadora. Mas ele não deixou de interagir e escutar aqueles e aquelas que "mostrassem essa compaixão e esse cuidado para com os condenados da terra"[24], convicto de que a esperança é uma aprendizagem sempre coletiva. Um processo construído por oprimidos e oprimidas, com todos aqueles e aquelas que marcham a seu lado.

A esperança, portanto, nunca é uma ação neutra, pálida, apolítica. Ao contrário, revela-se como uma prática educativa de opção progressista que jamais deixará de ser "uma aventu-

---

22. Ibid.
23. Freire, 2018, p. 10
24. Boff, L. "Prefácio". In: Freire, 2018, p. 10.

ra desveladora, uma experiência de desocultação da verdade"[25]. Com tais características, Paulo Freire via a esperança como um processo libertador, que cumprirá sua missão messiânica, a saber: "a de permitir que os cativos se libertem e os que não são sejam como humanos sensíveis, críticos, criativos, éticos, fraternos e espirituais"[26].

Por tudo isto, Paulo Freire é considerado um educador que se nutriu de um profundo amor pelos seres humanos e não humanos. Amor que se torna uma experiência de afeto e partilha, capaz de proporcionar "dignidade coletiva e utópicas esperanças em que a vida é referência para viver com justiça neste mundo"[27]. Como pedagogo da esperança, Paulo Freire encara "o amor como um ato de coragem" para empreender a transformação de um mundo feio em um mundo mais bonito. Com tal coragem, homens e mulheres esperançosos têm a missão de denunciar todas as formas de desumanização, para anunciar o "pensar certo", que para Freire é

> Uma postura exigente, difícil, às vezes penosa, que temos que assumir diante dos outros e com os outros, em face do mundo e dos fatos, ante nós mesmos. É difícil, não porque pensar certo seja forma própria de santos e de anjos e a que nós arrogantemente aspirássemos. É difícil, entre outras coisas, pela vigilância constante que temos de exercer sobre nós próprios para evitar os simplismos, as facilidades, as incoerências grosseiras[28].

Em sentido freireano, "pensar certo" é algo desafiador para nossa humanidade, já que exige um pensar comprometido com

---

25. Freire, 2018, p. 13.
26. Ibid., p. 12.
27. Fernandes, 2016, p. 37.
28. Freire, 2007, p. 49.

205

a libertação de oprimidos e opressores. Por isso, em suas pedagogias do oprimido e da esperança, Freire nota o pensar certo como uma exigência para a dialogicidade e para o enfrentamento de contextos históricos que insistem em produzir desesperanças. Na pedagogia da esperança, o pensar certo é notado como sinônimo de um pensar dialético. Como nos lembra Zitkoski (2016), "o pensar certo em Paulo Freire é "acreditar nas pessoas, na humanidade e educar para a esperança e a luta, para construirmos um outro mundo"[29]. Um mundo que caiba "projetos humanos amorosos e solidários para com a alteridade que irrompe na história"

5 Amar, indignar-se e esperançar-se: aprendizagens indissociáveis

Como podemos notar, a postura de Paulo Freire frente à vida está arraigada na sua convicção sobre a vocação humana para *ser mais*. Em decorrência disso, esperança e História se encontram nas pedagogias freireanas como algo inseparável. No prefácio de *Pedagogia da esperança*, Leonardo Boff recorda que, para Freire, a história e a existência humana são pensadas "como um feixe de possibilidades e virtualidades que podem, pela prática histórica, ser levados a concretização"[30]. Ao dimensionar a História como campo de possibilidades – suplantando os determinismos e os fatalismos – Paulo Freire abre espaço à "esperança histórica" de ver brotar e frutificar no mundo "aquilo que ele chama de *inédito viável*" – o novo até então inaudito – "mas que pode, pelas ações articuladas

---

29. Zitkoski, 2016, p.313.
30. Boff, L. "Prefácio". In: Freire, 2018, p. 11.

dos sujeitos históricos, vir a ser evidente realidade"[31]. Assim se opera a esperança ativa, com criticidade, decisão e articulação, como se vê na busca de cidadãos comprometidos com os direitos humanos.

É no seu exercício como cidadão do e pelo mundo, que Paulo Freire enfrentou os fatos dramáticos da vida, sem nunca se afastar da esperança. Nesse sentido, Ana Maria Freire, sua esposa, explica que a esperança freireana se constrói na "matriz da dialeticidade entre ela mesma, a raiva ou indignação, e o amor"[32]. Neste prefácio, Ana Maria Freire ainda adverte: "não podemos esquecer que Paulo dizia que as verdadeiras ações éticas e genuinamente humanas nascem de dois sentimentos contraditórios e só deles: do amor e da raiva"[33].

Destarte, se a esperança lança raízes na ética humanística de *amor* ao ser humano, aprender-se como gentes esperançosas é fazer-se gentes *decentes*: aqueles e aquelas que têm amor às coisas vivas e se põem em combater as coisas mortas[34]. Portanto, o amor perfila pessoas empáticas, solidárias, gentes de fé e com fé no ser humano. Ana Maria Freire enfatiza também que Paulo Freire não deixa dúvida que a decência só é possível via uma profunda amorosidade pela vida, pelos pobres e pela empatia com os diferentes.

Em sentido freireano, aprender-se gente *de* e *com* esperança está diretamente ligado a aprender-se pessoa justa, capaz

---

31. Ibid.
32. Freire, A.M. "Prefácio. In: Freire, 2018, p. 13.
33. Ibid.
34. Donde as noções freireanas de *biofilia* (amor às coisas vivas) e *necrofilia* (amor às coisas mortas), aplicadas à vida humana pessoal e social. Os conceitos de *consciência necrófila* e *consciência biófila*, Paulo Freire toma emprestados do autor alemão Erich Fromm, principalmente da obra *O coração do homem* (FROMM, 1981).

de indignar-se com qualquer tipo de desumanização. E, fundamentalmente, gente capaz de sentir a *raiva justa* – que é o sentir da indignação. Como o próprio Paulo Freire ponderou: "[eu tenho] o direito de ter raiva, de manifestá-la, de tê-la como motivação para minha briga, tal qual tenho o direito de amar, de expressar meu amor ao mundo, de tê-la como motivação de minha briga"[35]. Nesta ótica, a *raiva justa* é claramente distinta do ódio. Enquanto este leva à insanidade e à destruição, a raiva justa é o sentir da indignação que reacende a esperança e atiça a consciência sobre si e sobre os outros. Assim, a raiva justa de quem se indigna previne a indiferença, impede a acomodação e afirma a nossa historicidade, pois vivemos um "tempo de possibilidade e não de determinação"[36]. Ou seja: "[a minha raiva justa] se funda na minha revolta em face da negação do direito de 'ser mais' inscrito na natureza dos seres humanos"[37].

Logo, fazer-se esperançoso requer a capacidade de indignar-se perante todas as formas de injustiça e opressão, para dedicar-se apaixonadamente ao resgate da dignidade humana. "Não posso, por isso, cruzar os braços fatalistamente diante da miséria, esvaziando, desta maneira, minha responsabilidade no discurso cínico e 'morno', que fala da impossibilidade de mudar porque a realidade é mesmo assim"[38]. Na sua explanação sobre a raiva justa e o despertar para o resgate da dignidade humana, Paulo Freire nos transparece sua decidida fé na capacidade humana de resistir aos males histórico-sociais e de contribuir, em ativa esperança, para que o mundo se construa como casa

---

35. Freire, 2016a, p. 88.
36. Ibid., p. 89.
37. Ibid.
38. Ibid.p. 89.

da paz (alicerçada na justiça) e casa do pão (onde não há mais fome). Esta foi sua postura, como intelectual comprometido com a vida humana, que assumiu a responsabilidade de desvelar os mecanismos de opressão e desumanização, muitas vezes ocultos sob a resignação acrítica dos que aceitam o sofrimento humano como destino inescapável.

Ainda sobre a raiva justa como sentimento próprio da indignação, Paulo Freire toma como exemplo o episódio de Jesus a expulsar os vendilhões do Templo em Jerusalém. O Evangelista João diz que, nos dias próximos à festa judaica da Páscoa, muitos israelitas e prosélitos do exterior vinham à Cidade Santa para os ritos no Templo, onde deveriam trocar as moedas estrangeiras por moedas de Israel e comprar os animais, como pombos para sacrifício e cordeiros, para a ceia cerimonial em família. Então uma variedade de cambistas e mercadores se instalavam nas dependências do Templo, onde faziam seus negócios. Nesta ocasião,

> Jesus subiu a Jerusalém. No Templo, encontrou os vendedores de bois, de ovelhas e de pombos e os cambistas sentados. Ele fez, então, um chicote de cordas e expulsou todos do recinto do Templo, com as ovelhas e com os bois; lançou ao chão o dinheiro dos cambistas e derrubou as mesas; e disse aos que vendiam pombas: "Tirem tudo isso daqui! Não façam da Casa de meu Pai uma casa de comércio!" (Jo 2,14-16).

O sentimento de indignação fica evidente na reação de Jesus. Após descrever a "raiva justa" de Jesus – como diz Paulo Freire –, o evangelista João faz uma nota, tirada do Antigo Testamento: "ó Deus, o zelo por tua Casa me consome" (Sl 69,10). Ora, zelo que consome, ou ciúme que queima, é o sentido religioso que o evangelista destacou para amenizar a reação colérica de Jesus, que a devoção cristã caracteriza como *santa ira*. A frase de Jesus, justificando seu gesto, mostra o propósito de denunciar uma relação questionável entre dinheiro e religião, naquele contexto preciso. Indignado, Jesus reage com justa ira pelo comércio feito no Templo, mas sem nenhum ataque de ódio à dignidade das pessoas. Pois essas foram criticadas por sua conduta, não condizente com a dignidade do lugar, nem de si como crentes: ao comercializarem no Templo, ofendiam aquele lugar sagrado e maculavam a si mesmas. Assim o evangelista mostra a humanidade histórica de Jesus, envolvido nas questões socioeconômicas da sociedade e da religião de sua época, bem diferente do mero quietismo ou resignação. Ao expulsar os vendedores e os cambistas, Jesus promove uma reforma dos hábitos religiosos e reivindica a pureza ritual do Templo de Jerusalém[39].

Retomando a posição do autor, a raiva justa *não* se coaduna com o ódio: este é destrutivo para o sujeito mesmo e os demais, diferente da raiva justa que manifesta a indignação e leva a reações construtivas e éticas. Contrariamente ao ódio, a raiva justa só é possível se a indignação estiver mediada pela capacidade de amar e, consequentemente, de esperançar a si e àqueles tocados pela reação. O amor está sempre atrelado à esperança; o amor é esperançado, e por isso sobrevive às decepções e às injustiças. Para Paulo Freire, portanto, os sentimentos do amor e da raiva justa programam nossas viáveis lutas pela afirmação da dignidade humana, da justiça e da democracia. Lutas que se endereçam na escuta do povo, na educação da compaixão humana e na educabilidade dos condenados da terra como sujeitos de direito.

---

39. Cf. Dodd, 1977, p. 398-400.

6 Os desafios da esperança no século XXI: lições de Paulo Freire

Cem anos depois, os *aprendizados de esperança* de Paulo Freire ainda irradiam sua luz crítica e sua força inspiradora. Diante das crises do século XXI – climática, alimentar, social, migratória, sanitária e econômica –, a esperança segue relevante e mobilizadora. Afinal todas essas crises são, fundamentalmente, crises de humanidade, incluindo o sentido de *crise da decência* apontado por Freire.

A humanidade sofre várias formas de negação da dignidade e impedimento de *ser mais*: racismo, homofobia, feminicídio, miséria e, em tempos recentes, a letalidade da pandemia do coronavírus. De impacto global, as crises se imbricam em muitos aspectos e afetam, sobretudo, as populações pobres e vulneráveis. É dramático constatar que este cenário se torna ainda mais virulento nos casos em que a corrupção, o armamento, o descaso público, os negacionismos e os extremismos se manifestam. As causas morais, bélicas, financeiras e políticas dessa virulência acusam a *crise de decência* da qual ainda padecem muitos sujeitos, organizações, grupos políticos e religiosos. Em reação, como pondera Paulo Freire, há que esperançar os sujeitos, as organizações, os grupos políticos e religiosos – bem como os educadores – a promover um mundo mais *decente*, ou seja, mais inclusivo, solidário, equitativo. Para quem a esperança vigorou, as crises não constrangem à indiferença e imobilidade, mas causam indignação e convocam à construção de um mundo mais decente.

Essa convocação toca as consciências, resgata do individualismo, desmascara as mentiras e favorece a projeção de um futuro melhor. Neste sentido, *sonhar o novo* é admitir vias de superação das crises, alternativas que vençam a indecência das forças que matam a vida e o sentido de viver. Passa-se da raiva justa ao *sonhar juntos*, com recursos partilhados e mobilização que torna viável um mundo decente, como dito. Paulo Freire enfatiza a realização comunitária e/ou coletiva da esperança e do marchar em esperança, desbravando os territórios em que a utopia tenha efetivo lugar.

No dizer de Paulo Freire, estas lutas e mobilizações são modos, por um lado, de denunciar as *mentira*s que se traduzem em fatalismos, ocultações, silenciamentos, falta de empatia, solidão, racismos, violências e outras tantas injustiças sociais; e por outro lado, são modos de anunciar as *verdades* que se traduzem na defesa da vida e do futuro, como vias para o *ser mais*[40].

As marchas humanas: de esperança em esperança

Como insiste Paulo Freire, os oprimidos e oprimidas são sujeitos caminhantes, que carregam a esperança de se aprenderem e de se fazerem reconhecidos como sujeitos de direitos. Portanto, sujeitos que, apesar de sofrerem os brutais processos de desumanização, não se calam e estão sempre em marcha. Marcham pela terra, pelas identidades, pelo rio, pela escola, pela universidade, pela nacionalidade, pelo território, pela raça, pelo gênero, pela paz – demandas ainda presentes no Brasil contemporâneo.

Nesse sentido, Paulo Freire não nos deixa dúvida: não é possível aprender-se a ser no mundo sem uma aproximação com os condenados da terra, miseravelmente produzidos e ofendidos

---

40. Sobre denúncia e anúncio, cf. Freire, 2016a, p. 135-138.

em suas humanidades. São eles e elas que em suas muitas desesperanças nos ensinam a esperança. São suas duras resistências, suas infinitas lutas contra o descaso, contra a miséria, contra o desrespeito às suas famílias, contra o assalto às terras, contra a poluição de seus rios e a derruba de suas florestas que sempre nos colocam em alerta existencial. Freire nos diz que em suas lutas, os oprimidos e as oprimidas estão sempre a nos ensinar as "manhas necessárias" para a sobrevivência. Eles e elas nos ensinam a permanecer

> na resistência que nos preserva vivos, *na compreensão do futuro como problema* e na vocação para o *ser mais* como expressão da natureza humana em processo de estar sendo, fundamentos para a nossa *rebeldia* e não para nossa *resignação* em face das ofensas que nos destroem o ser. Não é na *resignação*, mas na *rebeldia* em face das injustiças que nos afirmamos[41].

O que temos, então, a aprender com os condenados e deserdados da terra, em pleno século XXI? No dizer de Paulo Freire: posturas rebeldes que, no caso deles e delas, se transformam em posturas esperançosas e revolucionárias. Tais gentes nos convocam a um engajamento radical de transformação com e no mundo. Com sua terminologia própria, Paulo Freire diz que "a rebeldia é ponto de partida indispensável, é a deflagração da justa ira, mas não é suficiente"[42]. Temos que assumir uma postura denunciatória que se alongue "até uma posição mais radical e crítica, a revolucionária, fundamentalmente anunciadora. A mudança do mundo implica a dialetização entre a denúncia da

---

41. Freire, 2016a, p. 91-92.
42. Ibid., p. 92.

situação desumanizante e o anúncio de sua superação; no fundo, o nosso sonho"[43].

Os "esfarrapados" do mundo nos deixam uma importante lição: "mudar é difícil, mas possível"[44]. Por isso, eles e elas andarilham pelo mundo sempre com o objetivo de crescer, e não de decrescer. Caminhando, nos ensinam "que sua situação concreta não é destino certo ou vontade de Deus, algo que não pode ser mudado"[45]. Ao contrário, segundo Paulo Freire, homens e mulheres justos, coerentes com suas práticas e esperançosos, não aceitam discursos fatalistas, não aceitam a miséria como destino, a violência como situação, a mão como arma, a fome como justificativa econômica e Deus como mentira. Por isto, a esperança tem uma relação direta com a decência: "Desrespeitando os fracos, enganando os incautos, ofendendo a vida, explorando os outros, discriminando o índio, o negro, a mulher; não estarei ajudando meus filhos a ser sérios, justos e amorosos da vida e dos outros"[46].

Nesse sentido, a decência é algo que não pode faltar a nós adultos, para que a verdade não nos falte na condução da educação de nossas crianças e jovens, mergulhados nas muitas situações dramáticas de desesperança no Brasil atual. Rememorando uma passagem triste da história do Brasil – quando jovens de classe média colocaram fogo no corpo do índio pataxó Galdino, que dormia numa estação de ônibus, em Brasília –, Paulo Freire lamenta:

---

43. Ibid.
44. Ibid.
45. Ibid., p. 93.
46. Cf. Freire, 2016a, epílogo de capa dessa obra.

Que coisa estranha, brincar de matar índio, de matar gente. Fico a pensar aqui, mergulhado no abismo de uma profunda perplexidade, espantado diante da perversidade intolerável desses moços desgentificando-se, no ambiente em que decresceram em lugar de crescer[47].

Ao refletir sobre o ato cruel destes jovens, Freire não os isenta de suas responsabilidades; mas indaga sobre como suas infâncias possam ter sido educadas por adultos que não lhes impusessem limites às suas malvadezas e/ou não lhes foram presenças capazes de lhes ensinar o olhar justo, amoroso, empático e esperançoso. Ao saber da trágica morte de Galdino, o educador fitou aqueles jovens e refletiu:

> Penso em suas casas, em sua classe social, em sua vizinhança, em sua escola. Penso em outras coisas mais, no testemunho que lhes deram de pensar e de como pensar. A posição do pobre, do mendigo, do negro, da mulher, do camponês, do operário, do índio neste pensar. Penso na mentalidade materialista da posse das coisas, no descaso pela decência, na fixação do prazer, no desrespeito pelas coisas do espírito, considerado de menor ou de nenhuma valia. Adivinho o esforço deste pensar em muitos momentos da experiência escolar em que o índio continua minimizado[48].

Embora aqueles jovens não possam ser isentos de sua responsabilidade pela morte de Galdino, Paulo Freire nos adverte sobre como possíveis atitudes indecentes de pessoas adultas são também responsáveis por aquela morte e pela desesperança que ela nos causa. Nossos jovens estão sendo educados para a raiva

---

47. Ibid., p. 75.
48. Ibid., p. 76.

justa, com uma indignação que expresse o seu amor pelo mundo? Eles estão sendo educados para a esperança?

As interrogações sobre a educação e a esperança freireana nos fazem compreender a urgência de uma luta coletiva "pelos princípios éticos mais fundamentais como o respeito à vida dos seres humanos, à vida dos outros animais, à vida dos pássaros, à vida dos rios e das florestas"[49], vidas tão desrespeitadas no Brasil de ontem e de hoje. É preciso lembrar que Paulo Freire não confia na amorosidade entre os seres humanos se "não nos tornarmos capazes de amar o mundo", capazes de optar pela "vida e não pela morte", pela "equidade e não pela injustiça", pelo "direito e não pelo arbítrio", pela "convivência com a diferença e não pela sua negação"[50]. Para este educador, a amorosidade radical torna possível nos construirmos como pessoas de esperança. E como se aprende tal amorosidade? Aprende-se na luta pelo bem-querer coletivo. É este bem-querer que notamos como um possível legado freireano para enfrentar a crise humanitária que vivemos no século XXI e cultivar a nossa existencial esperança.

Esperançar-se no contexto da crise humanitária do século XXI

Num cenário de crise humanitária, a relação entre o amor, a indignação e a raiva justa se tornam um risco maior. Pois este cenário nos envolve de forma radical, contorna a nossa incompletude e evidencia os desafios que esta completude comporta, quando a reconhecemos. Saber-se incompleto e abrir-se à comunhão é uma virtude exigente; mas compreender esta incompletude em tempos de morte, de desesperanças cotidianas,

---

49. Ibid., p. 77.
50. Ibid.

é ainda mais desafiador. Num contexto de crises profundas, homens e mulheres são exigidos a se reinventarem e a se capacitarem, para fazer das situações dramáticas, situações de uma nova humanidade. Como diz Paulo Freire:

> Se a realidade fosse assim porque estivesse dito que assim teria de ser não haveria sequer por que ter raiva. Meu direito à raiva pressupõe que, na experiência histórica da qual participo, o amanhã não é algo "pré-dado", mas um desafio, um problema. A minha raiva, minha justa ira, se funda na minha revolta em face da negação do direito de "ser mais", inscrito na natureza dos seres humanos. Não posso, por isso, cruzar os braços, fatalistamente diante da miséria, esvaziado desta maneira, minha responsabilidade no discurso cínico e "morno", que fala da impossibilidade de mudar porque a realidade é mesmo assim[51].

Olhando para os desafios do século XXI, é Paulo Freire que nos questiona: qual tem sido nossa capacidade de amar e de nos indignar? Que oportunidades temos dado às crianças e aos jovens para crescerem como pessoas esperançosas e justas? Temos nos educado como "escutadores" da dor do outro? Quais escolhas temos feito e quais oportunidades temos dado aos jovens de lutar contra o vírus, e não com o vírus, frente à crise sanitária que vivemos? Qual a decência do governante que, em plena crise sanitária, dá as costas à prevenção do vírus e despreza a Ciência? – Sobre tudo isso, Freire nos adverte seriamente:

> a maneira como nos relacionamos desde a tenra idade com os animais, com as plantas, com as flores, com os brinquedos, com os outros. A maneira como pensamos o mundo, como atuamos sobre ele; a malvadez com que

---

51. Ibid., p. 89.

tratamos os objetos, destruindo-os ou desprezando-os. O testemunho que damos aos filhos de desrespeito aos fracos, o desdém pela vida. Assim, ensinamos e aprendemos a amar a vida ou a negá-la[52].

Por isso, Freire sempre salientou que a decência interfere em nossa capacidade de educar à esperança. Ou seja, a esperança e a decência, juntas, são capazes de guiar nossa cidadania frente às dramáticas da vida. Atentar às advertências de Paulo Freire sobre indignar-se e amar com a decência do que é justo favorece o aprendizado de que a esperança que sempre nos alenta, que não há de nos faltar, pois humanizar-se é esperançar-se! Outra, porém, é a sorte dos indiferentes, dos que cruzam os braços na espera acomodada, alheios em sonhos solitários e vãos. A esperança alcança quem a busca e revigora quem a reparte. Nisto vemos não só o substrato teórico de Paulo Freire, mas sua virtude como educador que, afrontado em suas convicções e exilado no território do incerto, manteve sua paz e sua esperança.

Assim, fez do próprio exílio uma tenda para viver, para aprender e ensinar, qual nômade de muitos encontros. Foi assim que sua pedagogia ganhou a consistência de uma práxis humanizadora, atenta a outros exilados. Observador da História e leitor das Sociedades, ele soube que o "mundo correto" é uma produção de homens e mulheres caminhantes, que não se intimidam ante a afronta, a opressão e os riscos de morte; pessoas a quem a esperança deu coragem de defender a vida, sua e dos outros. É o que expressa Guimarães Rosa, em sua obra *Grande Sertão, Veredas*:

> O correr da vida embrulha tudo, a vida é assim: esquenta e esfria, aperta e daí afrouxa, sossega e depois desin-

---

52. Freire, 2015a, p. 125.

quieta. O que ela quer da gente é coragem. O que Deus quer é ver a gente aprendendo a ser capaz de ficar alegre a mais, no meio da alegria, e inda mais alegre ainda no meio da tristeza! Só assim de repente, na horinha em que se quer, de propósito – por coragem[53].

Entre este dizer da vida e da coragem, a esperança nos chega. Hoje, o cansaço atinge, estremece a nossa coragem, estamos em luta contra o perverso coronavírus. No Brasil, a situação é mais dramática, e a coragem parece nos faltar. Pois não estamos a enfrentar apenas um vírus. Nesta luta, nós brasileiros enfrentamos o descaso governamental no combate a tal vírus; as correntes de ódio, que incitam a discórdia e a divisão dos brasileiros; as situações concretas de miséria e de fome; o luto e o medo da morte. Não nos enganemos, porém, por força das perdas e do negacionismo: esta e outras crises têm suas causas e suas soluções, ainda que processuais, longe da resignação e do fatalismo – como advertiu Paulo Freire.

No enfrentamento destas desesperanças, como disseram Paulo Freire e Guimarães Rosa, a vida nos requer coragem. Outra virtude deste educador exilado: coragem de pensar, de cruzar fronteiras, de encontrar os distantes, de aproximar-se das gentes revolucionárias que compreendiam que o viver é algo perigoso e contínuo. São essas gentes de coragem que continuam em marcha pela vida, em luta contra a fome da carestia, mas a favor da fome de justiça. Suas vozes estão sempre a nos dizer: "coragem, isto vai passar".

Muitos de nós atravessamos a crise machucados, feridos em nossa alma, coletivamente tristes com nossas perdas. Contudo, legados como o de Paulo Freire nos alentam e nos ensinam que

---

53. Guimarães Rosa, 2001, p. 334.

essas tópicas desesperanças jamais cancelam o fato de que a esperança é uma necessidade (e possibilidade) ontológica. Com sutil trocadilho, Freire dizia que "a desesperança é esperança que, perdendo o endereço, se torna distorção da necessidade ontológica"[54]. Mais do que "pura teimosia" de viver, a esperança é um "imperativo existencial". Humanos, somos programados para nos esperançar – em resistência e busca, indignação e ousadia – nunca sós, mas junto com os "que sabem que mudar é possível" e que a esperança é "um bem querer"[55].

Para Paulo Freire nós não estamos no mundo: nós *convivemos* com o mundo. Por isto, todo contexto se transforma quando tocado por nossas ações, feitas com coragem e esperança coletivas. A vida desenha seu presente e seu futuro pelas respostas que damos ao projeto maior do bem-querer coletivo. Assim aprendemos a construir o futuro viável; aprendemos que mudar é possível, ainda que algumas mudanças sejam mais dolorosas e difíceis que outras. As situações de crise, desafio e mudança apreendem o futuro "como problema e não como inexorabilidade. É o saber da História como possibilidade e não como determinação"[56]. Nesse sentido, estar no mundo é saber-se responsável por ele. Um saber-se sempre político e nunca neutro. Assim, sempre teremos perguntas a fazer ao mundo e a nós mesmos. Dessa forma, é humanamente impossível saber-se o mundo "descomprometidamente como se misteriosamente de repente nada tivéssemos que ver com o mundo, um lá fora e distante mundo, alheado de nós e nós dele"[57]. Freireanamen-

---

54. Freire, 2018, p. 14.
55. Freire, 2016a, p. 92.
56. Ibid., 90.
57. Ibid., p. 91-92.

te falando, diríamos que quaisquer posturas que se façam "ingênuas" ou "astutamente neutras"[58] não podem ser aceitáveis diante da crise humanitária que hoje vivemos. Pois, segundo Freire, somos seres históricos, culturais, políticos que constatam o mundo não apenas para o interpretar, mas para o transformar: "não posso estar no mundo de luvas nas mãos, constatando apenas"[59].

A figura das *luvas*, contudo, nos sugere outra ponderação: as mesmas luvas assépticas e aparentemente neutras podem salvar vidas, quando nos permitem tocar e socorrer o outro ferido, a quem optamos por ajudar, com coragem e esperança. Assim, terminamos este tópico expressando nossos profundos agradecimentos a todos e a todas que usaram suas luvas para salvar vidas, nessa crise humana e sanitária: médicos, enfermeiros, cientistas, motoristas, profissionais da limpeza, lideranças das periferias, artistas, educadores e tanto outros por este imenso Brasil. À luz dos saberes freireanos, dialogamos com as incansáveis lutas de todos vocês, lembrando que nossas atitudes são sempre uma postura decisória, uma escolha pela vida ou pela morte.

Motivados pela esperança e pelo reconhecimento, fazemos dessas linhas um manifesto de gratidão àqueles que optaram pela vida, doando-se sem reservas nas frentes de batalha contra a Covid-19. Sabemos que hoje vivemos um luto coletivo, uma experiência de perda a "que ninguém pode escapar: não podemos simplesmente pôr uma pá de terra sobre a ausência e simplesmente também pretender a redução de nossa vida ao passado"[60]. Entristece-nos a perda de tantos entes queridos, cujas vidas a

---

58. Ibid.
59. Ibid.
60. Ibid., p. 124.

pandemia ceifou de modo tão *indecente*, quando verificamos, além do vírus, a letalidade do desgoverno e do negacionismo no enfrentamento da crise sanitária. Sepultamos familiares e amigos sem dizer adeus, com tristeza; mas também com indignação pela indecência dos que classificaram a infecção por Covid-19 como "uma gripezinha" e dissiparam a mentira do "tratamento precoce", com fármacos que a Ciência provou ser ineficazes. O resultado desse descaso foi o agravamento da pandemia, com aumento assustador de óbitos no Brasil. Com certeza, se fossem tomadas as medidas cabíveis em todos os níveis de governança e prevenção, milhares de mortes teriam sido evitadas.

De fato, por um lado, as mentiras e as omissões nos indignam profundamente. Por outro lado, a consciência de que os males sociais (pandemias, exclusões, violências) têm causa, mas também soluções, com diagnoses e tratamentos viáveis, esperançamo-nos ativamente ao protestar, ao aprender com os dados da experiência, ao assumir responsabilidades, ao invocar recursos de superação das crises. Desse modo, a esperança se vigora e persiste, apensar das ausências e das perdas que a pandemia produziu. Pois, no dizer de Paulo Freire, aos poucos seremos capazes de assumir tais ausências, já que "a presença da ausência, a dor da falta vão se amenizando, enquanto, por outro lado, vamos nos tornando capazes de voltar a ser plenamente nós mesmos. Só assim podemos sadiamente, biofilicamente, ter, na ausência sentida, uma presença que não nos inibe de amar"[61]. Portanto, viva o centenário de Paulo Freire, que continua decentemente vivo entre nós, neste difícil século XXI.

---

61. Ibid.

Considerações finais

Não há dúvidas de que a partilha da esperança em Paulo Freire é um grande legado para nós, homens e mulheres do século XXI. Especialmente naqueles territórios e fronteiras onde a desesperança intimida e diminui as pessoas. Ao falar e viver a esperança, Freire nos ensina que "não há possibilidades de pensarmos no amanhã, mais próximo ou mais remoto, sem que nos achemos em processo permanente de 'emersão' do hoje, a caminhar 'molhados' do tempo em que vivemos, tocados por seus desafios, instigados por seus problemas"[62]. Se hoje, por um lado, a insegurança frente aos desastres produzidos pela crise viral e crise da decência nos faz viver situações de desesperanças, por outro lado, nos alentamos diante de tantos testemunhos de amorosidade à vida. Amorosidade que, na perspectiva freireana, tem o efeito de fortalecer a esperança.

Por isto, a raiz da esperança é em Freire a mesma raiz da educabilidade: um processo de aprendizagem do nosso inacabamento; um deslumbre de possibilidades que nota o futuro como problema, e não como inexorabilidade. Esperançar educando – e educar esperançando – promove sujeitos que discernem o hoje e constroem o amanhã, desmascarando os fatalismos e as mentiras indecentes. Aliada vigorosa da educação, a esperança é sempre uma procura de *topia* (lugar) para as realizações que mobilizam o sonhar juntos; realizações que começam muitas vezes como *utopia* (sem lugar), a conquistar terreno nas consciências, depois nas relações, enfim na sociedade e na História. Em suma, a esperança, segundo Freire, é uma intervenção humana no mundo para torná-lo menos feio

---

62. Ibid., p. 135.

e desumano, sendo mais justo e mais decente. Podemos até dizer que a *decência* freireana invoca a *docência* como missão transformadora, em consciente esperançar-se.

Com tais característica, a esperança em Paulo Freire tem caráter profético, como denúncia de todas as formas de desumanização, e anúncio do amor generoso, do sonho dos que sonham juntos e do direito à raiva justa, para que a indignação abra vias de transformação. Ser profeta da esperança é atuar contra qualquer forma de interdição dos seres humanos e mesmo não humanos, quando o olhar alcança toda a vida da Terra. Na tensão entre denunciar um presente que se torna intolerável e anunciar um futuro a ser criado, a esperança potencializa a utopia, que se faz projeto, ao mesmo tempo bússola e roteiro. Assim, *utopia*, *esperança* e *transformação* compõem a tríade que põe em ato a educação esperançada e a capacidade humana de promover a justiça social. Como dito, trata-se de esperança ativa, afeita ao gesto, à responsabilidade, à decência de agir e reagir com compromisso pela vida. Sozinha, sem ação, a esperança não seria suficiente; mas sem ela, a luta sucumbe. A esperança é uma virtude histórica, que vigora o caminhar humano para *ser mais*.

Diante disso, Ana Maria Freire diz: ler o "Paulinho" é fazer a imersão "numa imensa onda cósmica de ânimo de esperança e do sentimento de que vale a pena persistir na luta"[63]. Acreditamos como Ana Maria Freire, que mesmo em "momentos em que a desesperança e a depressão parecem prevalecer"[64], é imprescindível sentir e ouvir Paulo Freire como presença viva, como um ser corajoso, aquele que até o final de sua vida foi fiel a sua opção de lutar, incansavelmente, pela libertação dos "con-

---

63. Freire, A.M. "Prefácio". In: Freire, 2016a, p. 18.
64. Ibid.

denados da terra". Esta fidelidade freireana nos ajuda a lutar por um mundo mais decente.

Ao partilhar sua esperança em obras e em atitudes, Freire nos ensina que o *esperançar* (a si e aos outros) é um exercício contínuo do ser humano, um processo de escuta e de acolhimento entre pessoas que visam ao bem-querer coletivo. Um bem-querer em busca da decência e da certeza de que um mundo melhor é possível. E, se possível, a esperança é sempre um pacto de resistência: um *sim* à dignidade humana, um *não* às opressões veladas ou manifestas. É um pacto pelo surgir de uma nova humanidade. Pacto, aliás, que Freire realizou ao longo de sua vida, nos seus muitos encontros com aqueles e aquelas que foram usurpados de seus direitos de *ser mais*, especialmente camponeses, operários, pessoas negras, mulheres, juventudes e indígenas. Para Freire, ter esperança é ter uma presença ativa no mundo, ser profeta que denuncia as fatalidades e anuncia novos campos de possibilidades do humano, *no* e *com* o mundo.

Por tudo isso, não poderíamos terminar este capítulo sem manifestar nossa indignação à postura fatalista de certos governantes de nosso País no período da pandemia (2021). Atores do poder público que, em vez de esperançar, criam desesperanças; que em vez de amar, difundem o ódio; que em vez de unir, convocam à desunião. Neste caso específico, alguns se comportam imoralmente até no campo religioso: traem o sentido original da Religião quando usam o nome de Deus para justificar suas indecentes posturas de negação da vida, promovendo extremismos e sectarismos. Como podem invocar o Deus da Vida, esses e essas que têm amor às coisas mortas? A qual deus de fato cultuam, no estreito santuário de seu projeto de poder? – Vale retomar aqui a advertência de Paulo Freire, ainda aplicável ao contexto político-social recente: "Como posso votar – se sou progressista e coerente como minha opção – num candidato em cujo discurso, faiscante de desamor, anuncia seus projetos racistas?"[65] Enfim, o legado de esperança de Paulo Freire é uma inspiração para homens e mulheres movidos pela perseverança, para quem *esperançar-se* não é uma alternativa entre outras, mas expressão de sua fidelidade à vocação humana de *ser mais*.

Referências bibliográficas

DODD, C.H. *A interpretação do Quarto Evangelho*. São Paulo: Paulinas, 1977, p. 398-400.

EVARISTO, C. *Olhos D'água*. 2. ed. Rio de Janeiro: Pallas Mini, 2018.

FERNANDES, C. "Amorosidade". In: *Dicionário Paulo Freire*. 3. ed. Belo Horizonte: Autêntica, 2016, p. 37-39.

FREIRE, P. *Pedagogia da Esperança*: um reencontro com a *Pedagogia do Oprimido*. 24. ed. São Paulo/Rio de Janeiro: Paz e Terra, 2018a.

FREIRE, P. *Educação como prática da liberdade*. 42. ed. São Paulo/Rio de Janeiro: Paz e Terra, 2018b.

FREIRE, P. *Pedagogia da indignação* – Cartas pedagógicas e outros escritos. 3. ed. São Paulo: Paz e Terra, 2016a.

FREIRE, P. *Pedagogia da Tolerância*. 5. ed. São Paulo/Rio de Janeiro: Paz e Terra, 2016b.

FREIRE, P. *Política e educação*. 2. ed. São Paulo/Rio de Janeiro: Paz e Terra, 2015a.

FREIRE, P. *Cartas a Cristina* – Reflexões sobre minha vida e sobre minhas práxis. São Paulo: Paz e Terra, 2015b.

FREIRE, P. *Pedagogia da Autonomia*. São Paulo: Paz e Terra, 2007.

FROMM, E. *O coração do homem*: seu gênio para o bem e para o mal. 6. ed. Rio de Janeiro: Guanabara, 1981.

---

65. Freire, 2016a, p. 93.

GUIMARÃES ROSA, J. *Grande sertão*: veredas. 19. ed. Rio de Janeiro: Nova Fronteira, 2001.

HALIK, T. "Fé e espiritualidade". In: INCERTI, F.; CÂNDIDO, D.B. (orgs). *Fragmentos de uma pandemia*. Curitiba: PUC-Press, 2020, p. 65-66.

MOLTMANN, J. *Teologia da Esperança*. 3. ed. São Paulo: Teológica; Edições Loyola, 2005.

TORRES NÓVOA, C.A. *Diálogo e práxis educativa* – Uma leitura crítica de Paulo Freire. São Paulo: Loyola, 2014.

ZITKOSKI, J.J. "Pensar certo". In: STRECK, D.R; REDIN, E; ZITKOSKI, J.J. *Dicionário Paulo Freire*. 3. ed. Belo Horizonte: Autêntica, 2016.

10
O compromisso da pedagogia freireana com a educação das relações étnico-raciais

Maria da Conceição dos Reis

Primeiras palavras

Ao escrever as primeiras palavras deste ensaio, revelo ao leitor e à leitora um pouco de uma mulher negra, de uma prática docente antirracista, do que tem experienciado o povo negro e do compromisso da pedagogia freireana com a educação das relações étnico-raciais em busca de uma prática educativa promotora de igualdade racial no Brasil.

Freire nos apresenta a educação como "um processo contínuo que orienta e conduz o indivíduo a novas descobertas, a fim de tomar suas próprias decisões, dentro de suas capacidades"[1]. Perceber como esse processo vem se configurando como um privilégio nos leva a refletir sobre a importância de uma educação que dê conta de se constituir enquanto um direito público subjetivo, garantido por lei para todas as pessoas, independen-

---
1. Freire, 1996, p. 25.

temente de raça, cor, credo ou qualquer outra forma diversa de existência e de expressão.

Olhar de forma crítica para este direito e buscar perceber como a presença, a história e a cultura da população negra têm sido contempladas no processo educacional nos leva a inferir que a educação brasileira tem uma triste história de negação e opressão com a pessoa negra e, por isso, precisa ser problematizada, questionada, transformada para a efetivação desse direito e contemplação da educação das relações étnico-raciais. Podemos nos perguntar: Qual a história contada sobre o povo negro no Brasil? Quais as condições educacionais e sociais da população negra brasileira? As respostas nos levam à constatação de que é preciso problematizar o mundo, a educação, as relações, para que outra história seja contada, construída e reconstruída.

Ao refletir sobre minha prática docente ao longo de mais de 30 anos e, mais precisamente, da minha atuação no curso de Pedagogia do Centro de Educação da Ufpe, percebo que depende, também, de mim a vida escolar de milhares de crianças negras que nossos (as) futuros (as) educadores e educadoras encontrarem ao longo da vivência profissional. Isto é possível por acreditar que ajudamos nossos(as) educandos(as) a consolidar e construir os *saberes necessários à sua prática docente*. Por isso, é de fundamental importância refletirmos sobre o tipo de profissionais que queremos e ajudaremos a formar: conservadores, para manter as desigualdades sociais e raciais? Ou progressistas e antirracistas, sempre em busca de transformações?

O exercício da escrita do texto, ora apresentado, desperta lembranças de minha vida acadêmica e profissional, que compartilho com vocês. Lembro com satisfação do presente de aniversário que recebi em 1996, ano em que entrei no curso de

Pedagogia. O presente, o livro *Pedagogia do Oprimido*, veio com um recadinho, conforme imagem que fotografei da contracapa do livro, a seguir[2]:

Imagem da contracapa do livro *Pedagogia do Oprimido*

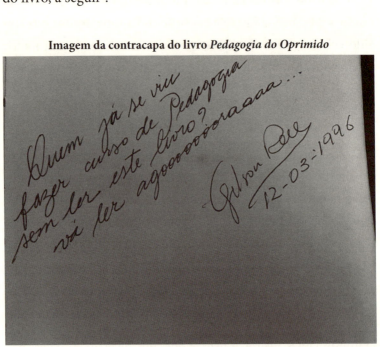

Fonte: Acervo da autora.

Ao ler as ideias do autor deste livro, descubro que Paulo Freire era um grande educador, aliado na luta por uma sociedade mais justa e inclusiva. Suas palavras me convenceram, me conquistaram e tornei-me uma aliada. Hoje, é meu papel repassar este recadinho às pessoas ao meu redor, aos meus orientandos e orientadas pesquisadores(as) da educação das relações étnico-raciais e aos futuros profissionais da Educação.

---

2. "Quem já viu fazer curso de pedagogia sem ler este livro? Vá ler agoooooraaaaaa!" (Gilson Reis).

Este ensaio tem a intenção de dialogar sobre uma prática docente que se propõe comprometida com uma educação antirracista, refletindo sobre a educação das relações étnico-raciais (Erer) e a pedagogia freireana. A questão problematizadora que pretendemos desenvolver é: como uma prática docente embasada pela pedagoga freireana pode se comprometer com a educação das relações étnico-raciais?

As respostas a essa questão perpassa pelo *inquietamento* em busca de mudanças; pelo despertar da *curiosidade* e *criticidade*, até então adormecidas, de pessoas aliadas; pelo estabelecimento de uma *relação dialógica* e pela *indignação da realidade* em que vivem nossos irmãos e irmãs negras, como se nada pudesse ser feito para a *libertação* e *transformação*.

Não é possível exercer a atividade do magistério como se nada ocorresse conosco

Quando, ao exercer a atividade do magistério, me encontro com estudantes negros e negras que, por diversos motivos, não conseguem fazer a leitura de um pequeno texto para discussão compartilhada nas aulas, surge meu primeiro *inquietamento* pela mudança. Este *inquietamento* me remete à necessidade de construção de um novo comprometimento: despertar nos professorandos e nas professorandas a curiosidade e o prazer pela leitura. Não uma leitura enquanto codificação de palavras, mas uma leitura interpretativa, criativa, crítica e reflexiva, em que a educanda e o educando aprendam a aprender, conquistem autonomia, construam seus próprios conhecimentos, aprendam a ler sua própria realidade, "reafirmem seu pertencimento e sua identidade negra"[3]

---

3. Reis, 2013, p. 46.

e, principalmente, usem esta leitura para um *instrumento de intervenção no mundo*.

Durante as aulas inspiradas pelo pensamento freireano, mais precisamente, em um desses momentos vivenciados no curso de pedagogia da Faculdade Escritor Osmam Lins, propus a leitura do livro *Pedagogia da Autonomia*. Cada estudante assumiu a responsabilidade de ler o livro e destacar um dos itens apresentados nos seus três capítulos. Durante a exposição da obra foi gratificante escutar as opiniões e interpretações realizadas pelas(os) novas(os) admiradoras(es) das ideias de Paulo Freire. Esse é um dos grandes momentos da relação teórico-prática, no qual refletimos sobre os rumos de nossa prática docente. Numa dessas oportunidades escutei uma professoranda declarar: "Eu ainda não li este livro porque não tive dinheiro para comprar, mas este livro parece ser muito importante!" Quão foi a felicidade desta jovem quando ganhou o livro de presente. Conquistamos, eu e Paulo Freire, uma nova aliada!

Meu *inquietamento* se transformou no propósito de conquistar cada vez mais aliados e aliadas em busca da construção do comprometimento para uma nova realidade educacional e social, principalmente para o povo negro.

Em outro momento, na condição de docente em curso de especialização na Faculdade para o Desenvolvimento de Pernambuco (Fadepe), ao destacar e vivenciar a pedagogia freireana, me deparei com a confissão de uma estudante que afirmou nunca ter lido um livro de Paulo Freire, mas, motivada por minhas aulas, se propôs a ler e, em seguida, revelou sua experiência: "a impressão era que eu estava escutando meu tio". A estudante era sobrinha de Paulo Freire. Conquistei uma leitora das obras desconhecidas do seu tio Paulo. Como dizia, e ainda continua a dizer, por intermédio de suas obras, o tio dessa estudante: "A educação, qualquer que seja o nível em que se dê, se fará tão mais verdadeira quanto mais se estimule o desenvolvimento desta necessidade radical dos seres humanos, a de sua expressividade"[4].

Tudo isso é revelado a partir de uma prática docente que é fundamentada na minha concepção acerca da vida, do mundo, da educação, do estudante, do homem, da mulher, da cultura e da sociedade. Esta prática que educadores e educadoras desenvolvem no espaço escolar e acadêmico está arraigada na nossa prática fora dos muros escolares, portanto é definida como: "uma dimensão da prática social que pressupõe a relação teoria/prática"[5].

Dessa forma, professoras e professores críticos entendem sua atuação na prática educativa enquanto um processo de transformação da realidade social. Sua ação pedagógica é guiada pela teoria numa relação dialética, apresentando unidade entre o ideal e o real. É de forma crítica que este(a) docente compreenderá e analisará as relações políticas, as diferenças sociais, a diversidade cultural e os interesses de classe, para, então, problematizar o conhecimento juntamente com os seus educandos e educandas.

Considerando a educação *problematizadora e libertadora,* o(a) professor(a) crítico(a) e antirracista é aquele(a) que, como Paulo Freire, concebe a *educação como um instrumento de luta* a serviço da transformação da sociedade vigente. Para que isto seja possível, precisamos começar a vivenciar práticas transformadoras nos espaços educativos que possam evidenciar e va-

---
4. Freire, 2001, p. 27.
5. Veiga, 2004, p. 16.

lorizar a diversidade da população negra, de crianças, jovens e adultos que frequentam a escola munidos(as) de esperança.

Não posso ser professor sem revelar minha maneira de ser, de pensar politicamente

Em busca desse comprometimento por uma educação das relações étnico-raciais é inevitável e indispensável a minha exposição. Ao expor minha maneira de ser, percebo os educandos e educandas mais atentos, envolvidos e curiosos. Na verdade, esta prática não é comum para quem já ouviu, durante muito tempo de predominância da pedagogia tradicional ou, usando uma expressão mais atual, da educação sem partido, que professores e professoras precisam ter a característica da neutralidade, com a desculpa de não influenciar as ideias dos(as) educandos(as). Porém, se nossa opção é sermos educadores e educadoras progressistas, em busca de uma educação libertadora e comprometida com as minorias que precisam ser incluídas na sociedade, precisamos ousar, resistir para existir e transformar aquilo que nos inquieta e o que nos move!

Ora, como posso ensinar a conviver e a ser sem expor o que penso? *Como se a maneira humana de estar no mundo fosse ou pudesse ser uma maneira neutra.* Não posso ficar presa a esta neutralidade! Numa *relação dialógica*, preciso me expor, expondo quem eu sou, minhas origens, meus sonhos, o que penso da vida e o que quero deste mundo caracterizado por diversidades, preconceitos e discriminações.

Uma prática docente dominadora, ou seja, que se fundamenta no poder, no saber docente e na transferência de informações, como uma educação bancária, não destrói as desigualdades, não combate a discriminação, não constrói, não conta com o despertar das(os) educandas(os) para se tornarem sujeitos de suas próprias histórias.

Diferentemente, a prática docente que se pretende problematizadora se revela na *relação dialógica*, na socialização de experiências, contribui com o processo de construção de sujeitos conscientes da sua própria história, que é um processo que depende de cada um e cada uma e que precisa da práxis enquanto ação e reflexão sobre a realidade. "A conscientização não pode existir fora da práxis"; ou melhor, sem o ato ação-reflexão. Esta unidade dialética constitui, de maneira permanente, o modo de ser ou de transformar o mundo que caracteriza os homens"[6] e as mulheres. No entanto, "se a nossa opção é progressista, se estamos a favor da vida e não da morte, da equidade e não da injustiça, do direito e não do arbítrio, da convivência com o diferente e não de sua negação, não temos outro caminho senão viver plenamente a nossa opção"[7] e assumir o nosso papel.

> O papel do educador não é propriamente falar ao povo sobre sua visão de mundo ou lhe impor esta visão, mas dialogar com ele sobre a sua visão e a dele. Sua tarefa não é falar, dissertar, mas problematizar a realidade concreta do educando, problematizando-se ao mesmo tempo[8].

A nossa opção é por uma prática docente comprometida com a pedagogia freireana, pela *indignação da realidade* em que vive a população negra que, segundo os dados atuais, continua negligenciada, do ponto de vista do direto à educação. Essa negligência é constatada quando, por exemplo, o Censo

---

6. Freire, 1980, p. 26.
7. Freire, 2000, p. 67.
8. Freire, 2003, p. 9.

Escolar de 2018, divulgado pelo Instituto Nacional de Estudos e Pesquisas Educacionais Anísio Teixeira (Inep), indicou que apenas 42,9 dos jovens negros com mais de 19 anos concluem o Ensino Médio[9].

Nesse momento de pandemia causado pelo Coronavírus, encontramos outro exemplo gritante: a população negra é a que mais morre vítima da Covid-19[10] no Brasil, onde 75% das pessoas mais pobres desse país são negras[11]. Para esta população, o cenário da pandemia se associa às condições desiguais determinadas pelo racismo estrutural e institucional que lhe atinge no decorrer da vida. O vírus pode afetar qualquer sujeito, de qualquer classe social, porém as pessoas que se encontram em maior vulnerabilidade social são as negras, os moradores de periferia, sem acesso à direitos básicos (água encanada e sistema de esgoto) e que, por necessidade, se aglomeram no transporte público coletivo.

Além da preocupação com o que acontece agora (2021), é preciso pensar nas expectativas dos jovens negros pós-pandemia. Com toda essa situação de abandono do Estado, é possível que se vislumbre um horizonte de aumento da evasão escolar, de desemprego, de desesperança e de morte. Nesse sentido, é preciso urgentemente rever essa política de morte das pessoas negras e pobres, estruturada pelo racismo, que é, "acima de tudo, uma tecnologia destinada a permitir o exercício do biopoder, 'este

---

9. Inep, 2018 [Disponível em https://www.gov.br/inep/pt-br/areas-de-atuacao/pesquisas-estatisticas-e-indicadores/censo-escolar/resultados – Acesso em 27/03/2021].
10. Disponível em https://www.cnnbrasil.com.br/saude/2020/06/05/negros-morrem-40-mais-que-brancos-por-coronavirus-no-brasil – Acesso em 27/03/2021.
11. IBGE, 2018 [Disponível em https://noticias.uol.com.br/cotidiano/ultimas-noticias/2019/11/13/percentual-de-negros-entre-10-mais-pobre-e-triplo-do-que-entre-mais-ricos.htm – Acesso em 27/03/2021].

velho direito soberano de matar"'[12]. Isso é o que Achille Mbembe denomina de necropolítica, advinda das consequências do racismo estrutural.

> A realidade social, objetiva, que não existe por acaso, mas como produto da ação dos homens, também não se transforma por acaso. Se os homens são os produtores desta realidade e se, esta, na "inversão da práxis", se volta sobre eles e os condiciona, transformar a realidade opressora é tarefa histórica, é tarefa dos homens[13].

São essas opções político-pedagógicas dos educadores e educadoras que, segundo o pensamento freireano, podem contribuir com a intervenção na realidade e, quiçá, na superação das contradições e relações estabelecidas a partir da tomada de consciência da realidade, sabendo que "consciência não é ainda a conscientização, porque esta consiste no desenvolvimento crítico da tomada de consciência"[14].

A conscientização é o olhar mais crítico possível da realidade

Ao problematizar a realidade, somos provocados a pensar sobre nós, sobre nossas histórias, e isso pode nos levar a entender quem somos e o que podemos querer e poder transformar na educação e na sociedade.

Para percebermos a importância de uma educação das relações étnico-raciais no âmbito nacional, nos remetemos aos navios tumbeiros, à educação dos Jesuítas no Brasil Colônia, ao período da escravatura, ao seu desfecho em 1888 e suas conse-

---

12. Mbembe, 2018, p. 18.
13. Freire, 2011, p. 37.
14. Freire, 1980, p. 26.

quências, às constituições das favelas, à pandemia da Covid-19 e suas mais de 3,6 mortes por dia[15], entre tantas outras situações e todas as reverberações que rodeiam essas lembranças de processos e projetos de cerceamento da liberdade e exclusão educacional da população negra. Florestan Fernandes nos lembra que: "a sociedade brasileira largou o negro ao seu próprio destino, deixando sobre seus ombros a responsabilidade de reeducar-se e de transformar-se para corresponder aos novos padrões e ideais de homem"[16]. É isso que a população negra tem realizado, pois, mesmo em situações totalmente adversas, como as citadas acima, não se evaporou, como propagava a ideologia do branqueamento. Atualmente o Instituto Brasileiro de Geografia e Estatística anuncia que somos 55,8% de brasileiros e brasileiras autodeclaradas Negras. Somos o país da diáspora africana com mais pessoas negras.

Esta população vem resistindo a todas essas ameaças de projeto de exterminação, compactuando: "nós combinamos não morrer". Esse pacto revela a história de luta das pessoas negras inseridas na educação e no movimento negro, que nunca desiste em buscar direito e respeito, mesmo sabendo que a realidade é de um projeto estatal de morte às pessoas negras.

> A conscientização é isto: tomar posse da realidade. Por esta razão, e por causa da radicação utópica que a informa, é um afastamento da realidade [...] a conscientização é o olhar mais crítico possível da realidade, que a "desvela" para conhecê-la e para conhecer os mitos que

---

15. Disponível em https://g1.globo.com/bemestar/coronavirus/noticia/2021/03/26/brasil-tem-pior-dia-da-pandemia-com-3600-mortes-por-covid-registradas-em-24-horas-media-volta-a-bater-recorde.ghtml – Acesso em 27/03/2021.
16. Fernandes, 1978, p. 20.

enganam e que ajudam a manter a realidade da estrutura dominante[17].

A inserção da educação das relações étnico-raciais na educação brasileira só tem se tornado efetiva devido ao processo contínuo e inacabado de luta pelo rompimento dessas maldades e crimes de *desumanização*, desde as resistências das pessoas negras escravizadas nos navios tumbeiros. Ao passar do tempo, esta luta vai se intensificando através da mobilização do movimento social negro, espalhado por todo o Brasil, que, desde a criação da Frente Negra Brasileira, na década de 1930, tem reivindicado políticas públicas afirmativas.

Em finais da década de 90, a partir do reconhecimento do Brasil como um país racista, a oficialização dessas políticas públicas afirmativas torna-se realidade e são significativamente intensificadas nos governos Lula e Dilma, enquanto um desafio para a promoção da igualdade racial. No setor educacional, a Lei n. 10.639[18], que alterou o artigo 26 da Lei de Diretrizes e Bases da Educação Nacional, obrigando as escolas públicas e particulares a inserirem no currículo da Educação Básica o ensino da história e cultura afro-brasileira e africana, se tornou um marco legislativo para a educação de todas as pessoas, pois essa educação não é apenas *coisa de negro!*

Para o entendimento sobre a educação das relações étnico-raciais, nos reportemos ao Parecer CNE/CP 003/2004 das Diretrizes Curriculares Nacionais para a Educação das Relações Étnico-Raciais e para o Ensino de História e Cultura Afro-Brasileira e Africana, que explica a Erer através do referido objetivo:

---

17. Freire, 1980, p. 15.
18. Brasil, 2003.

[...] a divulgação e produção de conhecimentos, bem como de atitudes, posturas e valores que eduquem cidadãos quanto à pluralidade étnico-racial, tornando-os capazes de interagir e de negociar objetivos comuns que garantam, a todos, respeito aos direitos legais e valorização de identidade, na busca da consolidação da democracia brasileira[19].

Portanto, uma das primeiras ações da prática docente promotora de igualdade racial, pautada na pedagogia freireana e compromissada com a educação das relações étnico-raciais, é a luta e a participação na reestruturação curricular em busca de conhecimentos, empoderamentos e prática educativa que supere a relação entre o opressor e oprimido, no ambiente escolar e acadêmico e nas relações sociais. É este compromisso que vai ajudar a direcionar "positivamente as relações entre pessoas de diferentes pertencimentos étnico-raciais, no sentido do respeito e da correção de posturas, atitudes e palavras preconceituosas"[20].

Podemos inferir que a Erer é a problematização de uma aprendizagem de vida coletiva de forma respeitosa e democrática. É a socialização de histórias e culturas negadas. É a retomada de um processo de construção de identidades e de reconhecimento do outro. É ter sua existência refletida no outro. Conhecer sua história, saber sobre si e sobre o outro, suas condições, seus privilégios e/ou negações. Problematizar a condição de um sujeito conhecedor de sua existência, de sua realidade e das relações impostas e estabelecidas ao seu redor, pois:

> Quanto mais se problematizam os educandos, como seres no mundo e com o mundo, tanto mais se sentirão

---

19. Brasil, 2004a.
20. Brasil, 2004b.

desafiados. Tão mais desafiados, quanto mais obrigados a responder ao desafio. Desafiados, compreendem o desafio na própria ação de captá-lo[21].

Ou seja, para uma Erer, a prática docente precisa ser democrática e conhecedora dos conteúdos que pretende e que deve socializar, para que este ensinamento gere novas aprendizagens, desperte a disciplina intelectual, a expressividade, a curiosidade, a criatividade e a criticidade.

Educação como ato político

Buscando responder como uma prática docente embasada pela pedagogia freireana pode se comprometer com a educação das relações étnico-raciais, encontramos palavras emblemáticas como *inquietamento, curiosidade, criticidade, relação dialógica, indignação, libertação, conscientização* e *transformação*.

Para que estas palavras tenham sentido e se incorporem nesta prática antirracista, é importante sempre estar mais perto dos educandos e das educandas. Fazer da relação docente-discente um elo prazeroso e humanizado. Um espaço acadêmico com relação amigável e respeitosa contribui significativamente para um bom desempenho do processo de ensino e aprendizagem. Também, através dessa boa relação, podemos entender mais facilmente os porquês e as ausências que nossos educandos e educandas têm durante este processo e, assim, procurarmos cada vez mais praticar a solidariedade.

Dessa forma, conseguiremos desenvolver uma prática docente mais humana e mais prazerosa, na qual se constata que nossa função enquanto educadores e educadoras é, antes de

---

21. Freire, 2011, p. 98.

tudo, compreender a *educação como um ato político*. Para isso, é necessário conquistar aliados conscientes e autônomos para defender nossos sonhos – agora coletivos – com a clareza do que devemos renegar e do que queremos abraçar para construir uma sociedade inclusiva e antirracista.

Por isso, convocamos os educadores e as educadoras a se tornarem comprometidos, críticos, reflexivos e criativos para que deem início ou que continuem – para os que já começaram – as práticas transformadoras a partir das escolas. Contudo, é preciso entender que através de nossas práticas docentes podemos, na perspectiva da aprendizagem pedagógico-freireana, contribuir com a formação de grandes leitores e ampliar o universo cultural da criança, do jovem e/ou do adulto, valorizar sua identidade e proporcionar saberes, atitudes e competências para sua inclusão social.

Em tempos de disseminação de uma ideologia desumanizadora, chamada de escola sem partido, somos convocados e convocadas ao comprometimento para a assunção do poder político que temos, para que possamos contribuir com a transformação da realidade social em que se encontra o desmonte das políticas públicas no Brasil após o golpe político e midiático de 2016. Precisamos assumir nossa condição humana celebrando e vivenciando os 100 anos de vida do maior educador lutador da história, nosso patrono da educação, Paulo Freire. Presente, sempre!

A importância do ato de ler – as referências

BRASIL. *Parecer CNE/CP 003/2004* – Diretrizes Curriculares Nacionais para a Educação das Relações Étnico-Raciais e para o Ensino de História e Cultura Afro-Brasileira e Africana. Brasília: Diário Oficial da União, 2004a.

BRASIL. *Resolução CNE/CP 01/2004* – Diretrizes Curriculares Nacionais para a Educação das Relações Étnico-Raciais e para o Ensino de História e Cultura Afro-Brasileira e Africana. Brasília: Diário Oficial da União, 2004b.

BRASIL. *Lei n. 10.639*, de 9 de janeiro de 2003 – Altera a Lei n. 9.394/1996, para incluir no currículo oficial da rede de ensino a obrigatoriedade da temática História e Cultura Afro-Brasileira e Africana. Brasília: Diário Oficial da União, 10/01/2003.

FERNANDES, F. *A integração do negro na sociedade de classes*. São Paulo: Ática, 1978.

FREIRE, P. *Pedagogia do Oprimido*. 50. ed. São Paulo: Paz e Terra, 2011.

FREIRE, P. *Educação e mudança*. 27. ed. Rio de Janeiro: Paz e Terra, 2003.

FREIRE, P. *Ação cultural para a liberdade e outros escritos*. 9. ed. São Paulo: Paz e Terra, 2001.

FREIRE, P. *Educação como prática de liberdade*. 24. ed. São Paulo: Paz e Terra, 2000.

FREIRE, P. *Pedagogia da Autonomia* – Saberes necessários à prática educativa. São Paulo: Paz e Terra, 1996.

FREIRE, P. *Conscientização* – Teoria e prática da libertação. São Paulo: Moraes, 1980.

MBEMBE, A. *Necropolítica*. São Paulo, N-1, 2018.

VEIGA, I.P.A. *A prática pedagógica do professor de Didática*. 8. ed. Campinas: Papirus, 2004.

REIS, M.C. *Educação, identidade e história de vida de pessoas negras doutoras do Brasil*. Recife: UFPE, 2013.

11
Práticas de leitura da opressão

Um estudo semântico-argumentativo das vozes da opressão a partir de Paulo Freire

Julio Cesar Machado
Daniel Ribeiro de Almeida Chacon

O presente ensaio objetiva realizar uma reflexão das espessuras semânticas, e por isso sociais, da opressão, ação da qual não podemos nos furtar. Ora, nos ocuparemos aqui em refletir sobre o objeto freireano "opressão" – frisa-se: não outras opressões, mas a opressão na perspectiva freireana – à luz de uma importante abordagem francesa, qual seja: a Teoria Argumentativa da Polifonia (que se filia ao grande saber da Semântica Argumentativa)[1].

Revisitar Freire à luz dessa teoria francesa implica expor tal teoria linguística, *a priori*, e aplicá-la às apreensões de Freire, *a posteriori*, para, enfim, proceder um confronto produtivo entre esses dois saberes. Essa empreitada visa ser uma contribuição

---

1. Nosso esforço não consiste em uma proposição inaudita. Existem, pois, trabalhos, ainda que muito raros, que tentaram formalizar Paulo Freire pela perspectiva enunciativa ducrotiana e careleana. Citamos, como exemplo: Reis (2012) e Delanoy (2017).

audaciosa, mas robusta e plenamente científica, considerando o diálogo entre a Educação e a Linguística, a partir de um mesmo objeto e fenômeno: a enunciação da opressão e seus sentidos.

Intencionamos investigar as questões linguístico-semânticas que compreendem a "opressão": o objeto social, talvez o mais antigo do mundo, capaz de cofundar o objeto "sociedade", sendo esta democrática, oligárquica, autocrática ou etc., e ainda de (re)organizar e (re)configurar seus respectivos mecanismos formais ou informais de força.

Dispensando-nos de infinitas citações, podemos reconhecer, inicialmente e a título de contextualização básica, ao menos quatro modos de se enunciar a opressão. Como bem registra (ou não) a hodistória, temos, por vezes: a voz da *opressão física* (tirana, truculenta); a *opressão emblemática* (ameaçadora, silenciadora); a *opressão burocrática* (normativizadora, proibitiva, punitiva); e a sagaz *opressão sutil* (sedutora, enganadora, dócil e traidora). Oprimir, para uma ciência de base linguístico-enunciativa, é saber apropriar-se da linguagem (qual seja: verbal, gestual, artística etc.) para enunciar modos de exploração diversos[2]. Impor-se pela linguagem monológica é uma prática enunciativa antiga e, evidentemente, atual.

Observando os infindos modos de enunciar a opressão (pela palavra verbal ou silenciosa), podemos dizer que os interlocutores da voz opressora são inimigos ou amigos, já que linguagem autoritária toma terras e direitos, do mesmo modo

---

2. Evidentemente, não é objetivo deste capítulo definir lexicalmente ou diacronicamente a palavra "opressão" (que, para a abordagem desse artigo, não é uma palavra, mas um *acontecimento produzido pela linguagem*). O presente ensaio visa realizar uma análise semântico-enunciativa do fenômeno da opressão, e seus muitos sentidos, e não do seu léxico ou de sua etimologia, ou diacronia, o que reduziria este *corpus* a uma categorização e abordagem gramático-normativa.

que toma doces e favores. Já temos um conceito base: oprimir é, em Linguística, enunciar a exploração e a injustiça de modo desagradável, mas, principalmente, de modo agradável. Um olhar atento para os discursos da opressão, já bem avançados em todas as sociedades, conseguirá identificar tanto expressões imperativas, como "não há dinheiro para escolas", ou expressões estratégico-impeditivas, como "estudar é difícil". O modo opressor dessas duas enunciações produz efeitos distintos, mas convergentes: o conformar-se com a privação do estudo. Isso se daria porque não há dinheiro, efeito mais polemizável, ou porque é difícil, efeito mais conformável.

Ressalvando o quanto é difícil fazer Freire se filiar a um saber apenas[3], iremos situar a "opressão" – objeto descritível e operável por Freire em bases sociopedagógicas e políticas. Nesse contexto, proporemos revisitar o autor à luz dos teóricos Carel e Ducrot para, desse modo, propor um olhar para a *enunciação da opressão*; esta que é descritível e operável por bases linguístico-enunciativas, ou polifônicas. Faremos isso, especificamente, refletindo os sentidos oriundos dos discursos da opressão (que chamaremos análise polifônica dos discursos de opressão).

1 Bases teóricas: enunciação e opressão

Como dito e visto, nosso ensaio tem duas filiações científicas maiores: a Semântica e a Enunciação. A Enunciação é um braço da Linguística que se ocupa da língua em funcionamento. Logo, todo linguista sabe que é possível realizar análises sobre linguagens em duas configurações principais.

---

3. Dentre fartas citações nessa direção, temos, por exemplo, a afirmação de Barbosa (2017, p. 25): "A *Pedagogia do Oprimido* é filosofia, sociologia, educação, e, sobretudo, um tratado de epistemologia".

Ou seja: independemente do objetivo de uma pesquisa que se vale da linguagem (questões semânticas, gramaticais, de letramento, alfabetização, filosóficas, políticas etc.), pode-se tomar a língua *fora de funcionamento*, atentando-se, por exemplo, a pesquisas sobre ortografia, sintaxe, regras de coordenação ou subordinação, divisões métricas e silábicas para sonetos ou rimas, sinonimização para fins estilísticos, estudos comparativos de línguas etc.; ou se pode tomar a língua *em funcionamento*, desenvolvendo-se, por exemplo, pesquisas voltadas para determinações dêiticas aplicadas: quem fala, onde, quando e como fala, e quais efeitos determinados enunciados produzem[4]. É essa segunda postura, a enunciativa, da língua em uso, que nos interessa aqui.

Por exemplo, a frase "Fi-lo porque qui-lo"[5], quando analisável pela primeira vertente, da linguagem fora de uso, seria reduzida a um exercício pronominal, de entrelace entre verbos e pronomes terminados em "z". Mas quando analisável pela segunda vertente, da linguagem em uso, contextualizável, prevê os sentidos dos dêiticos: quem fez? ("Fi-") e o que foi feito? ("-lo"). E, ainda, o sentido torna-se todo particular, ao se saber que um presidente foi quem enunciou essa frase (o que dá um efeito todo autoritário, ou ainda, misterioso, pois o contexto dessa enunciação foi o da histórica renúncia de 1961).

---

4. Outro fator de compatibilidade teórica entre Freire e as teorias da enunciação linguística: um dos cernes metodológicos de teoria de Freire é o ensino/prática da identificação dêitica: "[...] tanto no caso do processo educativo quanto no do ato político, uma das questões fundamentais seja a clareza em torno de *a favor de quem e do quê*, portanto *contra quem e contra o quê*, fazemos a educação e de *a favor de quem e do que*, portanto *contra quem e contra o quê*, desenvolvemos a atividade política" (FREIRE, 1985, p. 27).
5. Frase que teria sido supostamente enunciada pelo ex-Presidente Jânio Quadros para explicar sua renúncia em 1961. Fato jamais comprovado.

Dessa feita, o que nos interessa enquanto teóricos atentos à opressão freireana não são as palavras ou frases da opressão, mas a enunciação das palavras ou frases da opressão. Por exemplo, as palavras da frase imperativa: "eu te ordeno X", pela perspectiva adotada, terá como foco a enunciação dessa frase opressiva: quem, quando, onde e em quais circunstâncias diz "X", e, principalmente, *como se diz* "X". Por exemplo, um opressor é capaz de pôr o conteúdo "eu te ordeno X" através da enunciação de palavras dóceis como: "me ajude com X" ou "sei que você é bondoso, por favor, preciso de X".

Assim, temos já uma coerência teórico-científica entre Freire, Carel e Ducrot: uma abordagem enunciativa (que os linguistas nomeiam de língua em condições enunciativas e Freire nomeia de "palavra verdadeira" e "pronúncia do mundo", dentre outros termos). Longe de uma equiparação ingênua, reforça-se: as duas epistemologias são autônomas, mas elas se solidificam cientificamente, quando trabalhadas em parceria teórica.

Historicamente, a sistematização da enunciação desdobrou-se em inúmeras escolas. Deixando uma envergadura histórica de lado, reiteramos a clássica definição do fenômeno da enunciação de Benveniste: "a enunciação é este colocar em funcionamento a língua por um ato individual de utilização"[6].

Assumimos aqui essa postura metodológica clássica, essa divisão comum na Linguística da Enunciação, para a qual o objeto *linguagem* é um fenômeno desdobrável em duas faces: a face de um sistema "fora de uso" (chamada *língua*) e a face de um sistema "em uso" (chamada *enunciação*, ou *discurso*), conforme explica Benveniste, renomado teorizador da enun-

---

6. Benveniste, 2006, p. 82.

ciação: "a enunciação supõe a conversão individual da língua em discurso"[7]. É, portanto, a dimensão enunciativa, ou discursiva, a mais adequada para fundamentação teórica de nossas análises.

2 Uma primeira análise enunciativa: a opressão implícita

De acordo com Ducrot[8], a língua (fora de qualquer uso) possui apenas *significação* (significação "literal", engessada, etimológica); e a enunciação (língua em uso) produz *sentido* (efeito não engessado, mutável, i.e., uma mesma frase pode ter vários sentidos em diferentes contextos).

Amparados pela teoria da enunciação, podemos estabelecer uma interessante relação entre uma abordagem semântico-enunciativa e a configuração oprimido-opressor freireana. É constitutividade do *sentido* de qualquer *enunciação opressora* a marca do imperativo, da ordem. O imperativo, veremos adiante, pode ser explícito (por exemplo: "faça", "pegue", "vá", "leve", "entregue" etc.) ou pode ser implícito (por exemplo: "é bom que se faça", "você não gostaria de ser considerado um bom empregado?", "trabalhar de graça é o melhor caminho para se fazer currículo", "o voluntariado enaltece nosso valor de mercado" etc.). Ducrot contribui na abordagem freireana do quadro opressor-oprimido, ao afirmar que há coisas que, embora não ditas, estão significadas[9]. E isso ocorre com a opressão moderna: ela não é dita, mas é significada. Para Ducrot, pode-se falar em dois níveis: *explícitos*

---

7. Ibid., p. 83.
8. Ducrot, 1987
9. Ducrot, 1972; 1987.

(visíveis, audíveis) ou *implícitos* (não visíveis, não audíveis, mas significáveis)[10].

A intimidação, por exemplo, funciona em um alto nível implícito. Como quando, em cidades menores, um grande produtor enuncia a um comerciante menor: "passei para saber se a sua família vai bem", declaração que produz o *sentido* ameaçador, *implícito*: "se não fizer o que nós maiores mandamos, sua família vai se machucar".

Ducrot tem uma atenção toda especial para o fenômeno implícito. Para esse linguista, a prática enunciativa do mundo (falar qualquer coisa) tem uma tripla constituição: o que significam os sentidos dos enunciados (o que querem dizer os ditos), quais as marcas da enunciação inerentes ao enunciado dito (os contextos do dizer) e a que nível a enunciação foi produzida (o que foi dito é explícito – audível se falado, visível se escrito – ou implícito – não audível se falado, não visível se escrito, mas ambos significados).

Baseado em Ducrot, podemos falar em opressão implícita (ou sentidos de opressão velados, oriundos de enunciações implícitas de opressão). Assim, por exemplo, quando um locutor dá ordem imperativa explícita ("ao trabalho, brasileiros!"), em um cenário de pandemia agravada e espaço de trabalho em risco, de gravidade em nível fatal, não está dito (mas está significado) que se envia a massa para o risco de vida. Temos, assim, um exemplo clássico de autoridade opressora (que ordena o risco) e trabalhador oprimido (que vai se arriscar, morrer, e ser reposto). Pois, conforme Ducrot: "Não basta, para descrever a fala de alguém, indicar 'aquilo que esse alguém

---

10. Ducrot, 1972.

disse'; é preciso ainda precisar a que nível o disse"[11]: explícito ou implícito.

No que tange à dimensão linguística aqui adotada, apresentado os pares básicos, língua/enunciação, significação/sentido e explícito/implícito, deixamos clara nossa filiação para este ensaio, que reflete o fenômeno de enunciações da opressão pelos níveis: enunciação, sentido e implícito; níveis esses de forte aderência ao arcabouço teórico freireano.

Na sequência, nosso próximo avanço teórico é detalhar que os sentidos da opressão implícitos (a opressão implícita) são identificáveis pela *leitura polifônica*.

3 A Teoria da Argumentação Polifônica

Além da Enunciação, o outro braço teórico ao qual se filia nossa investigação é a Semântica, especificamente a Semântica Argumentativa. Nesse saber, há certo arcabouço teórico que se ocupa dos estudos das vozes: a Teoria da Argumentação Polifônica.

O termo polifonia é oriundo dos estudos literários realizados por Bakhtin, mas formalizados por Oswald Ducrot, na década de oitenta, e atualmente é desenvolvido por Marion Carel, em Paris, França.

A tese básica da Teoria Polifônica da Enunciação (primeiro nome dado por Ducrot) nasceu do questionamento sobre a unicidade do sujeito de um enunciado. Isto é, segundo tal perspectiva, não há apenas um personagem, uma só "voz", que põe certo enunciado (a monofonia, i. e.: só uma voz põe os conteúdos

---

11. Ducrot, 1984, p. 394.

de um mesmo enunciado), mas todo enunciado é constituído de "várias vozes" (a polifonia, i.e.: várias vozes põem os conteúdos de um mesmo enunciado).

Damos, como exemplo, o relato de um estudante que, após ouvir constantemente sua professora dizer que "a escola é importante para você ter um futuro", quando questionado "Por que você estuda?", a resposta tende a ser justamente a voz de sua professora: "Eu estudo porque quero ter um futuro". A teoria da polifonia explicita que o projeto desse enunciado é apresentar a voz da professora através da voz do aluno. Portanto, esse curto exemplo evidencia a polifonia (a voz da professora na voz do aluno). Uma leitura fina detectará que o conteúdo "ter um futuro", posto pelo aluno, é, na verdade, a voz de outro sujeito, recuperado no acontecimento da enunciação.

Ducrot, fundador da polifonia argumentativa, defende a tese de que "é o objeto próprio de uma concepção polifônica do sentido mostrar como o enunciado assinala, na sua enunciação, a superposição de diversas vozes"[12]. Para Carel e Ducrot[13], a polifonia é "como a coexistência de muitas falas no interior de um só enunciado". Dito teoricamente, Ducrot defenderá que o trabalho de um locutor não é somente "falar", é principalmente "apresentar conteúdos" através de outras vozes.

Como este capítulo não tem fins de exposições teóricas profundas, passaremos a apresentar, de modo mais sucinto, as bases da Teoria da Argumentação Polifônica. Como vimos e seu próprio nome indica, a teoria polifônica assevera que, em qual-

---

12. Ducrot, 1984, p. 183. Tradução nossa.
13. Do original: "[...] la polyphonie comme la co-existence de plusieurs paroles à l'intérieur d'un seul énoncé" (CAREL; DUCROT, 2009, p. 34).

quer enunciado, temos "várias vozes falando" (a maioria delas, implícitas). Consideremos o enunciado:

(1) "toda criança tem direito a aprender a ler".

O advérbio e substantivo "toda criança" sugere ao menos duas vozes:
- Voz 1: há crianças que têm o direito de aprender a ler.
- Voz 2: há crianças que não têm o direito de aprender a ler.

E o verbo transitivo direto e seu complemento "aprender a ler" revelam outra dupla de vozes:
- Voz 3: há crianças que aprendem a ler, e
- Voz 4: há crianças que não aprendem a ler.

Para o leitor atento, é perceptível que só alguns desses conteúdos são explícitos (visíveis ou audíveis), pois em qualquer enunciado, há sempre conteúdos implícitos (não visíveis ou não audíveis, mas significados) ou, como prefere Ducrot, não ditos, mas significados. Não se trata aqui de atentar-se para palavras, artigos, pronomes e verbos, mas de atentar-se para conteúdos significantes. Por exemplo, ao dizer

(2) "Meu bairro está abandonado".

Tal locutor mobiliza a voz 1: "meu bairro está abandonado"; a voz 2: "há bairros que não estão abandonados"; a voz 3: "alguém não se ocupa do meu bairro"; a voz 4: "alguém está encarregado de ocupar-se do meu bairro"; além da voz 5: "não realizar certas tarefas no bairro". Esta, a 5, faz significar o abandono e está em detrimento à voz 6: "deve-se realizar certas tarefas em todo bairro". Minimamente, portanto, identificam-se seis vozes em um único enunciado.

Ao inserir Freire nessa abordagem enunciativa, vemos que o sentido de opressão é revelado no conjunto dessas vozes. É importante dizer, frisar, que o enunciado "meu bairro está abandonado" não objetiva informar um abandono, senão, pela teoria em foco, apresentar as vozes, apresentar os conteúdos em torno do enunciado do abandono que, no seu conjunto, significa a opressão passiva de não obrar o que é de direito em certo bairro.

4 Freire e a Teoria Argumentativa da Polifonia: a conscientização linguística

Formalizemos, pois, o criticismo freireano, a partir do arcabouço teórico da Teoria Argumentativa da Polifonia (doravante, TAP). Ora, para uma análise mais substancial da questão, observemos um polêmico enunciado do candidato às eleições presidenciais do Brasil em 2018, João Amoêdo:

> (3) O que queremos: combater a pobreza e não necessariamente a desigualdade. Somos, felizmente, diferentes por natureza. O combate à pobreza de [sic] faz com o crescimento e a criação de riqueza, e não com a sua distribuição[14].

A priori, a proposta de combate à pobreza se apresenta deveras sedutora. Contudo, se tomarmos o enunciado com maior acuidade, perceberemos um intento de justificativa da desigualdade social num apelo falacioso às diferenças naturais. A teoria polifônica nos permite vislumbrar dois grupos de vozes em (3):

---

14. Publicação original no Twitter oficial do João Amoêdo em 11 de dezembro de 2017.

Grupo 1 (*posto* pelo locutor):

- Voz 1: devemos combater a pobreza.
- Voz 2: Somos diferentes por natureza.
- Voz 3: combate-se a pobreza por meio do crescimento e criação da riqueza.

Grupo 2 (*excluído* pelo locutor):

- Voz 4: Devemos combater a desigualdade.
- Voz 5: Combate-se a pobreza por meio da distribuição da riqueza.

O projeto do enunciado (3) explicita todas as cinco vozes, assumindo o grupo 1 e refutando o grupo 2. Nesse cenário discursivo, os problemas sociais atinentes à concentração de renda no país são, de certo modo, legitimados em face de nossas dissimilitudes no campo biológico, natural.

Na sequência, queremos refletir sobre *vozes interdiscursivas*. Estas são aquelas próprias do conhecimento prévio, as "já-sabidas" – o que alguém já sabe sobre certo tema[15]. Por exemplo, diante do discurso "opressão na escola", os interlocutores vão "se lembrar" de uma série de vozes interdiscursivas, tais como a voz "da opressão pelo *bullying*", a voz "da opressão por castigos físicos antigos", a voz "da opressão por punições indiretas", a voz "da opressão de gênero", a voz "da opressão racial" etc. Grosso modo, interdiscursos são as vozes que direta ou indiretamente atravessam o sentido de um enunciado.

De alguma forma, portanto, o discurso (3) traz, além das cinco vozes supracitadas, o eco de duas outras vozes, agora in-

---

15. O interdiscurso é trabalhado, no Brasil, sobretudo à luz das pesquisas de Michel Pêcheux. Para aprofundamentos, cf. *Les verités de la palice* (PÊCHEUX, 1975); e nosso trabalho *Uma leitura argumentativa do interdiscurso* (MACHADO, 2019).

terdiscursivas (que não estão explicitadas no discurso, mas são rememoradas pelo discurso):

Grupo 3: (*interdiscursivizado* pelo locutor):
- Voz 6: o darwinismo social.
- Voz 7: o holocausto alemão.

Nesse sentido, o enunciado (3) requer uma análise mais atenta da voz que assume um tom semelhante a um conjunto de teorias sociais difundidas no século XIX e início do século XX, historicamente conhecidas sob a alcunha de Darwinismo Social. De acordo com essa concepção, as relações de dominação e hierarquização das sociedades humanas se justificariam em virtude das diferenças naturais. Sociedades que apresentassem maior desenvolvimento ou aptidão biológica, leia-se aqui a capacidade física e intelectual consideradas por alguns como sendo superiores, possuiriam, pois, legitimidade para governar sobre as demais. As diferenças biológicas explicariam, portanto, a desigualdade de condições e justificariam as próprias relações de opressão e dominação.

Muito embora o Darwinismo Social não seja o objeto do nosso ensaio, é importante, para nossa análise, destacarmos as consequências nefastas dessa concepção que, historicamente, encarnaram-se no fatídico Holocausto promovido pela Alemanha nazista. Os ideais de eugenia, racismo e imperialismo, característicos das ideologias fascistas e, consequentemente, responsáveis por uma série de barbáries e genocídios ocorridos, sobretudo, durante a Segunda Grande Guerra, encontraram no Darwinismo Social sua legitimação última.

Deste modo, em (3), a voz interdiscursiva do darwinismo social, justificação das desigualdades sociais em razão das diferenças biológicas, é, além de perversa, racionalmente insustentável. Não é preciso expandir aqui um arrazoado sobre a refuta imediata do grupo 3, acima, pela ciência hodierna. Limitar-nos-emos a corroborar que as razões que explicam a impiedosa realidade das desigualdades sociais são de ordem histórica, política e econômica, mas jamais constitutivas do ser do humano – ontológicas.

Nesse sentido, nenhum indivíduo é intrinsecamente programado ou destinado para a privação e desumanização; ou, em termos freireanos, para o ser menos. As pessoas que vivem em condições de aviltamento e penúria social se encontram nesse cenário devido a uma profunda distorção histórica, e não em razão de sua própria constituição biológica.

Nessa voz do enunciado (3), há uma astúcia singular, qual seja: valendo-se de um discurso frívolo sobre "crescimento e concentração da riqueza do rico" (conteúdo apresentado como "forma correta de combater a pobreza"), objetiva-se captar a adesão popular a um projeto político que, em última instância, intenciona a ampliação das desigualdades econômicas. Há, assim, uma transversalidade que escapa a leitores mais desatentos, a qual (3) prevê uma argumentação de proporcionalidade: o endossar o fortalecimento da riqueza do rico, a partir da concentração do capital monetário nas mãos de poucos. Mas isso é igualmente proporcional a fortalecer a pobreza do pobre e desconcentrar/pulverizar, ainda mais, o capital monetário das mãos de muitos. Em outras palavras, se o quantitativo econômico não é infinito, toda centrípeta econômica (o enriquecimento do rico) acarreta uma centrífuga econômica (o empobrecimento do pobre).

O sentido de opressão, no enunciado (3), desenha-se nesse contexto de inversão: o combate à pobreza deveria ser um esforço de superação dessas distorções histórico-sociais a que o enunciado (3) se furta a fazê-lo, e não de aumento da concentração de riquezas sob falsas justificativas.

Nesse sentido, a acepção freireana da opressão nos oferece pistas fundamentais para analisarmos melhor os problemas do enunciado (3), especialmente na voz que assume um tom de Darwinismo Social. De acordo com Freire, a opressão, enquanto uma distorção histórica, não possui raízes ontológicas[16]. Os efeitos deletérios e inalienáveis da lógica de opressão do sistema capitalista não dizem de uma realidade inelutável, intrínseca aos seres humanos. A apologia ao capitalismo como um quase fim da história é um discurso perverso que precisa ser sumariamente debelado:

> Não posso, por isso, cruzar os braços fatalisticamente diante da miséria, esvaziando, desta maneira, minha responsabilidade no discurso cínico e "morno", que fala da impossibilidade de mudar porque a realidade é mesmo assim. O discurso da acomodação ou de sua defesa, o discurso da exaltação do silêncio imposto de que resulta a imobilidade dos silenciados, o discurso do elogio da adaptação tomada como fado ou sina é um discurso negador da humanização de cuja responsabilidade não podemos nos eximir"[17].

Destarte, em Freire a dimensão do discurso e da análise dos enunciados não está desassociada da luta histórico-social. Para Freire, os discursos devem acontecer proficuamente na direção

---

16. Para um aprofundamento da questão, faz-se necessária uma discussão maior da antropologia filosófica freireana. Contudo, por não ser nosso objetivo aqui, sugerimos a leitura do capítulo desta obra, intitulado Filosofia e Educação: o ideário humanista em Paulo Freire.

17. Freire, 2015b, p. 73-74.

de produzirem, nos espaços em que se dão (escolares ou não), como uma práxis (ação-reflexão) conscientizadora. Urge, assim, que a classe oprimida desenvolva a capacidade crítica de ler a polifonia dos vários conteúdos veiculados pelos enunciados da classe opressora, mesmo que aparentemente brandos, amigáveis e cavalheiros.

Nesse sentido, o criticismo freireano nos interpela profundamente, direcionando nossa atenção também para o quadro político e sociocultural dos enunciados. Fazemos menção aqui à famigerada frase "Eva viu a uva". Conforme Freire, necessário se faz "compreender qual a posição que Eva ocupa no seu contexto social, quem trabalha para produzir a uva e quem lucra com esse trabalho"[18]. Tecnicamente, dito pela Semântica Argumentativa, trata-se da leitura crítica que sempre entrecruza "significações de língua" com "significações da opressão". Ou seja: uma leitura bem particular cuja estratégia não é considerar como objeto de leitura "um texto isolado em si", mas entender que "todo texto é passível de uma leitura polifônica sobre opressão".

A leitura sociocultural e política dos enunciados é, desse modo, uma exigência indeclinável da pedagogia transformadora proposta por Freire, que pode ser operável pela Semântica Argumentativa, como temos mostrado. A conscientização freireana, em perspectiva semântico-argumentativa, implica, portanto, a possibilidade do vislumbre da polifonia sobre a opressão, dos discursos e dos contextos em que são produzidos. Ler as vozes implícitas, além dos conteúdos explícitos postos pelos(as) opressores(as), e agir de modo a combatê-las, é conscientizar-

---

18. Freire, 2006, p. 56.

-se. É ressignificar-se e transformar-se numa passagem da consciência ingênua e mágica para uma conscientização crítica.

5 Discurso da transformação e liberdade

Passemos a refletir o conceito de transformação que, enunciativamente, pode ser assim pensado: existe o *discurso inautêntico* (para Freire, a palavra inautêntica), ou seja, o "blá-blá-blá", a "palavra oca", alheia à realidade; e o *discurso transformador* (para Freire, a palavra verdadeira), enunciável por sujeitos conscientes:

> Daí dizer que a palavra verdadeira seja transformar o mundo. A palavra inautêntica, por outro lado, com que não se pode transformar a realidade, resulta da dicotomia que se estabelece entre seus elementos constituintes. Assim é que, esgotada a palavra de sua dimensão de ação, sacrificada, automaticamente, a reflexão também, se transforma em palavreria, verbalismo, blá-blá-blá. Por tudo isto, alienada e alienante. É uma palavra oca, da qual não se pode esperar a denúncia do mundo, pois que não há denúncia verdadeira sem compromisso de transformação, nem este sem ação[19].

Os discursos transformadores são, em Semântica Argumentativa, a habilidade da percepção das várias vozes opressoras/oprimidas, em quaisquer discursos, que Freire identifica como o "saber ler o mundo" e também agir sobre ele. Esses discursos inserem o jogo enunciativo dos locutores oprimidos(as)/opressores(as) na dinâmica dialógica da liberdade.

A noção freireana de liberdade também merece uma reflexão linguística. Enunciar a liberdade é, antes de tudo, com-

---

19. Freire, 2018, p. 107-108.

preender os mecanismos de opressão e saber o que fazer com isso. Enunciar a liberdade é resultado de muitos e árduos debates transformacionais.

Freire faz ver a dinâmica dos incontáveis discursos sociais (e pedagógicos) sob o eixo da opressão, o que desvela o sentido, talvez primeiro, de que não se sabe que é oprimido(a). A liberdade, nesse jogo, é conquistável. É nível alto de processo. A enunciação da liberdade é passo de maturidade. Isso porque só enuncia a liberdade quem consegue ler as vozes polifônicas da enunciação da opressão (o que muitos não conseguirão; p. ex., posturas escolares mais impositivas do que críticas, em várias frentes teóricas). A liberdade é gesto enunciativo de refinamento tal como deixar a caverna da alegoria de Platão e enfrentar o desconforto do desconhecido, ou tal como ter a coragem de deixar a escravidão disfarçada com sabor delicioso de cebolas do Egito para enfrentar a liberdade de um deserto sem cebolas:

> A libertação, por isso, é um parto. E um parto doloroso. O homem que nasce deste parto é um homem novo que só é viável na e pela superação da contradição opressores-oprimidos, que é a libertação de todos. A superação da contradição é o parto que traz ao mundo este homem novo não mais opressor; não mais oprimido, mas homem libertando-se[20].

A prática enunciativa da liberdade (diálogo entre interlocutores que conta com ao menos um locutor consciente, com fins transformacionais de suas realidades) é, em Freire, como vimos, uma metodologia com marcante faceta linguística, o que justifica ainda mais um necessário e produtivo aprofundamento da teoria freireana por bases das teorias linguísticas, como a TAP,

---

20. Freire, 2008, p. 48.

alvo deste ensaio. Um exemplo dessa coerência são, dentre tantos outros conceitos freireanos – que têm aderência e predisposição de robustez de análise científica se pensados pela Linguística –, os termos técnicos de *palavra* (que chamamos discurso transformacional), método cabal de Freire[21] para a produção da liberdade, engajada na *práxis* (uso da palavra não de forma estilística, mero-informacional, mas uso crítico: ação + reflexão). Ducrot ajuda a compreender como a tomada da palavra se dá no mundo e, por isso, como se soergue e como se desmantela o jogo da opressão, sob um olhar enunciativo:

> Tomar a palavra não é, de fato, ao menos nas formas de civilização que nós conhecemos, nem um ato livre, nem um ato gratuito. Não é livre, no sentido de que certas condições devem ser preenchidas para que tenhamos o direito de falar, e de falar em tal ou tal modo. Não é gratuito, no sentido de que toda palavra deve se apresentar como motivada, como respondendo a certas necessidades ou visando a certos fins[22].

Do ponto de vista deste ensaio, a opressão é, também, um fenômeno linguístico: oprimir é saber tomar a palavra. É ter esse direito (que alguém consentiu). Tal como se defender da opressão é também tomar a palavra. Por isso, por exemplo, que indígenas, não falantes de língua portuguesa, e muito menos não falantes de gêneros jurídicos tendem a não conseguir se defender da opressão.

---

21. Freire 2018, p. 107-108.
22. Do original: "L'acte de prendre la parole n'est en effet, au moins dans les formes de civilisation que nous connaissons, ni un acte libre, ni un acte gratuit. Il n'est pas libre, en ce sens que certaines conditions doivent être remplies pour u'on ait le droit de parler, et de parler de telle ou telle façon. Il n'est pas gratuit, en ce sens que toute parole doit se présenter comme motivée, comme répondant à certains besoins ou visant à certaines fins" (DUCROT, 1972, p. 8).

As escolas, amiúde, equivocam-se por não trabalharem mais o falar "a" língua (tecnicamente, elas desconsideram os trabalhos sobre práticas de letramentos, os que incluem o social na linguagem) e por preferirem se alienar no falar "sobre" a língua (tecnicamente, elas privilegiam os trabalhos de metalinguagem, categorizações de gramáticas normativas, os quais excluem o social da linguagem). Se tomar a palavra não é ato gratuito, deve-se saber adquirir e construir socialmente esse direito, envergadura ainda resistente em muitas escolas.

Nesse contexto, Freire propõe a noção de *pronúncia*, que problematiza o mundo e o modifica. Dito enunciativamente, pronunciar é enunciar as faces sócio-políticas do mundo. Por exemplo, tomemos a expressão tradicional dos antigos livros de história brasileiros (já deixada de lado): "descobrimento do Brasil"[23]. A pronúncia freireana logo problematiza: por que descoberta, se já havia povos aqui? A respeito desse questionamento, a teoria polifônica elucida e dá a sua contribuição: essa expressão *põe* uma voz etnocêntrica europeia (descobriu-se para os Europeus) e *exclui* uma voz brasileira nativa (ao contrário do que essa expressão diz, não havia só mata no Brasil, havia aqui uma população indígena com cerca de 3 milhões de habitantes, fato conhecido por poucos até hoje, devido ao silenciamento da voz desses nossos primeiros brasileiros). É a pronúncia que revela essa palavra-voz eufemística "descobrimento" que encobre a palavra-voz "escravidão" e a palavra-voz "genocídio", tentando apagar o interdiscurso da opressão ao indígena e, ainda, corroborar com o discurso poético da carta idílica de Caminha,

---

[23]. Para aprofundamentos sobre essa problemática sobre o "descobrimento do Brasil", cf. G1, 2013 [Disponível em http://g1.globo.com/pernambuco/vestibular-e-educacao/noticia/2013/10/descobrimento-foi-na-verdade-uma-invasao-terra-dos-indios.html – Acesso em 09/03/2021].

que instaura o Eden de Adão e Eva na nova colônia brasileira, banhada a dor, sangue e lágrimas, e de detalhes varridos para debaixo do tapete.

É a pronúncia freireana que nos provoca sobre essa sociedade indígena brasileira calada pela expressão "descobrimento do Brasil": se lhes fosse dada a voz, não seria mais adequado nomear o evento da chegada dos europeus como "invasão brasileira"?

O efeito de liberdade nasce nas problematizações sobre o não questionado, que reconfigura o jogo dialógico do mundo, agora por locutores desengajados do monólogo opressor-oprimido. É a palavra (que se desdobra em pronúncia), a condição, o método, o caminho para a produção do sentido de liberdade (estágio humano desprovido de opressão). Quem compreende como funciona o "tomar a palavra" sabe oprimir e libertar-se, porque palavra não é código, palavra é política.

Considerações finais

É evidente que existem multiformas de leituras aplicadas a pluralidades normativas, governamentais, escolares, gramaticais, tecnológicas etc. Mas é fato mais forte que "saber ler", ainda em todo tesouro que essa expressão aguarda por ser descoberto, reclama sujeitos *curiosos* e *corajosos*. O mundo reclama tais sujeitos, curiosos para conscientizar e conscientizar-se em laboratórios experienciais de leitura[24] – aquela leitura que desorganiza para depois organizar –, os quais estejam dispostos a se trans-

---
24. Nessa linha, p. ex., inserem-se as excelentes experiências da Faculdade de Educação de Belo Horizonte – FaE-UEMG, nomeadas de AIP, cujo escopo é transcender a estrutura "aula", de posição estanque docente-discente-conteúdo, em dialogismo criativo-formador, em um esforço de se esquivar de modelos prévios do gênero aula.

formar em meio ao processo, a serem corajosos para deixar o conforto de um mundo "já pronto" (pronto para ser menos), ressignificando-se em liberdade de querer ser mais.

Tecnicamente, temos, ao menos, o entrecruzamento de três pressupostos teóricos neste ensaio: os discursos sobre a Educação pressupõem "aprender a ler", o que, para Freire, aparece na interrogativa com teor político, "ler para quê, e para quem?" Para a Semântica Argumentativa de Ducrot e Carel, esse fazer reflexivo é formalizado no "como ler as muitas vozes explícitas e implícitas dos enunciados, que argumentam para sentidos não ditos, mas significados". Posto isso, propomos aqui um triangulamento teórico rumo à liberdade freireana.

Nosso ensaio é um exercício de liberdade, para curiosos e corajosos. Liberdade que se alcança por árduo parto de nós mesmos, mediante o requinte de um sujeito que se incomoda com o óbvio do ser menos, atributo vendido como confortável, mas, na essência, doloroso. Esse exercício de liberdade alude a um sujeito-águia, que não se aceita galinha no galinheiro limitado por pensamentos que não o permitem ser o que deveria ser. As águias que se aceitam galinhas e as águias que se descobriram águias são duas posições bem tênues, e somente visíveis após muito esforço (estamos falando de anos e décadas). Por tal pertinente metáfora, este ensaio, de cunho teórico provocativo, pretendeu indagar o galinheiro do sempre-menos enquanto uma configuração política, onde se reconhecer águia em cenário hostil e usufruir o direito de voar é consciência política que se esmera em luta, e luta que se faz aprendendo a ler o mundo. A águia voou, mas voou também porque soube ler o galinheiro.

Referências

BARBOSA, A.M. "Sobre a *Pedagogia do Oprimido*". In: FREIRE, A.M.A. *Pedagogia da Libertação em Paulo Freire*. São Paulo/Rio de Janeiro: Paz e Terra, 2017, p. 25-26.

CAREL, M. *L'entrelacement argumentatif*. Paris: Honoré, 2011.

DELANOY, C.P. "O papel da transgressão no discurso". In: UNIVERSIDADE FEDERAL DO RIO GRANDE. *Anais de textos completos do 6º Seminário Nacional de Linguística e Ensino de Língua Portuguesa*. Rio Grande: Furg, 2017, p. 168-178 [Disponível em https://senallp.furg.br/images/Anais-de-textos-6SENALLP.pdf – Acesso em 29/03/2020].

DUCROT, O. *O dizer e o dito*. Campinas: Pontes, 1987.

DUCROT, O. "Pressuposição e alusão". In: ROMANO, R. *Enciclopédia Einaudi*. Lisboa: Casa da Moeda, 1984.

DUCROT, O. *Dire et ne pas dire*. Paris: Hermann, 1972.

FREIRE, P. *Pedagogia do Oprimido*. Rio de Janeiro: Paz e Terra, 2018.

FREIRE, P. *A educação na cidade*. 7. ed. São Paulo: Cortez, 2006.

FREIRE, P. *A importância do ato de ler*. São Paulo: Cortez/Autores Associados, 1985.

G1. *Descobrimento foi, na verdade, uma invasão à terra dos índios*, 2013 [Disponível em http://g1.globo.com/pernambuco/vestibular-e-educacao/noticia/2013/10/descobrimento-foi-na-verdade-uma-invasao-terra-dos-indios.html – Acesso em 09/03/2021].

GIROUX, H.A. "Recordando o legado da *Pedagogia do Oprimido*". In: FREIRE, A.M.A. *Pedagogia da Libertação em Paulo Freire*. São Paulo/Rio de Janeiro: Paz e Terra, 2017, p. 43-48.

Irresistível – Seis sinais que seu relacionamento não é saudável, 2020 [Disponível em https://irresistivel.com.br/6-sinais-de-que-seu-relacionamento-nao-e-saudavel/ – Acesso em 24/03/2020].

MACHADO, J.C. "Análise de discurso e semântica argumentativa: uma leitura argumentativa do interdiscurso". In: *Signo*, Santa Cruz do Sul, vol. 44, n. 80, mai.-ago./2019, p. 44-58.

MAZUI, G. *Em discurso, Paulo Guedes pede desculpas às empregadas domésticas*, 2020 [Disponível em https://g1.globo.com/politica/noticia/2020/02/20/em-discurso-paulo-guedes-pede-desculpas-as-empregadas-domesticas.ghtml – Acesso em 24/03/2020].

Nossa Política – Notícias: isolamento é a maior imbecilidade da história da humanidade, 2020 [Disponível em https://nossapolitica.net/2020/03/isolamento-maior-imbecilidade/ – Acesso em 24/03/2020].

PÊCHEUX, M. *Les vérités de la palice*. Paris : François Maspero, 1975.

"Política" [Verbete]. In: MICHAELIS. *Dicionário Brasileiro de Língua Portuguesa* [Disponível em https://michaelis.uol.com.br/moderno-portugues/busca/portugues-brasileiro/politica – Acesso em 27/03/2020].

"Política" [Verbete]. In: *Dicionário On-line de Português* [Disponível em https://www.dicio.com.br/politica/ – Acesso em 27/03/2020].

REIS, P.J.F.M. *Paulo Freire:* análise de uma história de vida. Dissertação de mestrado. São João Del-Rei: Universidade Federal de São João Del-Rei, 2012, 199 p.

SOARES, M. "Paulo Freire e a alfabetização: muito além de um método". In: *Alfabetização e letramento*. São Paulo: Contexto, 2003.

TEIXEIRA, L.B. *Domésticas sobre Guedes*, 2020 [Disponível em https://economia.uol.com.br/noticias/redacao/2020/02/13/paulo-guedes-empregadas-domesticas-viagem.htm – Acesso em 24/03/2020].

12
O "Sistema Paulo Freire" em ação: a campanha de alfabetização em Brasília 1963/1964

Em homenagem aos 100 anos de Paulo Freire*

Heinz-Peter Gerhardt

1 A nova capital e seus construtores

A construção de uma nova capital no interior pouco povoado do país vinha sendo discutida no Brasil desde os tempos de Tiradentes[1]. Para os insurgentes nacionais, a capital do Rio de Janeiro era um símbolo do domínio e da exploração dos portugueses. Sua mudança para o interior do país também prometia impulsionar o desenvolvimento do sertão do Brasil. Ao longo da história do país, diversos movimentos nacionalistas concordaram com esse plano. As várias constituições republicanas adotadas depois de 1890 incluíam a promessa de construir essa

---

* Tradução de Karen Clavery.

1. Tiradentes (1746-1792) foi o líder da Inconfidência Mineira, uma conspiração fracassada contra o domínio colonial português no final do século XVIII.

nova capital. Já naquela época, a localização preferencial era o elevado Planalto Central do Centro-Oeste do país.

Seguindo essa tradição nacionalista, Juscelino Kubitschek e a coligação de grupos que o apoiou em 1954/1955 planejaram cumprir essa promessa constitucional, tornando-a o objetivo principal de seu manifesto, conducente até a eleição presidencial de 1955. O próprio Kubitschek ficou surpreso com a ressonância que sua proposta teve em todo o país e, uma vez eleito presidente, apresentou imediatamente ao Congresso um projeto de lei para a relocalização da capital, que foi aprovado por maioria esmagadora. Em um tempo recorde de apenas três anos e meio foram erguidos os prédios que abrigam o governo federal e os escritórios presidenciais. Em 21 de abril de 1960, dia nacional da comemoração da tentativa revolucionária de Tiradentes, o governo e o presidente solenemente fixaram residência na nova capital, Brasília.

A construção dessa nova metrópole atraiu força de trabalho de todas as partes do país. A maioria desses trabalhadores veio do Nordeste e foi apelidada de candangos, em homenagem a uma ave migratória brasileira[2]. Muitas vezes amontoados em paus de arara, eles viajaram por terra até esse grande canteiro de construção por rotas extremamente aventureiras – as estradas para o Nordeste e para o Sul ainda estavam em construção. Quando o processo de planejamento foi iniciado, em 1955, apenas 6.000 pessoas viviam nos 5.850km^2 de área do Distrito Federal. Em maio de 1959, o governo ainda não tinha se esta-

---

2. Atualmente os moradores da periferia de Brasília ainda são coletivamente conhecidos como candangos. Em 2020, o dia 12 de setembro foi declarado o Dia do Candango (GALVÃO, 2020) no Distrito Federal. Alguns estudiosos afirmam que o nome tem origem na África, onde existe uma tribo com esse nome.

belecido em Brasília, mas 65.288 pessoas já moravam lá (IBGE, 1960: 355s.). Em média, 2.400 trabalhadores chegavam a Brasília a cada mês durante esses anos. Os planejadores urbanos da Companhia Urbanizadora da Nova Capital (ou Novacap) não haviam contado com um fluxo migratório dessa magnitude, com 800 mil pessoas em seu auge, principalmente homens dos estados do Nordeste. Embora tivessem planejado e construído parcialmente cidades satélites (p. ex., Planaltina, Taguatinga, Brazlândia) e alojamentos temporários para os construtores de Brasília, as cidades satélites eram inacessíveis para a maioria dos trabalhadores da construção e localizadas muito longe – como exemplo, Taguatinga estava situada a 28km do local da construção. Foram os profissionais da Novacap e das construtoras que se mudaram para essas casas. Os Candangos tiveram de viver em alojamentos.

O distrito Núcleo Bandeirante foi uma exceção; planejado e construído como cidade satélite, uma vez que ficava a apenas 13km dos locais de construção do governo do Plano Piloto e era uma área de povoamento adequada para os migrantes do Norte. Isso permitiu que os residentes tirassem proveito das instalações de infraestrutura existentes, como o abastecimento de água e de energia. À medida que as simples habitações em tábuas de madeira dos trabalhadores da construção se expandiam, Bandeirante se tornou a maior área residencial do novo Distrito Federal, com uma população de 12.000 habitantes em 1959 (IBGE, 1960: 365). Enquanto Bandeirante ostentava uma aparência de planejamento urbano e infraestrutura de cidade pequena (5 escolas primárias, 6 açougues, 1 estação rodoviária, 15 farmácias, 6 consultórios médicos, 1 cinema), os barracos de madeira ou de lona e alojamentos da Candangolândia (cidade dos Candangos), situados a 6-7km do Plano Piloto, eram impróprios para habitação humana. As pessoas que moravam lá eram consideradas efetivamente como sem-teto (IBGE, 1960: 363ss.).

Em 1959, a Candangolândia tinha uma população de 3.000 pessoas que viviam em 483 alojamentos separados, com 6 a 8 pessoas em média aglomeradas em cada um. Um único ponto de água tinha de abastecer quatro alojamentos e as instalações sanitárias eram extremamente inadequadas (IBGE, 1960: 366). Havia disponibilidade de eletricidade; mas, devido aos seus baixos salários, a maioria dos residentes não tinha como pagar por ela.

O salário-mínimo da época para um trabalhador não qualificado em Brasília era de 15 cruzeiros por dia (IBGE, 1964: 364)[3]. Não foi surpreendente ver a maioria dos "construtores de Brasília" fazendo hora extra. A jornada de trabalho "normal" – as pessoas trabalhavam por turnos – totalizava 14-20 horas. Não havia limite para o número de horas extraordinárias que uma pessoa poderia trabalhar. As condições degradantes de vida e a exploração excessiva dos trabalhadores da construção civil em Brasília foram encobertas por intensa propaganda governamental que alardeava as ideias nacionalistas de desenvolvimento. A imprensa, o rádio e a televisão homenageavam quase diariamente aqueles que construíam a nova capital, e as delegações visitantes do país e do exterior conferiam um toque de grandeza histórica aos muitas vezes paralisados e exaustos candangos.

Em 1963, Brasília entrava em seu terceiro ano como capital oficial da nação, mas a cidade ainda parecia um enorme cantei-

---

3. Um carpinteiro ganhava Cr$ 30,00; um mecânico, Cr$ 50,00; um serralheiro, Cr$ 60,00 (salários diários). Em novembro de 1961, a taxa de câmbio entre o então Cruzeiro e o Marco Alemão Ocidental era de 1 para 87. Na moeda de hoje (2021), isso seria € 0,50 para cada Cr$ 87,00 da época.

ro de construção. Durante a semana, a febril atividade de construção continuava dia e noite. Aos domingos, repentinamente se transformava em uma cidade fantasma desprovida de gente, pois os funcionários governamentais voltavam para suas famílias no Rio de Janeiro ou em São Paulo, e os trabalhadores se acomodavam nos subúrbios[4]. Foi em Candangolândia, Gama, Bandeirante, Sobradinho e Limpeza Pública que Paulo Freire e os seus colaboradores do SEC/UR (Serviço de Extensão Cultural/Universidade de Recife) investigaram pela primeira vez o conceito de "universo vocabular" em 1963[5]. Eles já representavam os precursores da campanha nacional de alfabetização baseada no "Sistema Paulo Freire", planejada em conjunto pelo governo municipal e pelo Ministério da Educação, o então chamado Programa Nacional de Alfabetização.

As anotações e sentenças[6] desse período dão pistas sobre como viviam e pensavam os residentes desses subúrbios do

---

4. Esta descrição de Brasília em 1963 foi fornecida por Jomard Muniz de Brito (entrevista em 1976), membro da equipe Freire SEC (Serviço de Extensão Cultural) da Universidade de Recife.
5. Freire (1996: 134): "[...] de junho de 1963 até abril de 1964, quando foi dado um golpe de Estado contra nós, o SEC da Universidade de Recife participou diretamente dos trabalhos realizados pelo Programa Nacional de Alfabetização (PNA), sob a responsabilidade do Ministério da Educação e Cultura". Em outubro de 1963 Freire foi convidado pela Câmara dos Deputados para "demonstrar seu método" (KIRKENDALL, 2010: 82), tal era a fama do "sistema" que ele e os seus colaboradores haviam criado no Nordeste do país.
6. Em Angicos, RN (em janeiro de 1963) e em Quintas, na cidade de Natal, RN (em julho de 1963), as frases e partes de conversas que representavam as opiniões típicas dos entrevistados (cf. GERHARDT, 1978: 113-204), tanto numericamente quanto em termos de conteúdo, foram consideradas como sentenças nos estudos preliminares. A equipe do SEC adotou uma abordagem semelhante em relação às palavras do "universo vocabular": Cf: *Sentenças do Plano Piloto*, 1 p., n. 1, cópia hectográfica, arquivos Gerhardt. Sentenças de *Limpeza Pública*, 1 p, n. 1, cópia hectográfica, arquivos Gerhardt. Sentenças do *Plano Piloto*, 2 p., n. 1, cópia hectográfica, arquivos Gerhardt. Sentenças de *Candangolândia*, 1 p., n. 1, cópia hectográfica, arquivos Gerhardt. MINISTÉRIO DA EDUCAÇÃO E CULTURA DO BRASIL. *Sentenças de Gama*, 2 p.,

Distrito Federal. Por causa dos objetivos gerais do projeto ("[...] alfabetizar politizando cinco milhões de adultos"; ARAÚJO FREIRE, 2006: 145), a questão da habilidade de ler e escrever era central. Os entrevistados falaram apenas na aprovação de termos de alfabetização, o que era desejável por razões familiares (p. ex., para que eles pudessem ensinar algo para seus filhos), sociais e econômicas. A melhoria geral da própria situação de vida e o benefício do desenvolvimento nacional eram considerados uma consequência certa da nova habilidade.

Os entrevistados não consideravam de forma alguma as suas próprias condições de vida como tristes. Apenas quatro das 103 declarações coletadas foram críticas concretas feitas às condições de trabalho e de vida. Mais frequentemente, houve comentários sobre uma política governamental mal orientada em questões de administração, despesas administrativas e transparência em relação à primeira, o elevado custo de vida e os baixos salários, a venda de recursos nacionais para países estrangeiros e as prometidas, mas ainda não realizadas, reformas agrárias. Em geral os inquiridos criticaram a falta de coesão e a inércia do mecanismo governamental. Com algumas exceções, o presidente saía ileso dessas críticas. Ele era visto como o protetor do povo, que teria sido freado nas suas "boas" intenções, como, por exemplo, o aumento do salário-mínimo ou a reforma agrária, pelas maquinações do seu pessoal de assessores ou pelos senadores e deputados[7].

---

cópia hectográfica, arquivos Gerhardt. A análise a seguir é baseada em 103 sentenças das áreas geográficas mencionadas acima.
7. 22 comentários críticos sobre a política governamental foram contrastados por dois comentários positivos. 16 declarações a favor do gabinete do presidente – em particular o presidente em exercício J. Goulart, e um dos seus antecessores, G. Vargas, foram mencionadas – são contrastadas por apenas duas declarações contra.

Talvez sem surpresa, dada a admiração amplamente expressa por uma liderança e defesa parcial de soluções autoritárias no estilo de Getúlio Vargas, as instituições (p. ex., parlamento, tribunais) e os processos democráticos (p. ex., constituição, eleições) quase não foram mencionados[8]. De fato, como mostram os exemplos acima, estes foram frequentemente vistos como retardando o progresso nacional e permanecendo na mão do presidente.

Os entrevistados expressaram confiança no poder não só do presidente, mas também da nação brasileira, que foi mencionada onze vezes. Muitos dos inquiridos parecem ter adquirido um poderoso sentido de propósito ao participarem do desenvolvimento econômico e social da nação. Eles não consideraram, entretanto, a possibilidade de formar estruturas organizacionais independentes, seja para esse fim, seja para representar seus próprios interesses[9]. Sua confiança em um líder não diminuiu. Apesar dessa limitação óbvia, o SEC/UR e os colaboradores reuniram sentenças que revelam em pouquíssimos casos um fatalismo religioso. Em vez disso, o clima predominante expresso nas declarações é de euforia para o desenvolvimento, como parte do qual o curso de alfabetização proposto obteve aprovação entusiástica[10].

---

8. Eleições e sufrágio foram mencionados seis vezes.
9. O acervo de vocabulário de todos os assentamentos do projeto de pesquisa inclui palavras que indicam a atuação política e sindical por parte dos entrevistados. No entanto, essas palavras, conceitos e contextos não aparecem nas sentenças. Podemos supor que os entrevistadores e/ou supervisores inseriram essas palavras no universo vocabular e deram-lhes *status* de termos importantes para a campanha de alfabetização experimental proposta em Brasília.
10. 32 sentenças revelam concordância.

2 A organização da campanha

2.1 A Comissão Nacional e Regional de Cultura Popular

Em 28 de junho de 1963 a Comissão de Cultura Popular foi fundada no Ministério da Educação[11] em nível federal[12]. Devido aos contatos anteriores com a equipe do SEC/UR e à ampla publicidade que o método de alfabetização de Freire ganhou após sua campanha em Angicos (GERHARDT, 1983), o então Ministro da Educação Paulo de Tarso confiou à equipe do SEC/UR[13] a liderança organizacional e educacional da comissão. Paulo Freire foi nomeado presidente em nível nacional.

A missão da comissão federal era desenvolver um plano nacional de alfabetização baseado no sistema de Freire. Isso deveria ser feito em cooperação com sindicatos e organizações estudantis, grupos que já estavam envolvidos na mobilização e na implementação de projetos de alfabetização, particularmente como parte de movimentos culturais populares. Comitês nacionais, regionais e locais de cultura popular deveriam exercer controle sobre a gestão dos cursos. Esses comitês deveriam ser compostos por igual número de representantes de sindicatos, organizações estudantis, movimentos de cultura popular e funcionários do Ministério da Educação[14].

---

11. UNIVERSIDADE DE RECIFE. *Boletim Informativo*, n. 11, 1963, p. 19. • *Boletim Informativo*, n. 14/1963: 22. Cf. tb. Manfredi (1976) e Araújo Freire (2006: 143-151).
12. Paulo Freire já tinha feito várias turnês de palestras em Brasília no decorrer de 1962. Na qualidade de Diretor do SEC/UR, assessorou a Universidade de Brasília no estabelecimento do Departamento de Extensão Cultural (cf. *Boletim do SEC/UR*, n. 3-4, set.-dez./1962, p. 23).
13. O acordo foi assinado em Brasília em 30 de julho de 1963 (cf. GONÇALVES, 1946b: 84).
14. Beisiegel (1974: 169ss.). Em 21 de janeiro de 1964 o plano estava pronto: o decreto presidencial n. 53.465 criou o Programa Nacional de Alfabetização (PNA) mencionando explicitamente o Sistema Paulo Freire como a metodologia a ser utilizada.

O plano era realizar um projeto piloto inicial no Distrito Federal: como modelo e curso de demonstração para o Plano Nacional: a Comissão Regional de Cultura Popular foi constituída no Ministério da Educação em cooperação com o governo da cidade de Brasília[15] (título oficial: Comissão Regional de Cultura Popular de Brasília do Ministério da Educação e Cultura). Jomard Muniz de Brito, da equipe do SEC/UR, foi nomeado presidente (BRITO, 1976).

Os estudantes e os sindicatos, bem como as organizações culturais populares do Distrito Federal, ainda eram incipientes e a "Comissão Regional" era composta majoritariamente por funcionários do Ministério da Educação (BARRETO, 1963: 1; PAIVA, 1973: 255). Da mesma forma, funcionários do Ministério foram recrutados para ajudar a conduzir a pesquisa sobre o vocabulário local e alertar sobre os problemas dos subúrbios. Não temos relatórios sobre a forma como essa pesquisa foi conduzida. Podemos supor, no entanto, que seguiu a mesma dupla abordagem já utilizada em Angicos e Quintas (GERHARDT, 1978: 151-204): primeiro a sequência antropológica do curso de alfabetização, depois a sequência de alfabetização (cf. os itens 3.1 e 3.2 deste cap.).

2.2 *A seleção e a formação dos coordenadores*

Uma vez que só nesse período começavam a se estabelecer as instituições de nível médio e superior, não foi possível re-

---

O plano previa a criação de 60.870 círculos culturais a fim de tornar alfabetizados 1.834.200 adultos não alfabetizados (de 15 a 45 anos de idade) ainda em 1964 (cf. *Tribuna do Norte*, 2013).

15. O governo da cidade assumiu a responsabilidade pelo financiamento do projeto. Kirkendall (2010: 9, 82) confirma as descobertas de Beisiegel e as minhas "já" com acesso aos materiais do Superior Tribunal Militar de Brasília.

crutar os coordenadores necessários em Brasília das escolas de nível médio ou universidades. Por esse motivo, o grupo SEC/UR[16] considerou necessário e viável que a função de coordenação fosse desempenhada por moradores dos subúrbios mais ou menos alfabetizados, previamente recrutados para pesquisar o *universo vocabular*. Além disso, em áreas com poucas escolas de nível médio e universidades, que mais tarde seriam abrangidas pelo Plano Nacional de Alfabetização, o recrutamento desse pessoal era uma necessidade absoluta. Pensou-se que Brasília também poderia ser um projeto piloto a esse respeito. Paralelamente à campanha promocional de incentivo à participação no curso de alfabetização, formandos no primário que moravam nos subúrbios foram convidados a se candidatar para cargos de coordenação bem remunerados. Em junho de 1963, carros com alto-falantes[17] circulavam pelos subúrbios promovendo as formas de participação no curso, quer como professor de alfabetização e/ou coordenador de círculo cultural, quer como es-

---

16. O grupo era composto por J.M. Brito, A. Paes de Andrade e por pouco tempo também A. Monteiro Costa. Paulo Freire ajudou na preparação do projeto, mas não estava envolvido em sua implementação (PAES DE ANDRADE, 1976).

17. *Slogans* como "Povo analfabeto é povo escravo. Matriculem-se no Círculo de Cultura mais próximo. Aprenda a ler e escrever" soavam de alto-falantes em cima desses carros, relata Maurício Goldemberg, na época por um dos supervisores da Comissão Regional da Cultura Popular e simultaneamente Chefe do Departamento de Mobilização da Cultura Popular, cf. depoimento 8 em Documento "Anexo 1 – Depoimentos" s. d., s. 1: Este documento contém pequenos relatos sobre entrevistas realizadas principalmente por telefone com pessoas que supostamente poderiam informar outras pessoas sobre o projeto piloto com o Sistema Paulo Freire na nova capital do Brasil. Suponho que foi o "anexo 1" de um relatório resumido sobre o projeto elaborado por uma entidade do exército brasileiro após o golpe de Estado de 1964. Tanto a minha contribuição de 1976 como pesquisador quanto a de 1980-1986 como professor visitante da UFRN são mencionadas no "depoimento 42" – Eu, pessoalmente, nunca fui "entrevistado"; no entanto, as "entrevistas" podem ter sido realizadas em qualquer momento entre 1964 e 1980 [Disponível em original-b6b486849127c1a69623a2b75 dd5d3ce.pdf(museudaeducacao.com.br) – Acesso em 12/02/2021].

tudante/participante do curso. Foram realizadas demonstrações públicas para indicar como funcionava um círculo cultural, por exemplo, em Sobradinho: os aspirantes a "coordenadores" mostraram toda a sequência de *slides* das palavras geradoras escolhidas (sequência de alfabetização, cf. 3.2). Ao tentar iniciar uma discussão com os transeuntes sobre a importância de saber ler e escrever, eles os informaram sobre a metodologia que seria empregada na próxima campanha em Brasília (BARRETO, 1963).

Cerca de 50 pessoas foram selecionadas para os cargos de coordenação anunciados de acordo com as pré-inscrições para o curso de alfabetização. Posteriormente elas participaram do curso de treinamento de 20 horas conduzido por Jomard Muniz de Brito e Astrogilda Paes de Andrade. Paes de Andrade assumiu a tarefa de projetar o processo de alfabetização (p. ex., situações sociológicas, palavras geradoras e cartões de descoberta). Muniz de Brito foi o responsável pelo "conceito antropológico de cultura" (FÁVERO, 2012) e pela forma como o debate e a dinâmica de grupo foram administrados nos círculos culturais. Durante o treinamento, que incluiu aulas experimentais baseadas no conceito antropológico e na fase de decodificação, Paes de Andrade e Muniz de Brito não encontraram qualquer diferença entre o comportamento de aprendizagem dos candidatos a coordenadores recrutados na periferia e os do meio estudantil[18]. Paes relatou um aumento na compreensão espontânea, vontade de aprender, interesse pelo conteúdo e uma abordagem intensi-

---

18. Brito (1976) e Paes de Andrade (1976). Cf. tb. Filho (1962-1963: 77), que afirma muito vividamente: "Coordenadores, assistidos direta e diuturnamente por supervisores, todos eles selecionados e preparados pela equipe do professor Paulo Freire, trabalham todas as noites num expediente de quatro horas, muitos em suas próprias casas ou em salas e barracos cedidos por terceiros. O aparelhamento das salas é o mais sumário. Alguns bancos rústicos de madeira, um projetor de *strip-film*, o quadro-tela e as fichas-roteiro".

va e amigável da comunicação entre os candidatos da periferia. No entanto, isso foi acompanhado por uma ansiedade impressionante em relação ao seu futuro trabalho como coordenadores. No término do curso introdutório foi aplicado um teste final. Não há relatórios sobre o fato de os participantes terem sido rejeitados por causa dos resultados. O coordenador orientado para esse caminho guiou os círculos culturais que estavam sendo montados em bairros selecionados de Brasília, cada um envolvendo até 30 participantes. Assim, a campanha que teve início em julho de 1963, abarcou inicialmente cerca de 3.000 pessoas não alfabetizadas, organizadas em até 300 círculos de cultura[19] (KIRKENDALL, 2010: 85-86).

3 O curso de alfabetização

3.1 A sequência antropológica do curso de alfabetização

Os dez *slides* relativos ao conceito antropológico de cultura se assemelham aos usados em Angicos e Quintas (LIMA, 1965: 175ss.)[20]. *Slide* 1: O homem na natureza e na cultura. Desenho

---

19. Cada coordenador tinha de ensinar em dois círculos culturais cada noite. Aos sábados havia reuniões agendadas para os coordenadores juntamente com os seus supervisores "para fazer sua autocrítica e procurar solução para os diversos problemas de cada setor". Cf. Filho, J. L. (1962-1963) 77. Cf. também Freire entusiasmadamente (FREIRE; BETTO, 2000: 22): "Posso te confessar que às vezes Elza e eu, em Brasília, não conseguíamos dormir, a não ser às quatro da manhã, falando-nos de nossos espantos em face do que ouvíamos nos Círculos. Sim, Brasília, durante a implementação de trezentos Círculos de Cultura, na época, nas cidades satélites". Dessa forma episódica, Freire refere-se à experiência piloto de Brasília em várias publicações (cf. FREIRE, 1976b).
20. Lima (1965: 175-202) participou como observador do piloto de Brasília. Na época ele trabalhava no Ministério Federal da Educação em Brasília. Seu livro contém um anexo sobre a campanha. A menos que outras fontes sejam mencionadas, a seguinte descrição das imagens dos *slides* baseia-se nos *slides* reproduzidos no anexo do livro de Lima. Não existe um relatório de campo disponível sobre a campanha em Brasília (FREIRE, 1978: 28).

de linhas simples: um casal, de costas para o observador, olha para vários objetos e criaturas. Duas casas, uma bicicleta, um poste de luz, um avião, pássaros, uma árvore e patos.

O que é surpreendente nesse *slide* é a inclusão de objetos de produção industrial (p. ex., avião, bicicleta, poste de luz) sem abandonar o ambiente rural (p. ex., patos, os tipos de construção).

Na discussão do comportamento de caça do gato em comparação com o do homem, a transparência dessas distinções dentro do conceito antropológico também foi evidente em Brasília: os humanos criaram a cultura antes da caça. O gato não o faz nem antes nem depois da caça. O homem é, portanto, um caçador no verdadeiro sentido da palavra. O gato é um mero perseguidor de sua presa. É o seu comportamento instintivo inato.

O quinto *slide*[21] mostra uma mulher sentada sob um telhado de palha fazendo uma panela de barro. O *slide* seguinte, o sexto, mostra desenhos de linhas que retratam outros recipientes feitos por ela com decorações nas laterais. É surpreendente que a sequência antropológica trate também dos métodos de produção artesanal e de sua produção entre os operários da construção civil da nascente cidade de Brasília.

Jomard Muniz de Brito ainda considera o conceito antropológico e especialmente essas duas projeções (*slides* 5 e 6) como importantes no contexto de Brasília: os candangos não estavam particularmente preocupados em desenvolver a autoconsciência ou em dar valor à sua própria criatividade. Eles eram pessoas engenhosas, fato evidenciado por suas árduas jornadas para Bra-

---

21. Comentarei apenas sobre os *slides* que se desviam dos *slides* anteriormente conhecidos ou que abordam novas questões [N. Autor].

sília e pela rápida adaptação às novas condições de vida. Mas estavam mais preocupados em entender sua posição em relação à tecnologia moderna, que ameaçava transformar as pessoas em meros apêndices de máquinas. No entanto, é importante ter em mente que foi a criatividade humana que em primeiro lugar deu origem à vasta gama de maquinários pesados em funcionamento em Brasília. A cerâmica feminina pode ser adequadamente associada ao canteiro de obras, ao mesmo tempo que representa uma expressão técnica da criatividade humana. O objetivo da discussão era fazer com que os participantes do círculo listassem suas próprias habilidades e artes e as apresentassem aos seus colegas estudantes (BRITO, 1976). O sétimo *slide* mostra dois guitarristas e um rádio. Esta é igualmente uma cena cultural. No caso de um cantor ou guitarrista essa *performance* tem potencial para atingir milhões de outras pessoas se transmitida pelo rádio (LIMA, 1965: 190). Esse desenho pretendia estimular a discussão sobre os meios de comunicação de massa (p. ex., rádio e jornais) tanto como meio de disseminação de cultura – daí a importância da alfabetização – quanto como meio de falsificá-la.

O décimo *slide*[22] representa os próprios círculos culturais. Seis estudantes sentados em bancos de madeira ouvem um coordenador falando sobre um cartaz que mostrava um gaúcho. Este *slide* tinha a intenção de representar a unidade do povo. O círculo cultural apresentou uma variedade de opiniões durante a discussão, mas o que todos os participantes tinham em comum era o desejo de alfabetização. O coordenador sugeriu que cada um cuidasse do outro em termos de evolução do aprendizado e da frequência regular. Essa abordagem

---

22. O *slide* 8 mostra um vaqueiro do Nordeste (o vaqueiro); o *slide* 9 mostra um do Sul (o gaúcho).

ajudaria a garantir que todos pudessem concluir o curso com sucesso (BRITO, 1976).

Os documentos disponíveis fornecem pouca informação sobre o real conteúdo da discussão dentro dos círculos culturais durante a sequência antropológica do curso de alfabetização. No entanto, as minhas entrevistas anteriores com Brito e Freire deram-me a impressão de que os *slides* provocaram uma intensa discussão[23]. Havia uma homogeneização perceptível dos pontos de vista nos círculos culturais, com os membros individuais experimentando uma espécie de "catarse" da consciência (MEB, 1963: 8). Por outro lado, o uso de termos tão sofisticados nos documentos pode sugerir que eles foram usados para descrever as "expectativas dos organizadores e as esperanças dos observadores" em vez da progressão efetiva dos debates.

3.2 A sequência da alfabetização

Com base nas *sentenças* e no *universo vocabular* do Distrito Federal, foram selecionadas quinze palavras geradoras no SEC/UR. Assim como nas campanhas anteriores, foram produzidos roteiros de discussão detalhados e material didático para as palavras individuais a fim de ajudar a orientar os coordenadores.

Vejamos os materiais ligados à primeira palavra geradora, "tijolo"[24].

---

23. Disse um varredor de rua em Brasília: "Amanhã farei meu trabalho de cabeça erguida", narra Paulo Freire (1974: 64), três anos mais tarde (em 1967 foi redigida a primeira edição em português), como declaração de um participante do projeto piloto de Brasília durante a concepção antropológica de cultura. Conforme mencionado anteriormente em sua obra, Freire dá dicas episódicas em relação aos resultados das campanhas de alfabetização sob sua coordenação.

24. Uma lista de palavras geradoras e de situações sociológicas pode ser encontrada no seguinte artigo: MEC/SEC/UR, 1963(?): 1ss. Além de "tijolo" havia outras quatorze

O *slide* correspondente mostra uma "situação sociológica" típica do local de construção da nova capital do país: dois operários constroem as paredes de fundação de um edifício. Um braço em primeiro plano segura um tijolo de pedra. A palavra tijolo pode ser vista ao fundo.

Os coordenadores foram instruídos a realizar uma discussão de 15 minutos sobre o problema do trabalho humano no início da reunião do círculo, conduzida pelos tipos de questões já descritas acima[25]. O objetivo de toda atividade econômica foi postulado como a manipulação da natureza para atender às necessidades humanas. Tanto os empresários quanto os trabalhadores seguem esse princípio básico para satisfazer suas necessidades pessoais. A atividade econômica é geralmente dividida em quatro subáreas: produção, circulação, distribuição e consumo.

Os guias dos coordenadores incluem alguns exemplos, que têm a intenção de demonstrar a indispensabilidade e o poder criativo do trabalhador comum em cada uma das quatro áreas. Os setores mencionados acima são, por sua vez, influenciados por fatores sociais e geográficos (p. ex., o produtor de tijolos vai instalar sua fábrica em uma região rica em areia e argila).

---

palavras geradoras: voto, feira, máquina, chão, que significa aqui a terra vermelha que domina o entorno de Brasília e que, em condições de seca, é transformado pelo vento em um véu vermelho que paira sobre a cidade, barracos, açougue, negócio, Sobradinho, passagens, pobreza, planalto, trabalho, Eixo (um ponto de encontro popular no centro de Brasília, perto do terminal de ônibus) e Brasília.

25. Havia dois documentos para orientar os coordenadores na sequência da alfabetização. Um continha perguntas para os coordenadores e orientações de tempo para cada *slide* relacionado à respectiva palavra geradora. O segundo dava uma descrição detalhada de possíveis pontos de discussão relacionados com a palavra geradora: Sistema Paulo Freire, Debate sobre a primeira situação sociológica e aula inicial de alfabetização, sem autor ou editor, n. 1., p. 1-3, cópia hectográfica, arquivos Gerhardt e "Tijolo", n. 1, p. 1-3 (= diretrizes do coordenador), cópia hectográfica, arquivos Gerhardt.

Em seguida, os fatores sociais são tratados em detalhes (p. ex., salários, organização sindical, escolas, assistência médica, prevenção de acidentes e desemprego). É surpreendente que essas questões tenham sido discutidas mais em relação ao Nordeste e aos seus problemas do que "associadas" à situação em Brasília e de sua região Centro-Oeste. As orientações dos coordenadores sobre a palavra geradora "tijolo" terminam com uma descrição das condições economicamente precárias do Nordeste, mencionando também a migração de trabalhadores da região. Enfatizam que, se o governo federal não interviesse logo, surgiriam tensões sociais, com consequências imprevisíveis.

A condensada aula de economia que se baseava na palavra "tijolo" era voltada principalmente para os trabalhadores migrantes do Nordeste, cujos problemas regionais deveriam ser discutidos em detalhes. O enfoque nos problemas do Nordeste deixa claro como a Comissão Regional teve dificuldades em definir o ponto de partida dos temas a serem debatidos.

Se as palavras geradoras parecem estabelecer o "lar" e, assim, o pano de fundo do debate em Brasília, as orientações dos coordenadores, em contrapartida, oscilam entre os problemas de Brasília e os do Nordeste, lugar de nascimento da maioria dos participantes dos círculos culturais. Isso não tornou o trabalho dos coordenadores mais fácil. Eles foram forçados a considerar cuidadosamente a forma mais eficaz de enquadrar e iniciar as discussões a respeito da dicotomia dos assuntos.

Os 15 minutos seguintes da primeira aula de alfabetização deviam ser utilizados para introduzir a palavra "ti-jo-lo", em letras maiúsculas em um segundo *slide*, sílaba por sílaba (SISTEMA PAULO FREIRE, 1963: 1). Isso é seguido pelo familiar processo de alfabetização freireano: as "famílias fonéticas" de t, j e l são projetadas em três *slides*. Ao t e ao j devem ser dados 10 minutos para cada um, e para o l, apenas 5 minutos. Um sexto *slide* reúne todas as famílias fonéticas na tela. Em até 10 minutos a "produção" de novas palavras começa (SISTEMA PAULO FREIRE, 1963: 1). Lauro Lima relata a produção das primeiras frases, embora gramaticalmente incorretas, "Tu já lê[s]" e comentários sobre o significado metódico do "cartão de descoberta": "Se o analfabeto tiver entendido esse cartão de descoberta e puder formar palavras com ele, já está alfabetizado em termos técnicos" (LIMA, 1965: 194)[26].

Nos cinco minutos seguintes as vogais são estudadas isoladamente. Elas estão contidas no sétimo *slide*. Como suporte fonético, uma nova imagem foi adicionada à série em Brasília. Nela são mostradas as posições da boca durante a pronúncia das vogais individuais. Mais uma vez os estudantes são convidados a formar novas palavras e frases. Esse pedido também serve como trabalho de casa para a próxima aula.

Com base nas diretrizes de tempo presentes nas instruções, a "alfabetização por meio da consciência" deve levar 70 minutos para a assimilação bem-sucedida da primeira palavra geradora (SISTEMA PAULO FREIRE, 1963: 1).

Não existem relatórios sobre o fato de as diretrizes de tempo e de conteúdo terem sido cumpridas para a palavra "tijolo" e para as outras palavras geradoras nos círculos culturais individuais para além do que já foi discutido até agora. Mesmo

---

26. Ele visitou esse círculo cultural juntamente com o então Ministro da Educação, Paulo de Tarso, durante o curto mandato ministerial deste último, de 18/06/1963 a 21/10/1963. Ele foi sucedido por J. Sambaqui, que também apoiou o projeto educacional de Freire e de seus colaboradores para o Brasil. Consequentemente, os golpistas de 1964 depuseram isso como um dos seus primeiros "atos legislativos".

as pessoas entrevistadas sobre a Campanha de Brasília[27] não conseguiram se lembrar de maiores detalhes da sequência de alfabetização.

4 Resultados

Eu não consegui localizar os números relativos ou absolutos sobre a taxa de sucesso do projeto piloto em Brasília. Em 1967 Muniz de Brito atuou como supervisor da campanha de Brasília, mas não conseguiu se lembrar de nenhum valor numérico em relação ao sucesso dessa empreitada[28]. No geral, ele descreveu a campanha como não tendo sido bem-sucedida. A forma rigorosa como as ideias de cultura popular foram compreendidas no piloto de Brasília foi, em sua opinião, parcialmente responsável por isso: porque foi nessa base ideológica que foram recrutados os coordenadores da periferia para o curso, coordenadores que, ao final, não conseguiram cumprir essa função-chave utilizando o método Paulo Freire, isto é, incentivar e manter o diálogo entre os participantes de um círculo cultural, o diálogo sobre o tema gerador em jogo. Um treinamento de 20 horas não tinha aparentemente sido suficiente para comandar a técnica de conduzir debates de maneira dialógica. E havia uma dificuldade compreensível para responder a simples questões gramaticais e

---

27. Paulo Freire, J. Brito, A. Paes de Andrade, A. Monteiro Costa (entrevista em 1976) e Carlos Lyra.
28. Brito também duvidou que um relatório escrito sobre o projeto tenha sido preparado. Freire (1978: 28) também não tem conhecimento de um relatório resumido da campanha. No entanto, Freire questiona a informação fornecida por J. Brito, A. Paes de Andrade e A. Monteiro Costa sobre a utilização de "coordenadores escolhidos entre o povo". Como Freire recorda, eles eram, em sua maioria, professores formados. Contudo, resolvi seguir as declarações dos colaboradores de Freire neste capítulo, uma vez que o próprio Freire não esteve envolvido na implantação da campanha de Brasília por conta do compromisso com o Plano Nacional de Alfabetização.

semânticas quando, por exemplo, as chamadas "palavras mortas ou pensantes" apareciam após a apresentação dos cartões de descoberta.

Eles trataram o material fornecido de forma muito tensa e ansiosa. Por causa de uma sensação geral de incerteza, caíram mais facilmente no papel de contadores de história e projecionistas de filmes: a armadilha do ensino centrado no professor no tipo "cuspe e giz". Embora os *stripfilms*, *slides* e histórias conduzissem a uma boa atmosfera de comunicação e à redução de barreiras hierárquicas, essas condições favoráveis não foram traduzidas com sucesso em resultados de alfabetização ou de politização.

Os coordenadores não foram capazes de se basear em um arsenal de métodos de ensino motivadores nem foram suficientemente flexíveis para integrar as sugestões de procedimentos do círculo nos debates. Em 1976 Muniz de Brito e Carlos Lira unanimemente relataram sobre os métodos de estudo obstinados, como memorização e repetição[29]. Sempre que os alunos ficavam entediados, os coordenadores mostravam *slides*. Em alguns círculos, os participantes estavam familiarizados com toda a série de *slides* depois de apenas algumas horas. O potencial da técnica de visualização para provocar discus-

---

29. Carlos Lyra fez uma visita de estudo a Brasília durante a campanha (LYRA, 1976). Ele informou que a campanha foi acompanhada de perto por muitos deputados, senadores e visitantes de Brasília. Todos os dias observadores assistiam aos círculos culturais. Eles queriam – por aprovação ou preocupação – aprender o método pelo qual se poderia multiplicar rapidamente o eleitorado de seu círculo eleitoral. Esse "turismo" de motivação pedagógica e política, por um lado dificultou a situação de aprendizagem nos círculos, como em Angicos; e, por outro lado, evidenciou a controvérsia política que o Sistema Freire causou naquela época (CAVALCANTI, 1964) e hoje mais uma vez (p. ex., CARDIM, 2020). Na história da educação, é singular que uma proposta educativa e a sua prática causem tanto ódio e até mesmo a intervenção de forças militares.

são foi, assim, desperdiçado. Dessa forma, não é surpreendente que após um curto período o número de participantes tenha diminuído rapidamente, e por volta da vigésima turma em alguns círculos culturais, apenas metade dos participantes do curso compareceu. No final, as altas taxas de evasão escolar levaram a um baixo número de pessoas alfabetizadas e recém-politizadas.

O presidente da Comissão Regional apontou outro motivo para o relativo fracasso da campanha de Brasília: os participantes dos círculos culturais tinham vindo de todas as partes do Brasil para trabalhar em um enorme projeto de construção. A base implícita para um trabalho bem-sucedido com o método freireano, nomeadamente a homogeneidade do contexto social, econômico e cultural dos estudantes de alfabetização, estava ausente (BRITO, 1976).

As experiências acumuladas durante um curto período em Brasília, nas quais se basearam as palavras geradoras e as situações sociológicas, aparentemente foram insuficientes para substituir o conceito de "lar" e o sentido de integração em problemas comuns que eram tão evidentes para os participantes de Angicos e Quintas. A esse respeito, a meu ver, é uma ilusão tecnológica quando Lauro Lima (1965: 175) afirma que o conceito antropológico por si só conduz a uma "homogeneização" do círculo cultural. Claramente, precisava ser acompanhado por uma aceitação das particularidades de uma região ou de uma comunidade, mediado por um coordenador a partir dos teoremas antropológicos. O conceito antropológico de cultura juntamente com a situação dos tópicos e suas palavras geradoras podem gerar força motivacional suficiente para apoiar medidas bem-sucedidas de alfabetização e politização. As minhas e outras avaliações de impacto das campanhas em Angicos e Quintas evidenciaram isso.

Após a conclusão do curso, em outubro de 1963, não houve qualquer tentativa relatada de organizar os participantes do círculo em distrito ou organização sindical, nem os participantes iniciaram qualquer forma de associação uns com os outros. A Comissão Regional de Cultura Popular encerrou discretamente o projeto piloto, evitando publicidade. Eles procuraram não comprometer o Plano Nacional de Alfabetização baseado no método Paulo Freire, que na época se encontrava em fase de desenvolvimento. Outras Comissões Regionais – como, por exemplo, em Sergipe e no Rio de Janeiro –, selecionaram principalmente alunos e professores como "estagiários" para a tarefa de coordenador nos círculos culturais (p. ex., BOUÇAS COIMBRA, 2001: 1-22)[30].

5 Resumo

Em termos de organização, a experiência de Brasília é caracterizada por duas inovações:

- Foi gerida principalmente por funcionários do Ministério da Educação.
- Os coordenadores foram recrutados nos mesmos bairros e distritos em que se realizaram os cursos de alfabetização.

---

30. Celia Maria Bouças Coimbra era uma estudante de história na época. Ela foi selecionada e treinada para ser coordenadora de seu estado natal, a Guanabara. O golpe de Estado dos generais do Brasil encerrou violentamente sua experiência com tanques nas ruas em 1º de abril de 1964, "juridicamente" quatorze dias depois pela ordem executiva #53.886. "Perseguido, Paulo (Freire) precisou, para preservar sua vida, partir para um exílio de mais de quinze anos" (ARAÚJO FREIRE, 2006: 151).

Em geral pode-se pressupor um nível inferior de compromisso político-social para ambos os grupos de pessoas em comparação com o corpo cristão engajado de estudantes de Natal, os quais foram os principais agentes das campanhas em Angicos e Quintas. Além disso, uma certa dose de pensamento burocrático não pode ser descartada dentre a equipe utilizada em Brasília. Para a equipe ministerial, a campanha representou uma atividade relativamente variada ao lado de outras tarefas. Os coordenadores, por outro lado, podiam esperar um trabalho fisicamente fácil e bem remunerado, o que era preferível ao trabalho físico em um estaleiro de construção[31].

Assim, se as condições iniciais eram desfavoráveis em termos de pessoal, o oposto era observado na análise das estruturas de consciência. Diferentemente de Angicos e Quintas, os participantes de Brasília expressaram otimismo e confiança em relação às suas próprias oportunidades na vida. Ambas as atitudes básicas parecem derivar da experiência de trabalhar na construção da nova capital. Essa perspectiva nacionalista foi complementada por um alto nível de informação sobre questões políticas atuais e por críticas desinibidas ao trabalho do governo. No entanto, essas tendências promissoras nos processos de pensamento dos construtores de Brasília (no sistema de categorias de Freire, elas teriam de ser colocadas em um estágio de transição da consciência de ingênuo-transitivo

---

31. Para além disso, A. Monteiro Costa (1976) refere-se ao problema dos formados no primário nos subúrbios assumindo papéis de *capataz* e *cabo de eito* (capataz= supervisor de fazenda; cabo de eito = literalmente: gerente dos derrotados). A referência é para pessoas que, por causa de sua formação escolar, exercem papéis dominantes e opressores em seu ambiente social, como agiotas, pequenos comerciantes, escritores de cartas etc. Se essas pessoas forem encarregadas de funções de coordenação no círculo cultural, é pouco provável que conduzam os debates de maneira aberta e livre.

para crítico-transitivo) não foram aproveitadas no próprio curso de alfabetização.

No que diz respeito às estruturas de consciência e ao trabalho técnico-industrial do projeto de Brasília, o conceito antropológico foi ressignificado como uma barreira protetora contra as tendências desumanizantes da tecnologização; um fundamental princípio humanista que já identificamos como sendo central para a perspectiva cristã do mundo de Paulo Freire (GERHARDT, 1978: 53-59). Freire tinha essa ideia em comum com os seus colegas de equipe do SEC/UR. Ele manteve a sequência antropológica na campanha de Brasília. Até que ponto as discussões antropológicas foram capazes de funcionar como contrapeso à "cultura de rádio transistor" consumista (WOLFE, 1995: 171), o que se tornava tão predominante nos subúrbios, não pôde ser investigado com base no material disponível.

Na sequência da alfabetização surgiram dificuldades em determinar como e em que medida lidar com as realidades sociais e políticas do Brasil. O resultado foi um foco flutuante sobre os problemas do Distrito Federal e do Nordeste, o lar de muitos candangos. Um processamento coletivo de experiências em um contexto histórico-social comum não foi possível em Brasília.

A progressiva esquematização e regulação do processo de alfabetização já observada em Quintas ocorreu também em Brasília. Ambos atingem o seu clímax com duas páginas e meia de instruções para o coordenador dos círculos culturais, detalhando as limitações de tempo e orientando as discussões de palavras geradoras nos debates dos círculos culturais. Como resultado, a incerteza dos coordenadores e a tentação de dar palestras foram ainda mais exacerbadas, uma vez que as medidas curriculares não eram compatíveis nem alcançáveis no tempo prescrito com o debate e o estilo associativo do método. Essa contradição entre a aspiração do "método" de estimular processos de pensamentos autônomos por meio de discussões de grupo descontraídas e a necessidade política de aumentar rapidamente a base eleitoral de grupos e partidos voltados para o desenvolvimento nacional tornou-se claramente evidente em Brasília.

O escopo do coordenador tinha sido reduzido para não deixar a construção dos conteúdos ao acaso político e ideológico. No entanto, o resultado final foi uma recusa implícita por parte do grupo de coordenadores não socializados em um ambiente intelectual de aplicar o conteúdo e o método palavra por palavra, por medo de impropriedade. Os coordenadores procuraram refúgio naquilo que já conheciam: a mera contação de história e a transmissão de conteúdos didáticos para seus alunos. Nesse contexto, não é surpreendente que eles utilizassem o recurso da visualização no método sempre que os alunos ficavam inquietos. Embora os coordenadores tenham se desviado muito do código de conduta desenvolvido no experimento em Quintas, que já havia modificado a abordagem original de Freire, a campanha de Brasília não deve nos levar a concluir que apenas os estudantes secundaristas e universitários poderiam assumir a função de coordenadores de acordo com o Método ou Sistema Paulo Freire.

A experiência de Brasília evidencia a importância de uma preparação minuciosa e de uma resposta local de e para os coordenadores, uma vez que eles desempenham um papel fundamental no método Paulo Freire. O compromisso social e revolucionário e uma consciência histórico-política geral são as características que devem orientar a seleção dos coordenadores (LYRA, 1976).

As instruções dos coordenadores em Brasília estavam muito menos focadas nos contrastes sociais e econômicos da sociedade brasileira do que, por exemplo, em Quintas. Em vez disso, os trabalhadores e os proprietários de pequenos negócios são retratados como participando de um compromisso conjunto com a natureza. Só de passagem foram mencionadas formas independentes de organização dos trabalhadores. O termo "povo", que pode ser considerado quase programático na discussão dos movimentos culturais populares, dificilmente aparece. Por outro lado, no tratamento do subdesenvolvimento do Nordeste do Brasil, a ênfase está na exigência de que o governo acelere as tentativas de resolver problemas socialmente incômodos.

A contribuição dos próprios participantes do círculo cultural para eliminar o subdesenvolvimento não é discutida. Não foram feitos esforços durante o curso para informar os participantes sobre o local e o modo de participação em associações políticas ou municipais. No método Paulo Freire o interesse principal está no diálogo problematizador em torno de uma situação sociológica e da palavra geradora. O conteúdo das orientações dos coordenadores não deve necessariamente determinar o rumo dos diálogos no círculo cultural: assim, podemos supor que houve um certo otimismo exagerado sobre a forma como os conteúdos estreitamente definidos, juntamente com as medidas de recrutamento e qualificação empregadas, poderiam prejudicar os debates nos círculos. Os organizadores da campanha por vezes não resistiram à tentação de transformar os círculos culturais em órgãos de aclamação detalhados, até mesmo com pautas de discussão cuidadosamente programadas. A Comissão Regional e seus representantes na equipe do SEC/UR parecem ter ficado muito confiantes na força inerente à sequência antropológica e ao próprio diálogo de formulação de problemas.

A despeito do esforço em nível nacional por parte de Freire e de seus colaboradores para corrigir esse revés nos outros locais de formação do Programa Nacional de Alfabetização, é impossível para nós, atualmente, fazer quaisquer outras avaliações após o fato. As conquistas de Freire e de seus colaboradores, do Movimento de Cultura Popular em geral, já eram, no final de março de 1964, suficientemente perigosas para que as forças militares brasileiras interviessem com os seus tanques e suas tropas de choque. E os incidentes mais sangrentos aconteceram exatamente na cidade natal de Freire, ao mesmo tempo berço e epicentro do Movimento de Cultura Popular do Brasil: Recife. Paulo Freire, Jomard Brito e muitos outros foram presos. Freire finalmente conseguiu fugir e começou seu exílio de 15 anos.

Referências

ARAÚJO FREIRE, A.M. (2006). *Paulo Freire, uma história de vida*. Indaiatuba: Villa das Letras.

BARRETO, V. (1998). "Sistema Paulo Freire: experiência de Brasília em 1963". In: BARRETO, V. *Paulo Freire para educadores*. São Paulo: Arte & Ciência, p. 96-99 [Disponível em http://forumeja.org.br/sites/forumeja.org.br/files/brasiliabv.pdf – Acesso em 11/02/2021].

BEISIEGEL, C.R. (1974). *Estado e educação popular*. São Paulo: Pioneira.

BOUÇAS COIMBRA, C.M. (2000). "Educação pelo diálogo e para o diálogo: O Programa Nacional de Alfabetização no Rio de Janeiro". In: *Congresso "Um olhar sobre Paulo Freire"*, Évora, 20-23/09/2000 [Disponível em https://app.uff.br/slab/uploads/texto56.pdf – Acesso em 12/03/2021].

BRITO, J.M. (1976, 28 out.). *My Interview with him*. Recife/Frankfurt: Verbatim Records/Archives Gerhardt.

BRITO, J.M. (1964). *Contradições do homem brasileiro*. Rio de Janeiro: Tempo Brasileiro.

BRITO, J.M. (1963). "Educação de adultos e unificação da cultura". In: *Estudos Universitários*, 4, p. 61-71.

CARDIM, P. (2020). "Sandra Cavalcanti: profetiza do caos na educação". In: *Blog da Reitoria* # 431, 16/03/2020 [Disponível em http://www.belasartes.br/diretodareitoria/artigos/sandra-cavalcantiprofetizado-caos-na-educacao – Acesso em 13/03/2021].

CAVALCANTI, S. (1964). "Sandra vê em Sambaqui 'agente de politização de massas'". In: *Jornal do Brasil*, 15/03, caderno 1, p. 22 [Disponível em https://sensoincomum.org/2019/12/17/em-marco-de-64professora-marxismo/ – acesso em 12/03/2021].

FÁVERO, O. (2012). "As fichas de cultura do Sistema de Alfabetização Paulo Freire: Um ovo de Colombo". In: *Revista Linhas Críticas*, 37 (38), p. 465-483.

FILHO, J.L. (1962/1963). "A revolução dos analfabetos". In: *Brasília – Revista da Companhia Urbanizadora da Nova Capital do Brasil*, n. 7, mai./1962-set./1963 [Disponível em https://www2.senado.leg.br/bdsf/bitstream/handle/id/507005/Brasilia_1962_1963_Ano_7_n65_81.pdf?sequence=1&isAllowed=y – Acesso em 15/02/2021].

FREIRE, P. (1996). *Letters to Cristina*. Londres: Routledge.

FREIRE, P. (1996b). *Paulo Freire homenageado em Ceilândia* [Transcrição do audiovisual feita por M. Jevan] [Disponível em http://www.forumeja.org.br/df/node/20 – Acesso em 15/03/2021].

FREIRE, P. (1978). *My interview with him*. Frankfurt: Archives Gerhardt [Genebra, 9 jan. Tape script. 32p.].

FREIRE, P. (1967). *Educação como prática da liberdade*. Rio de Janeiro: Paz e Terra [Disponível em http://www.gestaoescolar.diaadia.pr.gov.br/arquivos/File/otp/livros/educacao_pratica_liberdade.pdf – Acesso em 13/03/2021].

FREIRE, P. & FREI BETTO (2001). *Essa escola chamada vida*. Rio de Janeiro: Ática.

GALVÃO, W. (2020). *Dia do Candango e comemorado, pela primeira vez, neste sábado no Distrito Federal* [Disponível em https://www.

google.de/amp/s/g1.globo.com/google/amp/df/distritofederal/noticia/ 2020/09/12/dia-do-candango-e-comemorado-pela-primeira-vez-neste-sabado-no-distritofederal.ghtml – Acesso em 15/03/2021].

GERHARDT, H.P. (1989/1978). "Die Kampagne in Quintas/Natal". In: GERHARDT, H.P. (1978). *Zur Theorie und Praxis Paulo Freires in Brasilien*. Frankfurt: R. Gerhardt, p. 151-204 [trad. bras. GERHARDT, H.P. "Documento: Freire nas Quintas" In: *Comunicação e Política*, 9, n. 2-4, 1989, p. 115-148].

GERHARDT, H.P. (1983). *Angicos: Rio Grande do Norte: 1962/63 – A primeira campanha com o "Sistema Paulo Freire"* [Disponível em http://acervo.paulofreire.org:8080/xmlui/handle/7891/2695 – Acesso em 15/01/2021].

GERHARDT, H.P. (1978). *Zur Theorie und Praxis Paulo Freires in Brasilien*. Frankfurt: R. Gerhardt.

GONÇALVES DA COSTA LIMA, J.A. (1964a). *Presença na universidade*. Recife: Universidade de Recife.

GONÇALVES DA COSTA LIMA, J.A. (1964b). "A divulgação da cultura". In: *Presença na universidade*. Recife: Universidade de Recife, p. 83-87.

IBGE (org.) (1960). *Geografia do Brasil – "Grande Região Centro-Oeste"*. Rio de Janeiro: IBGE.

KIRKENDALL, A.J. (2010). *Paulo Freire and the Cold War Politics*. Chapel Hill: University of North Carolina Press.

LIMA, L.O. (1965). *Tecnologia, educação e democracia*. Rio de Janeiro: Civilização Brasileira.

LOWDS, P. (2005). *In the shadow of Freire*. Los Angeles: Ucla.

LYRA, C. (1976, 28 out.). *My Interview with him*. Natal/Frankfurt: Verbatim Records/Archives Gerhardt.

MANFREDI, M.S. (1976). *Uma interpretação sociológica do Programa Nacional de Alfabetização*. São Paulo: Universidade de São Paulo [Tese de mestrado apresentada ao Departamento de Ciências Sociais da Faculdade de Filosofia].

MEB/Movimento de Educação de Base (1963?). *Introdução ao Método Paulo Freire*. Frankfurt: Archives Gerhardt

MEC & SEC/UR/Educação de Adultos (1963). *Palavras geradoras para Brasília*. Frankfurt: Archives Gerhardt, 5 p.

MONTEIRO COSTA, M.A. (1976). *My two Interviews with her*. Recife/Frankfurt: Verbatim Records/Archives Gerhardt.

MONTEIRO COSTA, M.A. (1963). *Alfabetização de adultos* –Considerações gerais. Frankfurt: Archives Gerhardt.

MONTEIRO COSTA, M.A. (1963?). *Personal Manuscript*. Frankfurt: Archives Gerhardt [hectografados].

PAIVA, V. (2018). *National developmentalism*: its influence on Paulo Freire. Rio de Janeiro/Seattle: IEC/Amazon Book Club.

PAIVA, V. (1973). *Educação popular e educação de adultos*. São Paulo: Civilização Brasileira.

Sistema Paulo Freire – Debate sobre a primeira situação sociológica e aula inicial de alfabetização (1963). Frankfurt: Archives Gerhardt, 3 p.

Tribuna do Norte (2013). "Acompanhe linha do tempo sobre o projeto de Paulo Freire", 31/mar. [Disponível em http://www.tribunadonorte.com.br/noticia/acompanhe-linhado-tempo-sobre-o-projeto-de-paulofreire/246507 – Acesso em 01/03/2021].

UNIVERSIDADE DE RECIFE (1963). *Boletim Informativo*, n. 11/14, p. 22.

VERAS, D.B. (2010). *Sociabilidades Letradas no Recife*: A Revista Estudos Universitários (1962-1964). Recife: Universidade Federal de Pernambuco [Dissertação de mestrado].

VIDESOTT, L. (2008). "Candangos". In: *Risco 7* – Revista de Pesquisa em Arquitetura e Urbanismo, vol. 1, p. 7-37.

WOLFE, M. (1995). *Elusive development*. Londres: Zed Book.

13
Educação de Jovens e Adultos e a obra *Pedagogia do Oprimido*

Leôncio Soares

Nenhuma "ordem" opressora suportaria que os oprimidos todos passassem a dizer: Por quê?[1]

Introdução – Pedagogia do Oprimido e o espanto diante da realidade

Em entrevista concedida antes de falecer, ao ser perguntado sobre o que vinha escrevendo, o poeta maranhense Ferreira Gullar respondeu que simplesmente nada; afirmou, ainda, que havia parado de escrever porque não havia mais nada que o espantasse. Ao iniciar a escrita do presente texto, lembrei-me de Gullar e me perguntei se ele estivesse vivo hoje, nesses tempos de incertezas e de (des)governo, se continuaria não havendo nada que o espantasse. Já somam mais de centenas de milhares de mortes no Brasil devido à pandemia da Covid-19 e, infelizmente, essa cifra assustadora não tem sido suficiente para dar um basta nas ações

---

1. Freire, 2005, p. 87.

equivocadas dos que são os responsáveis pela segurança e pela proteção da vida de 210 milhões de habitantes.

Neste capítulo, longe de esgotar a temática que anuncia seu título, pretendo trazer reflexões sobre o quanto a obra de Freire é atual para compreender os múltiplos "espantos" que têm ameaçado a vida dos oprimidos. No prefácio da edição brasileira de *Pedagogia do Oprimido*, Ernani Maria Fiori inicia o texto afirmando que Paulo Freire é um pensador comprometido com a vida, pois "não pensa ideias, pensa a existência". Mais à frente, o próprio Fiori dirá que "o mundo é espetáculo, mas sobretudo convocação". É esse movimento dialético do processo histórico – humanização/desumanização – que levou Freire a escrever, pouco tempo antes de nos deixar, em 1997, um texto intitulado *Do direito e do dever de mudar o mundo*[2]. Portanto, se Gullar havia afirmado antes de sua morte, em 2016, que já não havia mais com que se espantar, não podemos dizer o mesmo sobre os anos que se seguiram. Vivemos um momento de distopia, de tentativas de apagamento da história, de produção incalculável de *fake-news*, de prática da necropolítica, de impossibilitar pensar que outro mundo é possível. É nesse contexto que identificar aspectos que relacionam a educação de jovens e adultos com a obra *Pedagogia do Oprimido* é um convite a compreender a realidade em que estamos e a lutar pela recuperação da humanidade que nos têm sido roubada. E é o próprio Freire que inicia seu livro com uma epígrafe nos fazendo esse convite, dedicando-o "Aos esfarrapados do mundo e aos que nesses se descobrem e, assim descobrindo-se, com eles sofrem, mas, sobretudo, com eles lutam"[3].

---

2. Freire, 2000, p. 53.
3. Freire, 2005, p. 23.

Ao iniciar o primeiro capítulo da mesma obra, Freire nos diz:

> Mais uma vez os homens, desafiados pela dramaticidade da hora atual, se propõem a si mesmos como problema. Descobrem que pouco sabem de si, de seu posto no cosmos, e se inquietam por saber mais. Estará, aliás, no reconhecimento do seu pouco saber de si uma das razões desta procura. Ao se instalarem na quase, senão trágica descoberta do seu pouco saber de si, se fazem problema a eles mesmos. Indagam. Respondem, e suas respostas os levam a novas perguntas[4].

Encontramo-nos novamente desafiados pela dramaticidade da hora atual. A pandemia fez o mundo parar, o que parecia improvável, e nos obrigou a nos vermos, enquanto humanidade, como problema. Colocou em xeque os conhecimentos acumulados até então para resolução da inédita tragédia que se espalhava pelo planeta. Fez-nos descobrir que pouco sabíamos de nós mesmos e, frente a tantas incertezas, nos pôs a fazer novas indagações.

A pandemia escancarou a desigualdade e a injustiça social em que vivem milhões de pessoas sem condições dignas de moradia, de saneamento básico, de atendimento primário à saúde, de trabalho, de uma renda mínima e de educação. Embora esse panorama já existisse antes da pandemia, ela deu visibilidade e levou ao agravamento das condições de sobrevivência dos que se encontram excluídos dos direitos elementares da vida.

---

4. Ibid., p. 31.

1 O contexto de formação e dos primeiros anos de atuação profissional de Freire

Tendo nascido após a Primeira Guerra Mundial, Paulo Freire experimentou os estragos e a destruição que uma guerra produz. Na década em que nasceu, a taxa de analfabetismo no Brasil era de 71,2% para as pessoas de 5 anos ou mais, ou seja, de cada dez pessoas que residiam no Brasil, sete não tinham o domínio da leitura e da escrita. Esse aspecto da nossa realidade – o analfabetismo em larga escala da população – será marcante durante toda a vida de Freire. Nos seus primeiros anos de vida, conviveu com crises como a do café, a "Revolução" de 1930, o processo de industrialização e urbanização, a crise da borracha. Todo esse contexto, que resultou em recessão e empobrecimento de parte significativa da população brasileira, levou sua família a se mudar do Recife para Jaboatão, o que possibilitou que se aproximasse da realidade dramática dos moradores da periferia. Sob a sombra da mangueira, ainda criança, iniciou sua descoberta do mundo.

Em *A importância do ato de ler*, obra publicada em 1981, Freire nos conta sobre a sua infância, sobre o quanto era curioso e o quanto aprendeu na convivência com os mais pobres. Tendo perdido o pai precocemente, aos 13 anos, passou a contar com a luta incansável da mãe[5] em garantir a continuidade de seus estudos, ao obter uma bolsa de estudos no Colégio Oswaldo Cruz, no Recife. Nesse período dos primeiros anos de sua formação, a realidade brasileira era apresentada, "redescoberta", analisada e criticada por meio da arte, da literatura, da sociologia. Em 1928, Mario de Andrade publicou *Macunaíma – herói sem nenhum*

---

5. Haddad, 2019, p. 30.

caráter. Em 1933, em alusão ao processo de industrialização, Tarsila do Amaral pintou seu famoso quadro *Os trabalhadores*. No mesmo ano, Gilberto Freyre lançou o livro *Casa Grande & Senzala*, e, três anos depois, Sérgio Buarque de Holanda publicou *Raízes do Brasil*, ambos sobre a formação sociocultural brasileira. Fora do Brasil, em 1936, Charlie Chaplin produziu *Tempos Modernos* como uma crítica ao capitalismo, ao nazifacismo e ao imperialismo. No ano seguinte, Pablo Picasso escancarava os horrores da guerra civil espanhola ao pintar *Guernica*. É bem provável que Freire tenha tido contato com a produção cultural desse período em que se formava; quiçá, ele bebeu dessas águas que contribuíram para o desenvolvimento de seu pensamento humanista, vendo o homem não como objeto, mas como sujeito da história.

Quando Freire começou a trabalhar como professor de língua portuguesa, no início dos anos de 1940, no mesmo colégio em que estudou, a taxa de analfabetismo no Brasil, de 56,8%, permanecia elevada. Freire se refere, sempre com indignação, ao fato de que os que leem não se preocupam e nem se comprometem com os que não leem. Essa inquietação irá acompanhá-lo pela vida. Se, por um lado, o trabalho que ele havia conseguido era dirigido a uma pequena parcela da população brasileira que podia pagar pelos estudos, por outro, como mudar a realidade dos que se encontravam excluídos do direito à educação?

Os anos seguintes seriam decisivos para Freire optar definitivamente pela educação. Naquela época, não havia curso superior para formar licenciados. Os professores eram reconhecidos pelo notório saber. Com intenção de prosseguir os estudos, Freire ingressou na Faculdade de Direito do Recife, em 1943, ao mesmo tempo em que prosseguia como professor de língua portuguesa. O mundo estava mergulhado em outra guerra mundial e, em 1945, é abalado com o lançamento da bomba atômica, pelos norte-americanos, que levou à destruição das cidades de Hiroshima e Nagasaki, no Japão.

Em 1944, Cândido Portinari havia pintado *Os Retirantes*, retratando a saga da população que deixava o campo, em direção aos centros urbanos. Na década de 1940, a população que morava no campo correspondia a aproximadamente 70% dos brasileiros. Esse fenômeno histórico foi registrado em diversas manifestações culturais; entre elas, a clássica composição de Humberto Teixeira e Luiz Gonzaga, *Asa Branca*.

Não por coincidência, no mesmo ano de 1947, Manuel Bandeira escreveu de forma impactante seu poema *O bicho*, como uma dura crítica social à sociedade brasileira.

>Vi ontem um bicho
>Na imundície do pátio
>Catando comida entre os detritos.
>Quando achava alguma coisa,
>Não examinava nem cheirava:
>Engolia com voracidade.
>O bicho não era um cão,
>Não era um gato,
>Não era um rato.
>O bicho, meu Deus, era um homem.

De um lado, havia o êxodo rural expulsando o homem do campo. De outro, observava-se o crescimento desordenado das cidades, sem infraestrutura condizente para acolher quem chegava em busca de melhores condições de vida, contribuindo assim para o aumento da pobreza e o crescimento dos bolsões de miséria. Tem-se aqui a formação de um contingente da população excluída dos mínimos direitos que passa a fazer parte do público demandatário de educação. É quando o mapa do analfabetismo passa a coincidir com o mapa da pobreza. À época, ainda não tínhamos o conceito de diversidade como o entendemos na atualidade, mas fazia parte desse público a população empobrecida do campo e os moradores e as moradoras das áreas periféricas dos centros urbanos. Assim, temos constituída parcela significativa da população brasileira, em que os que se encontram marginalizados culturalmente, explorados economicamente e excluídos socialmente passam a ser nomeados de "oprimidos" por Freire.

Na década seguinte, João Cabral de Melo Neto publicará seu auto de Natal: *Morte e Vida Severina*. Destaco aqui um trecho de "Funeral de um lavrador", que faz parte da obra, poema musicado por Chico Buarque para a montagem do poema pelo grupo do Teatro da Universidade Católica de São Paulo (Tuca) em 1965, em que o autor, em tom crítico e satírico, nos diz da herança deixada para os que morriam no campo sem nada ter.

> Esta cova em que estás com palmos medida
> É a conta menor que tiraste em vida.
> É de bom tamanho nem largo nem fundo
> É a parte que te cabe deste latifúndio.

Em 1947, Paulo Freire concluiu o curso de Direito e, tendo sido convidado a assumir a Diretoria de Divisão de Educação e Cultura do Sesi de Pernambuco, abandona em definitivo a carreira de advogado.

Como desdobramento das negociações no pós-guerra, foi criada a ONU, em 1945, como estratégia diplomática para se evitar o surgimento de outro confronto mundial. Cessa o confronto bélico e dá-se início à Guerra Fria, entre os blocos capitalista, tendo à frente os Estados Unidos, e o comunista, liderado pela então União Soviética. No tocante aos assuntos sobre educação, ciência e cultura, criou-se a Unesco, que, em um esforço para disseminar uma cultura de paz, estimulou os países membros a desenvolverem campanhas de alfabetização de adultos. Foi nesse espírito que o governo brasileiro lançou, em 1947, a Campanha de Educação de Adolescentes e Adultos (Ceaa), em que foram criadas dez mil classes de alfabetização de adultos em todo o território nacional. Para receber apoio, o governo federal exigia que cada estado criasse o Serviço de Educação de Adultos. Para lançar a campanha, o governo convocou o Primeiro Congresso Nacional de Educação de Adultos, que se realizou no Rio de Janeiro. Os primeiros anos da Campanha, coordenada por Lourenço Filho, foram de muita euforia e entusiasmo com a ampliação do número de classes e a publicação de livros e guias dedicados aos professores e aos responsáveis pela implementação da campanha em cada estado. Quanto ao material pedagógico, optou-se pelo uso do método Laubach, que havia sido trabalhado na campanha de alfabetização nas Filipinas[6].

Em 1952, Paulo Freire amplia sua área de formação e de trabalho. Dessa vez, ingressa no ensino superior, tendo sido nomeado professor catedrático da Faculdade de Belas Artes da Universidade do Recife (atual Universidade Federal de Pernambuco).

Ao mesmo tempo, continuava a atuar no Sesi. De 1954 a 1956, Freire foi Diretor Superintendente da instituição em Pernambuco. A partir de então, entramos em um período histórico no Brasil e no mundo considerado por muitos estudiosos de

---

6. Soares, 1995, p. 76.

efervescente no campo social, político, econômico e religioso. No campo político, muitos acontecimentos marcaram esse período, a começar pelos movimentos de independência dos países africanos. No campo social, o movimento feminista e o movimento pelos direitos civis dos negros nos Estados Unidos deram impulso ao surgimento de diversos movimentos emancipatórios pelo mundo. No campo econômico, a teoria do subdesenvolvimento contribuía para pensar a dependência política entre os países, trazendo elementos para a melhor compreensão da relação centro/periferia e em que consistia a desestabilização política na região latino-americana. Foi desse período a Revolução Cubana que trouxe grande impacto na região. No campo religioso, o Papa João XXIII convocava o Concílio Vaticano II, que resultou na ampliação da participação do leigo católico na doutrina social da igreja.

No Brasil, vivia-se a era da política econômica desenvolvimentista do governo Juscelino Kubitschek (1956-1961), com seu Plano de Metas de 50 anos em 5. Nesse contexto, tudo o que levava o Brasil a se projetar internacionalmente era comemorado com muito ufanismo. Foi assim com a primeira conquista da seleção brasileira de futebol, ao ser vencedora em 1958 na Suécia, com destaque para a participação de Pelé. Em 1959, João Gilberto inicia um novo estilo musical ao lançar a canção *Chega de Saudade*, considerada a precursora da bossa nova. O movimento do Cinema Novo, tendo Glauber Rocha como um de seus idealizadores, foi um estilo caracteristicamente próprio do cinema brasileiro, ao trazer para as telas a realidade racial e classista do país.

2 Freire e a educação de adultos

A educação foi uma das metas do Plano de JK, no entanto, a Campanha que fora criada em 1947 se encontrava em declínio, recebendo duras críticas. Visando incrementá-la para que tomasse um novo impulso, principalmente na formação de mão de obra para atender às indústrias que recebiam grande incentivo, o Ministério da Educação propôs a realização em 1958 do II Congresso Nacional de Educação de Adultos, no qual JK participou da abertura[7]. Paulo Freire não tardaria a entrar em cena na discussão dos grandes problemas da nação tendo participado do evento como relator da 3ª Comissão, cujo tema foi *A Educação dos Adultos e as populações marginais: o problema dos mocambos*. Enquanto outros relatórios faziam referências aos aspectos técnicos do ensino ou mesmo da precária infraestrutura da Campanha, o relatório da Comissão da qual Freire participou tocava em um ponto, até então, inédito nos debates e nos documentos registrados desde o I Congresso em 1947: trazia como temática central a relação entre a realidade dos sujeitos alvos da Campanha e seus objetivos. Freire argumentava que o problema do analfabetismo não era o único nem o mais grave da população e que as condições de miséria em que viviam os não alfabetizados é que, também, deveriam ser problematizadas[8]. Esse relatório passou a ser um marco do início dos escritos de Paulo Freire no que se refere à educação de pessoas jovens e adultas.

Em 1959, Freire defendeu sua tese intitulada *Educação e atualidade brasileira*[9] e obteve o título de doutor em Filosofia e História da Educação. Tem-se aqui a interlocução estabelecida

---

7. Associação Brasileira de Educação, 1959, p. 3.
8. Galvão e Di Pierro, 2010, p. 45.
9. Freire, 1959.

entre Freire e Anísio Teixeira ao indagar o porquê de não ter vingado ainda o espírito democrático no homem brasileiro e ao constatar que a atualidade estava impondo a participação desse mesmo homem na vida pública do país.

No início dos anos de 1960, Freire ingressou no Movimento de Cultura Popular (MCP). Tratava-se de um movimento que levava cultura e arte às denominadas praças de cultura, mas também a alfabetização de adultos e a educação de base. Foi constituído em maio de 1960 no Recife por estudantes universitários, artistas e intelectuais, em ação conjunta com a prefeitura, à época ocupada por Miguel Arraes. O MCP tinha por objetivo formar uma consciência política e social nas massas trabalhadoras no intuito de prepará-las para uma efetiva participação na vida do país. Em meio às atividades desenvolvidas no MCP, Freire iniciou a construção do que viria a ser conhecido como sistema de alfabetização de adultos. Sentindo-se sempre desafiado a propor uma resposta que fosse alternativa aos métodos tradicionais de alfabetização, aos quais dirigia suas críticas, começou com pequenos grupos para, depois, vivenciar as experiências no Centro de Cultura Dona Olegarinha, sede do Movimento. Compartilhava suas reflexões e ações com Elza, sua primeira esposa, que era professora "primária", a quem atribuiu ter contribuído na prática de alfabetização e na formulação do seu pensamento[10].

Nesse período, a taxa de analfabetismo no Brasil chegava a 39,6%, o que contribuiu para o surgimento de outros movimentos tão importantes como o MCP. Em março de 1961, fora criado o *Movimento de Educação de Base* (MEB), em convênio

---

10. Haddad, 2019, p. 59.

firmado entre o governo federal e a Conferência Nacional dos Bispos do Brasil (CNBB), com a finalidade de organizar as escolas radiofônicas nas regiões Norte, Nordeste e Centro-Oeste do país. No ano seguinte, surgiu o *Centro Popular de Cultura* (CPC), por iniciativa de um grupo de intelectuais de esquerda em associação com a União Nacional dos Estudantes (UNE), com o objetivo de criar e divulgar uma arte popular revolucionária. Fundados inicialmente no antigo estado da Guanabara, os CPCs se espalharam por todo o território nacional. Outros dois importantes movimentos foram criados na região Nordeste: a *Campanha de Educação Popular* (Ceplar), na Paraíba, e a Campanha *De pé no chão também se aprende a ler*, em Natal.

Concomitantemente à atuação no MCP, Freire assumiu a diretoria do Serviço de Extensão Cultural da Universidade do Recife, o que fez com que as atividades de alfabetização de adultos tivessem maior visibilidade e se ampliassem para outros estados do Nordeste. Nesse contexto, surgiu o convite do governador do Rio Grande do Norte para desenvolver a experiência no município de Angicos, que se tornaria referência em sua vida. As "40 horas de Angicos", que envolveu cerca de 300 trabalhadores da região, colocou em prática o sistema de alfabetização de adultos proposto por Freire, abrangendo desde o período de preparação dos alfabetizadores, passando pela pesquisa do levantamento vocabular da população, prosseguindo na seleção de temas geradores a serem trabalhados nos círculos de cultura. A experiência de Angicos foi largamente divulgada dentro e fora do país, o que levou o presidente João Goulart a convidar Freire para coordenar o Programa Nacional de Alfabetização, proposto em nível federal.

O poeta Thiago de Mello, convidado por Paulo Freire para presenciar o que acontecia em Angicos, escreveu a *Canção para os Fonemas da Alegria*, em que diz:

> Peço licença para terminar
> soletrando a canção de rebeldia
> que existe nos fonemas da alegria:
> canção de amor geral que eu vi crescer
> nos olhos do homem que aprendeu a ler.

O protagonismo de estados do Nordeste no que se refere aos movimentos de educação e cultura popular foi confirmado com a convocação do Ministério da Educação e Cultura para a realização, em setembro de 1963, no Recife, do Primeiro Encontro Nacional de Alfabetização e Cultura Popular, que reuniu aproximadamente 200 delegados, representando mais de 70 instituições. Além dos movimentos aqui já referidos, como o MCP, o MEB, os CPCs, a Ceplar, o *De pé no chão também se aprende a ler*, também estiveram presentes, no encontro, a *Cruzada Evangélica de Alfabetização de Adultos*, a *Campanha de Alfabetização de Adultos* (Pará), *Serviço de Educação de Adolescentes e Adultos* (Rio Grande do Sul), *Movimento Comunitário de Ijuí* (Rio Grande do Sul), entre outros.

Toda a efervescência social e cultural do início dos anos de 1960 viria desaguar na intensa mobilização política por reformas de base e que foi interrompida com o desfecho do golpe civil-militar de março de 64. Os movimentos acima citados, com exceção do MEB, que era ligado à Igreja Católica, foram perseguidos e interrompidos. Uma onda de repressão se abateu sobre a sociedade, com ações de perseguições e prisões às lideranças. O PNA foi, também, extinto. Após ter sido interrogado e preso por um período em Olinda, Freire decidiu se exilar do país, indo inicialmente para Bolívia e, posteriormente, para o Chile, onde se fixou e trabalhou no Instituto Chileno para a Reforma Agrária (Icira).

A década de 1960 foi, desse modo, provavelmente, um dos períodos mais intensos da vida de Freire, que marcou definitivamente a formulação do seu pensamento, em virtude do seu envolvimento com as ações no campo da educação, que resultaram no exílio, e da produção de trabalhos importantes, entre os quais aquele que viria a ser o mais lido e o mais conhecido dentre os demais: *Pedagogia do Oprimido*.

3 Pedagogia do Oprimido e a educação de adultos: diálogos possíveis

A intensidade das experiências, vividas naqueles anos, pode ser refletida e sistematizada em textos compondo as primeiras publicações de Freire: *Educação como Prática da Liberdade* (1965) e *Pedagogia do Oprimido* (1968). No decorrer deste capítulo, vimos traçando um paralelo entre a vida de Paulo Freire e contextos mais amplos, de modo a perceber como, nos movimentos da história, foi se formando o contingente do público que denominamos sujeitos da educação de jovens e adultos. Em um cenário em que a desigualdade e a injustiça social predominaram na formação do povo brasileiro, vivemos quase 500 anos de negação do direito à educação a todos. Foi na Constituição Federal de 1988, portanto ao final do milênio, que se imprimiu na lei maior do país, o direito, independentemente da idade, à educação para todos. Durante os anos de 1967 e 1968, em que Paulo Freire escreveu *Pedagogia do Oprimido*, não havia no

Brasil uma política de atendimento àqueles que se encontravam sem o domínio da leitura e da escrita, bem como dos que, por alguma razão, tiveram seus estudos interrompidos. O Mobral só seria criado em 1969 e o ensino supletivo, tal como conhecemos hoje, só existiria a partir da LDB 5692, do ano de 1971, vindo a ser regulamentado pelo Parecer 699/72, do conselheiro Valnir Chagas, que estabelecia as bases da Doutrina do Ensino Supletivo. Talvez, por esses motivos, não encontramos, em *Pedagogia do Oprimido*, a expressão ou mesmo o conceito de educação de jovens e adultos que passou a ser formulado em documentos e nas legislações a partir de 1985.

Ao escrever o primeiro capítulo da obra, sob o título de *Justificativa da Pedagogia do Oprimido*, Freire nos diz que "a desumanização [...] não é destino dado, mas resultado de uma 'ordem' injusta que gera a violência dos opressores"[11]. Apresenta, então, alguns aspectos do que parece constituir o que vem chamando de Pedagogia do Oprimido: "aquela que tem de ser forjada *com* ele e não *para* ele, enquanto homens ou povos, na luta incessante de recuperação de sua humanidade"[12]. A exclusão do processo de escolarização pode aqui ser entendida como uma dimensão da desumanização, na medida em que impede os que se encontram em estado de exclusão de Ser Mais.

Freire nos ajuda a entender o porquê, no Brasil, se demorou séculos para que o direito de todos à educação fosse reconhecido, ao dizer que "a realidade social, objetiva, que não existe por acaso, mas como produto da ação dos homens, também não se transforma por acaso". Afirma ainda que, "se os homens são produtores desta realidade, e se esta, na 'inversão

---

11. Freire, 2005, p. 32.
12. Ibid., p. 34.

da práxis', se volta sobre eles e os condiciona, transformar a realidade opressora é tarefa histórica, é tarefa dos homens"[13].

Para Freire, a opressão somente existe quando se constitui em um ato proibitivo do *ser mais* dos homens[14]. Nesse sentido, estar excluído do processo de escolarização, como milhões de jovens e adultos, do qual inúmeras possibilidades se abrem para atuar na transformação das situações opressoras, caracteriza estar impedido de ser mais.

Por sua vez, o simples fato de estar participando de um processo de escolarização não significa que o direito à educação esteja sendo plenamente efetivado. Uma das críticas a que Freire mais se dedicou a formular seus argumentos foi o que ele denominou de concepção bancária da educação. Assim ele introduz o segundo capítulo de *Pedagogia do Oprimido*:

> Quanto mais analisamos as relações educador-educandos, na escola, em qualquer de seus níveis (ou fora dela), parece que mais nos podemos convencer de que estas relações apresentam um caráter especial e marcante – o de serem relações fundamentalmente *narradoras, dissertadoras*[15].

Nesse capítulo, ele centra em analisar como a ação escolar é predominantemente narrativa. O educador é tido como indiscutível agente cuja tarefa é "encher" os educandos dos conteúdos de sua narração. Conteúdos que, para Freire, são retalhos da realidade desconectados da totalidade em que o uso da palavra se torna "verbosidade alienada". Freire segue afirmando que uma das características da educação dissertadora é a "sonorida-

---

13. Ibid., p. 41.
14. Ibid., p. 49.
15. Ibid., p. 65.

de" da palavra, e não sua força transformadora, o que resulta na mera memorização mecânica.

> [...] a narração os transforma em "vasilhas", em recipientes a serem "enchidos" pelo educador. Quanto mais vá "enchendo" os recipientes com seus "depósitos", tanto melhor educador será. Quanto mais se deixam docilmente "encher", tanto melhores educandos serão"[16].

O resultado dessa ação escolar é que, ao receber os depósitos, guardá-los e arquivá-los de forma passiva, os educandos o fazem sem criatividade e sem transformação. Freire vai insistir em que só existe saber na invenção, na reinvenção, na busca inquieta, impaciente, permanente, que é feita entre educandos e educadores e entre educandos e educandos. Desta forma, a educação bancária atende aos interesses dos opressores na medida em que não lhes interessa a transformação das situações que mantêm os sujeitos oprimidos. É com frequência que encontramos, no interior de certas ações, muitas vezes bem intencionadas, voltadas para a população em situação de vulnerabilidade social, a denominação de "assistidos", o que, implicitamente, põe esses sujeitos – muitos deles frequentadores da EJA – em um lugar de passividade.

Em uma das poucas passagens de *Pedagogia do Oprimido* em que Paulo Freire se refere diretamente à expressão educação de adultos é quando ele toma esse campo de conhecimento para dizer que não interessa à visão "bancária" propor aos educandos o desvelamento do mundo. De modo irônico, ele afirma que não faz diferença apresentar-lhes as frases "Ada deu o dedo ao urubu" ou "Ada deu o dedo à arara", na medida em que ambas

---

16. Ibid., p. 66.

servem aos opressores, pois não constituem instrumentos de conscientização.

É interessante perceber, no pensamento de Freire, a abertura para a contradição. Mesmo desenvolvendo uma dura crítica ao bancarismo da educação, ele alerta para o fato de que os próprios "depósitos", cedo ou tarde, podem provocar um confronto com a realidade e despertar os educandos contra sua domesticação.

> A sua "domesticação" e a realidade, da qual se lhes fala como algo estático, pode despertá-los como contradição de si mesmo e da realidade. De si mesmos, ao se descobrirem por experiência existencial, em um modo de ser inconciliável com a sua vocação de humanizar-se. Da realidade, ao perceberem-na em suas relações com ela, como devenir constante[17].

Aqui, nos deparamos com um dos pressupostos do pensamento de Freire. Se os homens são seres da busca e se sua vocação ontológica é humanizar-se, podem, cedo ou tarde, perceber a contradição em que a "educação bancária" pretende mantê-los e engajar-se na luta por sua libertação. Nesse caso, a ação do educador humanista, identificando-se com a dos educandos, será no sentido da humanização de ambos. A educação não pode ser a do depósito de conteúdos, mas a da problematização dos homens em suas relações com o mundo.

Um outro pressuposto de Freire é que, somente na comunicação, tem sentido a vida humana. Após analisar o conceito de necrofilia de Fromm e associá-lo à concepção bancária, Freire propõe a educação problematizadora como ação contrária à "bancária", associando-a ao conceito de biofilia do mesmo au-

---

17. Ibid., p. 70.

tor[18], na tarefa de refazer o mundo e de torná-lo mais e mais humano. Na tarefa de refazer o mundo, o educador problematizador se estabelece em diálogo com os educandos, em que ele não é apenas o que educa, mas o que, enquanto educa, é educado. Nesse caso, os educandos, em lugar de serem recipientes dóceis, são convidados a serem investigadores críticos, em diálogo com o educador e, ao serem educados, também educam: "Quanto mais se problematizam os educandos, como seres no mundo e com o mundo, tanto mais se sentirão desafiados. Tão mais desafiados, quanto mais obrigados a responder ao desafio"[19].

Um dos conceitos mais importantes no pensamento de Freire e que tem relação direta com a educação de adultos é o de *ser inconcluso*. Concebidos como seres históricos, os homens são reconhecidos como seres que "estão sendo", ou seja, como seres inacabados. Diferentes dos demais animais, os homens têm a consciência de sua inconclusão e nisso se dão as raízes da educação, como manifestação humana. Assim, para Freire, a educação é um "quefazer" permanente.

> Daí que se identifique com o movimento permanente em que se acham inscritos os homens, como seres que se sabem inconclusos; movimento que é histórico e que tem o seu ponto de partida, o seu sujeito, o seu objetivo. O ponto de partida deste movimento está nos homens mesmos[20].

Freire dedica o capítulo 3 de *Pedagogia do Oprimido* ao estudo da dialogicidade. É interessante perceber como ele foi buscando entender a centralidade do diálogo como fenômeno

---

18. Ibid., p. 74.
19. Ibid., p. 80.
20. Ibid., p. 85.

humano enquanto essência da educação como prática da liberdade. Toma a palavra como parte do diálogo para afirmar que existir é pronunciar o mundo. No prefácio da edição brasileira, que Fiori intitulou *Aprender a dizer a sua palavra*, em uma clara referência ao potencial dessa descoberta em *Pedagogia do Oprimido*, ele afirma: "O diálogo é o encontro dos homens, mediatizados pelo mundo, para pronunciá-lo"[21].

O diálogo é, assim, para Freire, uma exigência existencial, como encontro em que se solidarizam o refletir e o agir. A negação ou a proibição de dizer a própria palavra já instaura um estado de opressão, no qual os educadores, instigados pela inquietação crítica, comprometem-se com a causa dos oprimidos como um ato de amor. Quanto a esse compromisso, da parte dos educadores, Freire é radical: "Se não amo o mundo, se não amo a vida, se não amo os homens não me é possível o diálogo"[22].

Nas pesquisas[23] que vimos fazendo, ao longo dos anos, cada vez mais fica evidente que, para ser educador de jovens e adultos, uma série de exigências é demandada. As condições de vida e de trabalho nas quais os educandos da EJA estão expostos requerem, além de um conhecimento profundo das causas que os levaram a esse estado, uma postura acolhedora que dialogue com a diversidade própria desse público, bem como um compromisso com a transformação da realidade que aponte para um horizonte em que outro mundo seja possível.

Para Freire, o homem dialógico tem que ter fé nos homens antes de se encontrar frente a frente com eles. Fé no poder de fazer e de refazer. De criar e recriar. Fé na sua vocação de *ser*

---

21. Ibid., p. 91
22. Ibid., p. 92.
23. Silva e Soares, 2021.

mais, que não é privilégio de alguns eleitos, mas direito de todos os homens.

> [...] a desumanização que resulta da "ordem" injusta não deveria ser uma razão da perda da esperança, mas, ao contrário, uma razão de desejar ainda mais, e de procurar sem descanso, restaurar a humanidade esmagada pela injustiça[24].

Considerações finais

No início do texto, fiz referência a uma entrevista de Ferreira Gullar, refletindo que, se, à época, ele dizia que não havia nada mais que o espantava que justificasse escrever, imagino o que diria nos dias de hoje, ao presenciar a inédita tragédia humana planetária que estamos passando. De outro lado, no texto escrito por Freire antes de sua morte, admirado com a magnitude da Marcha dos Sem Terra em Brasília, ele nos alertaria para não se deixar abater com as situações que nos parecem impor limites a sua transformação e, provavelmente, nos convidaria, como sempre fez ao longo da vida, a enfrentar a realidade ao afirmar que "constato para mudar e não para me acomodar".

Na mesma linha de reflexão, tocado por um profundo sentimento de indignação e buscando com sua arte dar uma resposta ao comportamento banal e indiferente dos que nos governam e de parte da sociedade, o cantor Chico César e o poeta Bráulio Bessa compuseram, durante o distanciamento social, a canção *Inumeráveis*, ao trazer a história da vida concreta de algumas das milhares de pessoas que poderiam ter tido a vida poupada: "Se números frios não tocam a gente, espero que nomes consi-

---

24. Freire, 2005, p. 95.

gam tocar". A obra *Pedagogia do Oprimido*, embora tenha sido escrita há mais de cinco décadas e em um contexto diverso do que vivemos hoje, certamente nos leva, continuamente, a nos espantar diante da realidade atual e nos convoca a mudá-la.

Se o livro fosse escrito hoje, certamente Freire teria incorporado, em suas reflexões, a diversidade dos rostos concretos dos oprimidos: mulheres, negros e negras, quilombolas, LGBTQI+, pessoas com deficiência, privados de liberdade, migrantes, jovens da periferia, população em situação de rua, aqueles que são alvos de perseguição religiosa, entre tantos outros, pertencentes ao público acolhido na EJA.

Nesse sentido, desafios ainda maiores aguardam os que se encontram comprometidos com a educação de jovens e adultos no momento atual. Esperançar tem sido a palavra recorrentemente falada nas *lives* em que se celebra o centenário de Paulo Freire. Esperamos, assim, que a leitura de *Pedagogia do Oprimido*, complementada com as demais obras escritas por e sobre Freire contribuam com a formação de sujeitos críticos e comprometidos com a construção de um outro mundo e uma outra sociedade, sem exploração e sem discriminação. Mais igual, mais justa e mais fraterna. Findo com as palavras de Freire, incansável sonhador:

O futuro não nos faz. Nós é que nos refazemos na luta para fazê-lo[25].

Referências

ASSOCIAÇÃO BRASILEIRA DE EDUCAÇÃO. *II Congresso Nacional de Educação de Adultos*. Educação. Rio de Janeiro: ABE, 1959.

---

25. Freire, 2000, p. 56.

FÁVERO, O. *Cultura popular e educação popular:* memória dos anos 60. Rio de Janeiro: Graal, 1983.

FREIRE, P. *Educação como prática da liberdade.* 14ed. Rio de Janeiro: Paz e Terra, 2011.

FREIRE, P. *Pedagogia do Oprimido.* 44ed. Rio de Janeiro: Paz e Terra, 2005.

FREIRE, P. *Do direito e do dever de mudar o mundo.* In Pedagogia da Indignação: cartas pedagógicas e outros escritos. São Paulo: Editora UNESP, 2000.

FREIRE, P. *A Importância do Ato de Ler* – em três artigos que se completam. São Paulo: Cortez Editora & Autores Associados, 1991.

FREIRE, P. *Educação e Atualidade Brasileira.* Recife: Escola de Belas Artes de Pernambuco, 1959 [Tese de Concurso para a Cadeira de História e Educação].

GALVÃO, A.M.O; DI PIERRO, M.C. *Preconceito contra o analfabeto.* 2. ed. São Paulo: Cortez, 2012.

HADDAD, S. *O educador:* um perfil de Paulo Freire: São Paulo: Todavia, 2019.

SILVA, F.; SOARES, L. "Educação de Jovens e Adultos na esfera municipal em Minas Gerais". In: *Educação e Pesquisa,* vol. 47, 2021, p. 1-20, 2021.

SOARES, L. *Educação de Jovens e Adultos em Minas Gerais:* continuidades e rupturas. São Paulo: USP, 1995 [Tese de doutorado].

14
Fundamentos teóricos e práticos da participação no pensamento de Paulo Freire

Sandro de Castro Pitano

A projeção e o impacto internacional de Paulo Freire, intelectual amplamente presente em pesquisas desenvolvidas nas mais diversas áreas do conhecimento, justificam a relevância de avançar nos estudos sobre o seu pensamento. Em meio às comemorações pelo seu centenário de nascimento (1921-2021), percebe-se que sua importância, sobretudo para a Educação, continua sólida e em permanente reinvenção. Exatamente como ele gostaria: frutificando a partir dos desafios concretamente percebidos e assumidos ao longo da história. É nessa perspectiva que o presente capítulo foi elaborado, concentrando mais um esforço científico que busca aprofundar a compreensão sobre a obra de Freire e o vigor inesgotável que ela representa para a práxis educativa, sempre em conexão com as contradições sociais.

Freire elabora seu texto a partir de experiências de vida cuidadosamente refletidas e articuladas com um amplo referencial teórico e metodológico. Ele "se apropria tanto do teórico como do vivido, lendo desde acontecimentos sutis até aqueles considerados desprezíveis, para atravessá-los de múltiplos sonhos, de desejos vitais e de utopias coletivas"[1]. Sua orientação delineia um projeto pedagógico e político que parte de uma constatação emblemática e mobilizadora: a lógica social assentada nos valores capitalistas é perversa e injusta e o modelo cultural dominante usa mecanismos repressivos e ideológicos para a sua manutenção. Diante dela, Freire adota uma postura crítica e possibilista, pautada pela possível ação transformadora e revolucionária dos sujeitos, individuais e coletivos. Aposta no vigor e nas consequências complexas, imprevisíveis do movimento provocado pela intervenção humana, em processo de abertura permanente. E busca apontar caminhos para a libertação, explicitamente direcionados para a transformação política e social, por meio da reinvenção do poder.

Em Paulo Freire a pedagogia é a explicitação de uma ação educativa como "prática da liberdade" e de justiça social. A *Pedagogia do Oprimido*, que já completou cinquenta anos, marca o protagonismo do sujeito que busca mudanças na construção de sua pedagogia, afirmando-a como revolucionária. Por isso, nesse livro, são encontradas referências teóricas de distintas vertentes que, se não interpretadas a partir da prática, sugerem um diletantismo teórico. No referido caso, a rigorosidade não se assenta no enquadramento ao dogma de uma teoria ou a uma disciplina, mas na sua apropriação reconstrutiva diante das exigências da vida em sua concretude.

---

1. Linhares, 2001, p. 47.

O pensamento freireano tem sido amplamente tomado como referência no desenvolvimento de pesquisas e experiências que se disseminam para além da educação. Sua concepção de democracia, assentada no diálogo entre iguais e diferentes, legitim relações de poder identificadas com o projeto de uma educação pública, construída pela participação ampla da comunidade. A relação que se estabelece entre pensamento e múltiplas realidades (pensamento criticamente posto em prática) configura novas perspectivas históricas em torno do seu legado, implicando permanente reinvenção. É assim que, investigando sua obra em profundidade, pode-se avançar nessa compreensão, contribuindo para reinventá-lo. Reinvenção que, com maior ou menor coerência e fidelidade aos seus princípios, está em relação direta com o conhecimento progressivamente aprofundado do seu legado.

A partir de Freire estamos falando de participação; porém, é fundamental explicitar que participação é essa, como se caracteriza e se situa no contexto de uma educação libertadora como a Pedagogia do Oprimido. Cabe destacar que se trata da participação concebida em meio a um projeto de sociedade, atrelada, portanto, a uma concepção educacional, política e econômica específica. Nesse sentido, corresponde à participação popular, a qual implica,

> [...] por parte das classes populares, um "estar presente na História e não simplesmente nela estar representadas". Implica a participação política das classes populares através de suas representações ao nível das opções, das decisões e não só do fazer o já programado. Por isso é que uma compreensão autoritária da participação a reduz, obviamente, a uma presença concedida das classes populares a certos momentos da administração. [...]

> Participação popular para nós não é um *slogan*, mas a expressão e, ao mesmo tempo, o caminho de realização democrática da cidade[2].

Portanto, a participação popular é parte de uma concepção democrática que almeja instaurar processos de permanente radicalização, assentada em princípios tais como liberdade, responsabilidade, autonomia, respeito e tolerância. Como popular, a participação freireana evoca, necessariamente, o protagonismo político dos sujeitos em movimento (movimentos sociais), "mediante sua participação na construção do conhecimento e no processo educacional"[3].

O conjunto de reflexões que compõe o presente capítulo reflete os resultados parciais do projeto de pesquisa "A participação no pensamento de Paulo Freire", apoiado pelo CNPq (2019-2022). Pesquisa que se caracteriza como teórica de base bibliográfica, "elaborada com base em material já publicado"[4], concentrando o trabalho analítico sobre todos os livros de Paulo Freire publicados em língua portuguesa. Tem como propósito ampliar a compreensão sobre o seu pensamento, promovendo um estudo rigoroso da participação em sua obra. Por meio desse estudo estão sendo identificadas as dimensões políticas e pedagógicas que a fundamentam, a partir de uma trama complexa entre teoria e prática.

A análise rigorosa da obra de Paulo Freire, em torno da participação, se desdobra em dois momentos diretamente relacionados. No primeiro, buscou-se identificar e analisar as experiências vivenciais, classificadas em duas categorias: as de

---

2. Freire, 2006, p. 75.
3. Oliveira, 2001, p. 122.
4. Gil, 2010, p. 29.

ordem *pessoal*, envolvendo as narrativas desde a infância, e as de ordem *profissional*, considerando desde o período de sua atuação no SESI (1947-1954). Ambas são analisadas em sequência cronológica, com o intuito de perceber as dinâmicas construtivas que implicaram um processo de incorporação e consolidação da dimensão participativa em sua perspectiva pessoal e intelectual. Para isso, a investigação abrange todos os livros de Freire, mas em especial as seguintes obras: Cartas a Guiné-Bissau, Aprendendo com a própria história (VI), A educação na cidade, Pedagogia da esperança: um reencontro com a Pedagogia do Oprimido, À sombra desta mangueira e Cartas a Cristina. Essas obras são ricas em narrativas reflexivas de Freire sobre as suas experiências ao longo da vida, desde a infância, abrangendo todos os períodos marcantes de sua história, como a atuação no Brasil até abril de 1964 (antes do Golpe Civil-Militar), o complexo e múltiplo tempo no exílio (1964 até 1980) e o retorno ao Brasil a partir de 1980 (1980 até 1997).

Na Pedagogia da esperança, obra permeada de reflexões, Freire[5] explica já na introdução – primeiras palavras – que procura "analisar ou falar de tramas da infância, da mocidade, dos começos da maturidade em que a Pedagogia do Oprimido", com a qual se reencontra reflexivamente, "era anunciada e foi tomando forma, primeiro, na oralidade, depois, graficamente". Ele mesmo sinaliza para as tramas teórico-práticas a partir das quais gestou seu pensamento, remetendo à infância e demais momentos concretamente vivenciados. Sua narrativa conecta fatos, experiências marcantes com sentimentos de profundo significado existencial. É assim que destaca, por exemplo, a "experiência que pusera fim à recém-iniciada carreira de advo-

---

5. Freire, 1992, p. 12.

gado" lembrando-se da emoção seguida de sua decisão radical em diálogo com Elza, sua esposa: "já não serei advogado". Em seguida afirma não imaginar, naquele momento, que anos depois "escreveria a Pedagogia do Oprimido, cujo discurso, cuja proposta tem algo que ver com a experiência daquela tarde"[6].

Entende-se que a postura participativa ou a sua negação, resulta de experiências estimuladoras, sem as quais ela não se consolida na esfera individual. Busca-se, a partir dessa premissa, compreender os princípios da participação como aprendizagem fundante que permeia (eis a hipótese de trabalho) a elaboração do pensamento e da obra de Paulo Freire. Indaga-se, entre outras questões, sobre as experiências históricas, direta ou indiretamente vivenciadas, que o teriam influenciado na incorporação da participação como premissa basilar de sua pedagogia.

No segundo momento se desenvolve uma análise teórica e conceitual sobre a obra de Paulo Freire, no intuito de compreender e dimensionar a participação como princípio fundante. Princípio coerentemente atrelado ao projeto de formação do sujeito democrático. Assim como no primeiro momento, a investigação segue uma sequência cronológica, baseada na temporalidade das publicações, e tem como base todos os livros de Freire publicados em português. Porém, são analisados com maior profundidade os seguintes, abrangendo todos os períodos da sua produção intelectual: Educação e atualidade brasileira, Pedagogia do Oprimido, Extensão ou comunicação, Pedagogia da esperança: um reencontro com a Pedagogia do Oprimido, Política e educação e Pedagogia da autonomia. Essas obras foram identificadas como prioritárias a partir do amplo

---

6. Ibid.p. 16-18.

estudo desenvolvido na pesquisa sobre as articulações teóricas e metodológicas do pensamento de Paulo Freire. Cabe destacar que a pesquisa bibliográfica contou com o fichamento específico de cada obra estudada em relação aos objetivos do projeto.

No campo das influências teóricas, busca-se aprofundar a análise sobre a presença de autores específicos e a apropriação de seus respectivos temas centrais, vinculados à dimensão participativa, efetuada por Freire. São referenciais identificados por meio da pesquisa anterior[7], compreendendo as apropriações que Paulo Freire efetua e de que maneira as articula no dimensionamento da participação como aprendizagem fundante do seu projeto. Merecem destaque os seguintes temas e autores: O movimento da consciência e seus níveis – Álvaro Vieira Pinto; O diálogo como fundamento – Martin Buber, Karl Jaspers e Gabriel Marcel e o conhecimento dialógico de Eduardo Nicol; Historicidade, formação histórico social do sujeito e protagonismo – Karl Marx, Lev Semionovich Vygotsky e Erich Fromm (este último com ênfase na frustração gerada pela ausência do protagonismo); Responsabilidade política e compromisso com a democratização social – Frantz Fanon, Zevedei Barbu e Karl Mannheim; e a análise sociológica de Wright Mills.

Por meio da pesquisa sobre as articulações do pensamento de Paulo Freire, percebeu-se que a participação é assumida como condição fundante do processo de humanização no con-

---

7. Pesquisa recentemente concluída sob o título: "As articulações teóricas e metodológicas do pensamento de Paulo Freire: diálogos explícitos, implícitos e possíveis" e seus resultados estão integralmente disponíveis na obra "Paulo Freire: uma arqueologia bibliográfica", publicada pela Editora Appris em dezembro de 2019. Trata-se de uma investigação que desenvolveu um amplo estudo sobre o conjunto da obra de Paulo Freire buscando identificar os autores e correntes de pensamento nela presentes, compreendendo de que formas foram incorporados ao longo da sua sistematização, consolidando um conjunto de raízes intelectuais.

texto social, pelo qual os sujeitos se constroem politicamente. Ao mesmo tempo, participar se constitui como condição pedagógica dessa construção, pois sem o seu exercício concreto não é viabilizada a sua aprendizagem, assim como a incorporação pelo sujeito. A partir dessa pesquisa, evidenciou-se a existência de uma relação conectiva, orgânica e complementar entre processos participativos e processos de aprendizagem. E que essa relação constitui uma lógica fundante do pensamento pedagógico e político de Paulo Freire, possibilitando a conexão de algumas das dimensões fundamentais da Pedagogia do Oprimido, tais como autonomia, conscientização, esperança, transformação e diálogo.

Paulo Freire e as articulações teóricas sobre participação

A seguir serão apresentados e brevemente analisados alguns autores com os quais Paulo Freire demonstrou intensa articulação, cujas principais categorias apropriadas em suas obras remetem à participação, seus fundamentos e princípios. Cabe salientar que se trata de um recorte sintético dessas articulações teóricas, não havendo a pretensão de esgotar o tema, ou mesmo de reunir todos os referenciais que, de alguma forma, exerceram influência no pensamento freireano sobre o tema. Neste enfoque serão abordados oito autores: Álvaro Vieira Pinto, Martin Buber, Karl Mannheim, Lev Vygotsky, Eduardo Nicol, Frantz Fanon, Zevedei Barbu e Wright Mills.

Álvaro Vieira Pinto foi uma influência marcante na obra de Freire, que o chamava de mestre brasileiro. Suas obras com maior presença nos escritos freireanos são *Consciência e Realidade Nacional* e *Ciência e Existência*, sendo que em *Educação e atualidade brasileira,* Vieira Pinto foi citado por quatro vezes. Muitas categorias podem ser evidenciadas nessa influência, cabendo destacar, com ênfase na participação, a consciência: "O próprio da consciência é estar com o mundo e este procedimento é permanente e irrecusável. Portanto, a consciência é, em sua essência, um 'caminho para' algo que não é ela"[8]. Em *Conscientização – Teoria e prática da libertação*, Paulo Freire credita a Vieira Pinto a origem do termo:

> Acredita-se geralmente que sou autor deste estranho vocábulo "conscientização" por ser este o conceito central de minhas ideias sobre a educação. Na realidade, foi criado por uma equipe de professores do Instituto Superior de Estudos Brasileiros por volta de 1964. Pode-se citar entre eles o filósofo Álvaro Pinto e o professor Guerreiro. Ao ouvir pela primeira vez a palavra conscientização, percebi imediatamente a profundidade de seu significado, porque estou absolutamente convencido de que a educação, como prática da liberdade, é um ato de conhecimento, uma aproximação crítica da realidade[9].

A partir da consciência, Freire articula uma compreensão antropológica centrada na dimensão do conhecimento como fundante do ser humano; fruto de um processo, busca por superação diante de suas situações-limites: "os homens porque são consciência de si e, assim, consciência de mundo, porque são um 'corpo consciente', vivem uma relação dialética entre os condicionamentos e sua liberdade"[10]. Consequentemente, o enfrentamento dos condicionamentos depende da ação concreta

---

8. Freire, 1987, p. 56.
9. Freire, 1980, p. 25.
10. Freire, 1987, p. 90.

dos homens e mulheres, sua participação direta nesses processos, mobilizados por meio da consciência crítica.

Martin Buber é uma articulação que tem presença destacada desde a obra *Educação como prática da liberdade*. Nela, Freire estabelece e afirma a relação Eu-Tu como uma relação dialógica entre dois sujeitos. Porém, se o Tu (da palavra princípio Eu-Tu) é convertido em mero objeto (associado à palavra-princípio Eu-Isso), tal relação não pode ser considerada dialógica. Considera-se que é na dimensão do diálogo que Buber exerce maior influência sobre Freire, especialmente em relação à participação. Na *Pedagogia do Oprimido*, ao tratar da teoria da ação dialógica e da ação antidialógica, Freire afirma a necessidade de que o sujeito aprenda a dizer a palavra, condição indissociável da existência: "A palavra viva é diálogo existencial"[11], um posicionamento idêntico ao de Buber. Pela palavra somos, nos constituímos humanos, participando do processo de humanização permanente.

Freire descreve o diálogo como um "encontro dos homens, mediatizados pelo mundo"[12], ou seja, é uma relação participativa que necessita ser estimulada e afirmada. Afinal, há "os que querem a pronúncia do mundo e os que não a querem"; os que "negam aos demais o direito de dizer a palavra e os que se acham negados deste direito". O diálogo se constitui em oposição ao silenciamento da palavra e à presença de uma relação de dominação, caracterizada pela relação Eu-Isso, como Freire afirma na *Pedagogia do Oprimido*: "O *eu* antidialógico, dominador, transforma o *tu*, dominado, conquistado, num mero *isto*. O *eu* dialógico, pelo contrário, sabe que é exatamente o *tu* que

---

11. Ibid., p. 20.
12. Ibid., p. 78.

o constitui. Sabe também que, constituído por um *tu* – um não eu –, esse *tu* que o constitui se constitui, por sua vez, como *eu*, ao ter no seu *eu* um *tu*. Desta forma, o *eu* e o *tu*, passam a ser, na dialética destas relações constitutivas, dois tu que se fazem dois eu"[13]. Ao dialogar, os sujeitos participam horizontalmente do processo comunicativo. Portanto, o diálogo é afirmativo da participação, ao passo que o antidiálogo, característico do pensamento autoritário, a nega radicalmente.

A presença de Karl Mannheim na obra de Paulo Freire é evidenciada em obras como *Educação e atualidade brasileira*, *Educação como prática da liberdade* e *Educação e mudança*. Desde *Educação e atualidade brasileira*, em meio às experiências democráticas vivenciadas no Sesi, Freire problematiza os "perigos da massificação, ou da mentalidade de massas, associada à industrialização"[14] e o faz apoiado em Mannheim, principalmente nos escritos *Libertad, poder y planificación democrática*.

Segundo Mannheim, o coletivo transcende o individual e contribui para o desenvolvimento do pensamento consciente, enraizado no conhecimento concreto da sociedade. Ao propor uma espécie de consciência coletiva, remete a uma necessária aprendizagem democrática, exigente de participação para se consolidar, compreensão que demonstra uma estreita articulação por parte de Freire. Mannheim sustentava um sistema completamente novo de educação: "un sistema que concentre sus mayores energias en el desarrollo de nuestros poderes intelectuales y que dé lugar a una estrutura mental capaz de resistir el peso del escepticismo y de hacer frente a los movimentos de

---

13. Ibid., p. 166-167.
14. Freire, 2002, p. 16.

pânico cuando suene la hora de la desaparición de muchos de nuestros hábitos mentales"[15].

Portanto, educar para a democracia exigiria conscientização para a decisão e a reponsabilidade social e política, visando uma "democracia autêntica", que, segundo Mannheim, dependeria de um certo grau de conscientização sobre os problemas sociais. Eis a presença do conceito de democratização fundamental vinculado a Mannheim, cujo entendimento contemplava uma crescente participação do povo em seu processo histórico. Ao conceito do sociólogo húngaro, Freire acrescenta a urgência de uma educação que fosse capaz de colaborar com o povo para a organização de seu pensamento na perspectiva crítica:

> O povo se encontrava na fase anterior de isolamento da nossa sociedade, imerso no processo. Com a ruptura da sociedade e sua entrada em transição, emerge. Imerso era apenas espectador do processo; emergindo, descruza os braços, renuncia a ser simples espectador e exige participação. Já não se satisfaz em assistir; quer participar; quer decidir. Não tendo um passado de experiências decisivas, dialogais, o povo emerge, inteiramente "ingênuo" e desorganizado. E quanto mais pretende participar, ainda que ingenuamente, mais se agrupam as forças reacionárias que se sentem ameaçadas em seus princípios[16].

Mannheim e Freire compartilham a tese de que uma educação para a participação conduziria ao estabelecimento da democracia política e à responsabilidade social.

Lev Semionovitch Vygotsky, o psicopedagogo bielo-russo, é outra presença marcante na obra de Freire, junto ao qual se en-

---
15. Mannheim, 1961, p. 31.
16. Freire, 1979, p. 38.

contram importantes referências para a noção de participação. Paulo Freire se refere diretamente a Vygotsky em seis livros: *A importância do ato de ler em três artigos que se completam, Pedagogia da tolerância, Cartas a Cristina, Professora sim, tia não: cartas a quem ousa ensinar, A educação na cidade* e *O caminho se faz caminhando: conversas sobre educação e mudança social*. Neste último, revela que Vygotsky foi, juntamente com Fanon e Memmi, um dos autores que o influenciaram antes de os ter lido.

A influência de Vygotsky na obra de Freire se manifesta especialmente no campo da teoria do conhecimento, com ênfase na relação dialética entre o teórico e o concreto. Referenciando-se pelo materialismo histórico e dialético, o pensamento vygotskyano se revela presente na formulação da pedagogia freireana, sobretudo na sua base originária formada pela historicidade e pela cultura. A aprendizagem se processa em meio à prática social (dimensão participativa), cujas características, ao mesmo tempo em que impõem limites, possibilitam o desenvolvimento humano. Freire insiste na necessária transformação dos processos educativos formais diante na noção de mundo em construção, juntamente com a ação consciente dos sujeitos. Acredita que "desta compreensão resultará uma nova maneira de entender o que é ensinar, o que é aprender, o que é conhecer, de que Vygotsky não pode estar ausente"[17].

Assim como Vygotsky, Freire atribui importância fundamental à linguagem na constituição e no desenvolvimento dos seres humanos, pois, ao dizermos a palavra verdadeira, estaremos transformando o mundo. Portanto a palavra, falada ou escrita, como pronúncia de mundo dos sujeitos, suscita uma di-

---

17. Freire, 2003, p. 73.

mensão histórico-cultural da pedagogia freireana, contribuindo para embasar a participação em seu pensamento.

A teoria do conhecimento de Eduardo Nicol também se sustenta pela ação humana no mundo como expressão do sujeito, promovendo a produção de verdades com caráter histórico. Encontramos a presença de Nicol na obra *Extensão ou comunicação*, exatamente quando Freire reflete sobre as relações constitutivas do conhecimento. Paulo Freire observa que intersubjetividade e intercomunicação são características fundantes de um mundo cultural e histórico, revelando a participação como horizonte existencial.

A partir dos conceitos de "estrutura vertical" e "estrutura horizontal" elaborados por Nicol, Freire[18] ratifica a importância da relação dialógica para o ser humano, produzindo o mundo da cultura que se prolonga no mundo da história. Destacando Nicol, acrescenta às três relações constitutivas do conhecimento (gnosiológica, lógica e histórica), uma quarta, indispensável, "que é a relação dialógica".

O quinto autor é Frantz Fanon, o psiquiatra martinicano. Fanon está presente em várias obras de Freire, com destaque para *Ação cultural para a liberdade*, *Pedagogia do Oprimido*, *Cartas a Guiné-Bissau: registro de uma experiência em processo*, *Professora sim, tia não: cartas a quem ousa ensinar* e *Pedagogia da esperança: um reencontro com a Pedagogia do Oprimido*. É nesta última que Freire mais menciona e cita Fanon, principalmente quanto à compreensão da aderência do oprimido à figura do opressor. Essa aderência exige "o esforço de superar a relação que chamei na *Pedagogia do Oprimido* de 'aderência' do oprimi-

---

18. Freire, 2001, p. 44.

do ao opressor para, 'tomando distância dele', localizá-lo fora de si, como diria Fanon"[19].

Com Fanon, Freire partilha a compreensão sobre o caráter violento da condição colonial, que submete o colonizado/oprimido e impede a sua construção como sujeito. O ser colonizado-oprimido almeja tomar o lugar do colonizador-opressor, situação considerada por Freire como mantenedora das condições de opressão. Afinal, haveria somente uma inversão das condições de uns, que passariam de oprimidos a opressores, e de outros, que passariam de opressores a oprimidos. A superação autêntica dependeria da conscientização, permitindo romper com a cultura fatalista do sujeito oprimido e aderir a processos transformadores das condições de opressão. Promover e participar da luta pela própria liberdade, o que envolve, também, a liberdade do outro, o opressor, pela qual deixariam de existir opressores e oprimidos.

Zevedei Barbu é outra presença percebida desde os primeiros escritos de Freire, como *Educação e atualidade brasileira*, tese escrita no final dos anos de 1950. Em *Educação como prática da liberdade* Freire reflete sobre a exigência imposta pela complexidade social para a dimensão intelectual dos homens e mulheres. Consiste em um desafio a ser assumido no processo de construção de uma visão crítica do mundo, capaz de sustentar posturas ativas (entenda-se, também participativas) dos sujeitos em seus contextos sociais.

Freire explora, ainda, em diálogo com Barbu, os conceitos de "clima cultural", "rebelião/inserção" e "razão", considerada como o potencial individual dos sujeitos de compreender a

---

19. Freire, 1992, p. 26.

ordem social em mudança e buscar a unidade na diversidade. Volta a fazer menções a Zevedei Barbu nos livros *Ação cultural para a liberdade e outros escritos*, sobre a questão da ressignificação da linguagem nas sociedades em processos de democratização, e em *Extensão ou comunicação, Educação e mudança* e *Cartas a Cristina – reflexões sobre minha vida e minha práxis*, retomando ou reafirmando os conceitos desenvolvidos em livros anteriores.

As articulações entre Paulo Freire e Wright Mills, oitavo e último autor analisado, são percebidas em torno da abordagem sobre a desigualdade social e o poder das elites. Com Mills, Freire compartilha a importância da historicidade e da dimensão contextual vivenciada pelos sujeitos, assim como a dimensão metodológica participativa para a análise sociológica. A presença de Mills na obra de Paulo Freire permeia todos os períodos de elaboração, iniciando por *Educação como prática da liberdade* e *Ação cultural para a liberdade e outros escritos* e culminando com *Pedagogia da autonomia: saberes necessários à prática educativa*.

Em *Ação cultural para a liberdade* Freire[20] destaca a metodologia de pesquisa utilizada por Mills, com ênfase no registro do observado (descritivo): "Assim é que se impõe o registro constante das observações realizadas durante uma certa prática; durante as simples conversações", complementando com a dimensão reflexiva: "O registro das ideias que se têm e pelas quais se é 'assaltado', não raras vezes, quando se caminha só por uma rua". A postura teórico-metodológica que busca na imaginação sociológica uma referência para interpretação dos

---

20. Freire, 1981, p. 12.

fatos sociais se identifica com a atuação de pesquisadores e pesquisadoras que assumem a perspectiva qualitativa, principalmente a investigação participante e a pesquisa-ação, exatamente como Paulo Freire.

Apresentadas e analisadas algumas das principais articulações teóricas que permeiam a obra de Paulo Freire, no que tange à participação, passemos a abordar seus fundamentos empíricos. Serão destacadas experiências consideradas representativas, historicamente, da dimensão participativa de sua práxis, resultante da conexão radical entre teoria e prática.

Fundamentos empíricos: experiências participativas de Paulo Freire

Analisar a dimensão participativa do pensamento de Freire implica a compreensão dos tensionamentos presentes na história, o que se reflete na sua própria biografia. Como exemplos introdutórios, destacam-se cinco experiências profissionais vivenciadas pelo autor da Pedagogia do Oprimido, repletas de tensionamentos e até mesmo de contradições, ainda que aparentes:

1) A experiência de alfabetização desenvolvida em Angicos, RN (1963), paradoxalmente implementada no bojo de projetos governamentais, inclusive com o apoio financeiro advindo do controverso acordo entre o Ministério da Educação (MEC), do Brasil, e a United States Agency for International Development (Usaid).

2) Durante o exílio, no Chile, Paulo Freire participou ativamente de cursos de formação junto a camponeses nos assentamentos da reforma agrária.

3) Também no exílio, participou assessorando campanhas de alfabetização em países do continente africano, em meio à luta pela independência política, como Angola, São Tomé e Príncipe, Cabo Verde e Guiné-Bissau.

4) Nos Estados Unidos da América, Freire atuou como professor convidado na universidade de Harvard, vivenciando as contradições desde o âmago do poder econômico e intelectual.

5) Como gestor público, no Brasil, assumiu a Secretaria Municipal da Educação em São Paulo, revelando os mesmos tensionamentos de quem, como diz, teve que *começar do começo mesmo*[21].

Reafirma-se que a relação conectiva, orgânica e complementar entre processos participativos e processos de aprendizagem fundamenta o pensamento pedagógico e político de Paulo Freire. Essa conexão possui como estrutura mestra a articulação entre prática, envolvendo experiências pessoais e profissionais, e teoria. Tanto aquela resultante do estudo e da influência de autores e autoras, abordada no tópico anterior, como a construída por meio do movimento de pensar a própria prática (reflexão).

As experiências descritas e analisadas a seguir foram selecionadas por sua representatividade em relação a quatro grandes fases da história de Paulo Freire: no Brasil, antes do exílio (até abril de 1964); no Chile, durante o exílio, entre novembro de 1964 e abril de 1969; no período de Genebra, também durante o exílio, entre fevereiro de 1970 e março de 1980 (com ênfase em sua participação no processo de libertação da Guiné-Bissau); e no retorno ao Brasil, a partir de junho de 1980.

---

21. Streck, Pitano e Moretti, 2017.

Em *Educação e Atualidade Brasileira*, percebe-se o desenvolvimento de uma argumentação assentada na crítica às condições sociais brasileiras. Salientando a inexperiência democrática do povo, Freire[22] aponta para as experiências dialógicas que vivenciou junto a trabalhadores do Sesi e operários urbanos de Recife, por cerca de dez anos. Com 25 anos de idade, foi convidado para trabalhar numa instituição de serviço social que atendia a operários urbanos e a pescadores (Sesi), cujas atividades de natureza educativa o levaram às áreas rurais e urbanas próximas do Recife. É o momento que Freire costuma chamar de seu "reencontro com trabalhadores rurais e urbanos", onde os anos de aprendizado com camponeses e pescadores foram fundamentais para o desenvolvimento de muitas de suas ideias.

Na obra *Aprendendo com a própria história*, encontramos narrativas fundamentais para compreender a consolidação dos princípios participativos de Freire[23], como ele afirma: "[...] tudo o que vivi foi porque o meu trabalho se deu numa prática social de que participei". Ao chegar no Chile em novembro de 1964 como exilado político, Freire foi contratado para atuar como assessor de Jacques Chonchol no Instituto de Desarrollo Agropecuário (Indap). Acompanhou, como ele mesmo descreve, educadores chilenos do Instituto "para todo o lugar, para ouvir camponês falar", em um processo de aprendizagem da língua e do contexto de atuação. Discutia, quase que diariamente, com educadores chilenos questões sobre a chamada promoção humana, dinâmica considerada por Freire como um trabalho de educação popular. Nesses seminários ele também falava sobre sua prática no Brasil antes do golpe civil-militar que o levou ao

---

22. Freire, 2002, p. 22.
23. Freire e Guimarães, 1987, p. 80.

exílio, compartilhando experiências que poderiam ser aproveitadas, desde que reinventadas, no contexto chileno.

A partir do interesse chileno no desenvolvimento de trabalhos de alfabetização de adultos, Paulo Freire também passou a assessorar o Ministério da Educação do Chile, integrando esforços com o Indap para a alfabetização em áreas rurais. Em sua experiência no país da América Andina, desenvolveu projetos em que os próprios camponeses realizavam o diagnóstico sociocultural de suas comunidades, responsabilizando-se, inclusive, pela sistematização dos dados obtidos. A partir disso usavam-se palavras geradoras ligadas sempre a problemas concretos e locais no processo de alfabetização de adultos.

Em *Cartas a Guiné-Bissau*, a narrativa de Freire sobre uma visita de quatro dias à zona rural de Bissau (1975) demonstra como ele participou de seminários abertos à população, nos quais se discutiram linhas gerais de ação sobre os problemas mais urgentes a serem enfrentados pelos camponeses da região. A partir disso surgiu a possibilidade de tomar uma área de produção como círculo de cultura em que todos educam e são educados mutuamente, usando a prática como ponto de partida para a compreensão crítica do cotidiano da população camponesa. Trata-se do primeiro momento da experiência desenvolvida por Freire em Guiné-Bissau, com o objetivo de conhecer os problemas centrais e a maneira como vinham sendo confrontados no campo da alfabetização de adultos. A partir dessa análise nos círculos de cultura, tornou-se possível estabelecer uma nova prática educativa contraposta ao sistema educacional herdado dos colonizadores, envolvendo os ensinos primário e secundário.

Em 1976, após visitar o Centro de Capacitação Máximo Gorki, em Có, pequena aldeia situada ao norte de Bissau, Freire e sua equipe dedicaram oito de seus dias na Guiné para a realização de um seminário de avaliação das atividades realizadas pela Comissão Coordenadora dos Trabalhos de Alfabetização de Adultos, procurando entender as causas das falhas e estudar diferentes maneiras de superá-las. Sobre o Centro, Freire[24] destaca a sua identificação com os interesses da comunidade local, protagonista do "projeto para a concretização do Centro", mobilizada "para ativamente participar do esforço primeiro de sua criação". Percebe-se que a presença de Freire junto ao projeto de educação em Bissau teve como característica principal a participação, responsavelmente situada em um projeto político e pedagógico libertador. A sua presença como intelectual externo procedeu pautada pela colaboração, pois repetidamente destaca a importância da autenticidade das ações e do seu enraizamento local, emergentes como construção coletiva da comunidade.

A obra *A educação na cidade* apresenta e analisa a experiência de Paulo Freire como gestor da educação pública municipal de São Paulo. Em 1989, como secretário municipal de educação, Freire protagonizou a introdução de mudanças estruturais que visavam garantir uma maior autonomia das escolas, pautadas pelos princípios da participação. Com o restabelecimento do Regime Comum das Escolas, os conselhos eleitos tratavam da aprovação do plano escolar e da elaboração do plano de ação orçamentária da escola. A formação dos grêmios estudantis possibilitou a ampliação da participação nas decisões e ações; uma gestação de projetos próprios com o apoio da administração proporcionou maiores avanços a nível da autonomia, além de acelerar mudanças na "cara" da escola. Porém, cabe ressaltar,

---

24. Freire, 1978, p. 57.

sem abrir mão do coletivo, nem do papel que, nesse projeto, cabe à liderança, como explica Freire[25]:

> Acabo de afirmar que jamais imporemos às escolas da rede municipal um perfil de escola, por mais que ele expresse a nossa opção política e o nosso sonho pedagógico. Precisamente porque recusamos o autoritarismo tanto quanto o espontaneísmo. E, porque não somos espontaneístas nem licenciosos, não nos omitimos. Pelo contrário, aceitamos que não temos por que fugir ao dever de intervir, de liderar, de suscitar agindo sempre com autoridade, mas sempre também com respeito à liberdade dos outros, à sua dignidade. Não há para nós forma mais adequada e efetiva de conduzir o nosso projeto de educação do que a democrática, do que o diálogo aberto, corajoso.

Um projeto que apostava na formação permanente de professoras e professores, cuja implementação passava, necessariamente, pelo esforço coletivo da reflexão e da partilha de experiências e saberes, em meio a grupos participativos de formação.

Considerações finais

Ao longo deste capítulo, evidenciou-se que a totalidade da obra de Paulo Freire compreende a participação, sob os mais variados aspectos, como um princípio elementar. Conforme as bases teóricas e os fundamentos empíricos analisados, seus escritos revelam que a participação encontra sustentação teórica e prática, tanto a partir das articulações densas e complexas estabelecidas com autores e seus respectivos conceitos e teorias, como por meio da coerência de sua postura diante das situa-

---

25. Freire, 2006, p. 43-44.

ções concretamente vivenciadas. Até mesmo ao escrever, Freire carrega o envolvimento das muitas pessoas que, de alguma maneira, fizeram parte do processo, demonstrando que a sua criação resulta da complexidade e da conexão proporcionadas pela interação. É comum que em suas obras estenda o diálogo para com o passado, trazendo muitas de suas vivências para a reflexão sobre os problemas presentes, *aprendendo com a própria história*, cujos caminhos são trilhados *com* os outros, *no* mundo e *com* o mundo.

Também é importante salientar a maneira como Freire dinamiza a construção de suas obras, dedicando espaços para prefácios e notas e diferentes autores que, a sua maneira, podem tecer considerações construtivas. A participação popular não se materializa apenas por meio dos mecanismos institucionais e/ou legais, como o voto em período de eleições, o que reflete somente uma participação institucionalizada, controlada, portanto. Pensando em termos de radicalidade democrática, ela necessita ir além desses mecanismos, transgredindo o formalmente previsto. Afinal, a participação é um processo social que possibilita às camadas populares manifestar seus anseios, interesses e necessidades, interferir, influenciar, participar da elaboração e da tomada de decisão, bem como controlar sua implementação. Com Freire, tratar da participação popular é tratar da construção do ser humano como sujeito transformador da história.

Como componente existencial, apropriada pelos sujeitos, a participação tende a tencionar e extrapolar os limites do instituído, buscando ampliar suas ações e espaços de influência. Com isso, é possível considerar, por exemplo, que as apropriações estratégicas da participação, planejadas pela esfera governamental, enfrentarão resistência. Não raro a participação, assim como a defesa da democracia, na sua dimensão discursiva é assumida como *slogan*, espécie de artifício para legitimar determinados projetos políticos. Projetos que, na perspectiva da participação como princípio, deveriam ser construídos de maneira participativa desde a sua gênese. Paulo Freire teria compreendido com bastante clareza tais riscos, e por isso estruturou seu pensamento político e pedagógico sobre os pilares da participação em processo de radicalização permanente.

O conceito de participação reúne elementos das dimensões política e pedagógica, consolidando a sua importância epistemológica no núcleo da obra freireana, ao mesmo tempo em que reflete um projeto transformador. Além disso, percebe-se o caráter de inovação nas perspectivas filosófica, pedagógica e social, graças à abordagem diferenciada que propõe. De maneira geral, concebe-se que o pensamento de Paulo Freire ancora a sua centralidade em conceitos como conscientização, autonomia e libertação. Nessa abordagem, embora tais conceitos não sejam subestimados, procedeu-se um deslocamento de cunho fundamentador, adotando a participação como conceito basilar, assentado na experiência e na aprendizagem dela resultante, a partir do qual se torna possível almejar os demais conceitos, em conjunto.

Referências

FREIRE, P. *A educação na cidade*. São Paulo: Cortez, 2006.

FREIRE, P. *Cartas a Cristina*. São Paulo: Unesp, 2003.

FREIRE, P. *Educação e atualidade brasileira*. São Paulo: Cortez/IPF, 2002.

FREIRE, P. *Extensão ou comunicação?* São Paulo: Paz e Terra, 2001.

FREIRE, P. *Pedagogia da Autonomia*. São Paulo: Paz e Terra, 1996.

FREIRE, P. *Pedagogia da Esperança*. São Paulo: Paz e Terra, 1992.

FREIRE, P. *Pedagogia do Oprimido*. Rio de Janeiro: Paz e Terra, 1987.

FREIRE, P. *Ação cultural para a liberdade*. São Paulo: Paz e Terra, 1981.

FREIRE, P. *Conscientização*: teoria e prática da libertação. São Paulo: Moraes, 1980.

FREIRE, P. *Educação e mudança*. São Paulo: Paz e Terra, 1979.

FREIRE, P. *Cartas à Guiné-Bissau*: registros de uma experiência em processo. 4. ed. Rio de Janeiro: Paz e Terra, 1978.

FREIRE, P.; GUIMARÃES, S. *Aprendendo com a própria história*. Rio de Janeiro: Paz e Terra, 1987.

GIL, A.C. *Como elaborar projetos de pesquisa*. 4. ed. São Paulo: Atlas, 2010.

HORTON, M.; FREIRE, P. *O caminho de faz caminhando*: conversas sobre educação e mudança social. Trad. de Vera Lúcia Josceline. Notas de Ana Maria Araújo Freire. Petrópolis: Vozes, 2003.

LINHARES, C. "Paulo Freire: memórias como narrações compartilhadas". In: FREIRE, A.M.A. *A pedagogia da libertação em Paulo Freire*. São Paulo: Unesp, 2001.

MANNHEIM, K. *Diagnóstico do nosso tempo*. Rio de Janeiro: Zahar, 1961.

OLIVEIRA, I.A. "A experiência educativa popular freireana do Proalto". In: FREIRE, A.M.A. *A pedagogia da libertação em Paulo Freire*. São Paulo: Unesp, 2001.

PITANO, S.C.; STRECK, D.R.; MORETTI, C.Z. *Paulo Freire*: uma arqueologia bibliográfica. Curitiba: Appris, 2019.

STRECK, D.R.; PITANO, S.C.; MORETTI, C.Z. "Educationg through participation, democratizing power: freirean legacy in public administration". In: *Educ. rev.* [online], vol. 33, 2017, e167880 [Epub].

15
Paulo Freire na África

Contribuição político-pedagógica na formação de educadores de adultos em Cabo Verde

Florenço Varela

Contextualizar historicamente a formação de educadores de adultos e abordar a contribuição político-pedagógico de Paulo Freire permitem compreender as concepções, trajetórias e práxis educativas, fornecendo contribuições pertinentes para esse entendimento. No contexto global, como refere Arroyo[1], a literatura não apresenta parâmetros harmonizados acerca da educação e formação de adultos, e a formação de educadores acontece, praticamente, à margem das atividades da formação de professores, na maior parte dos casos, sem a devida institucionalização.

Na maior parte dos casos, a alfabetização de adultos é geralmente entendida como a capacidade de ler e escrever[2]. Em Cabo Verde, a abordagem conceitual da alfabetização está associada ao pensamento de Paulo Freire. A concepção da alfabetização

---

1. Arroyo, 2006.
2. Unesco, 2014.

na perspetiva de Paulo Freire é "emancipadora" e "entendida como ato político e ato de conhecimento"[3].

O importante, de fato, na alfabetização de adultos não é o aprendizado da leitura e da escrita de que resulta a leitura de textos sem a compreensão crítica do contexto social a que os textos se referem. Esta é a alfabetização que interessa às classes dominantes quando por diferentes razões, necessitam estimular, entre as classes dominadas, a sua "introdução ao mundo das letras". E quanto mais "neutras" fizera estas classes sua "entrada" neste mundo, melhor para aquelas.

Numa perspectiva revolucionária, pelo contrário, impõe-se que os alfabetizandos percebam ou aprofundem a perceção de que o fundamental mesmo é fazer história e por ela serem feitos e refeitos e não ler a estória alienante[4].

Cabo Verde teve uma visão de educação convergente com o pensamento politico-pedagógico de Paulo Freire. "A alfabetização, mais do que esses mecanismos de aprendizagem dum alfabeto" [...] é a "tomada de consciência para podemos capacitar, para podemos ser eficientes na transformação dessa realidade"[5].

Do nosso ponto de vista, é esta abordagem conceptual e contextualização histórica de Educação de Adultos que abrange todas as atividades educacionais e de treinamento para adultos, de alfabetização ao desenvolvimento profissional contínua de médicos e engenheiros, incluindo formação para o trabalho, aquisição de línguas, educação ambiental e de saúde e extensão

---

3. Romão e Gadotti, 2012, p. 56.
4. Freire, 1980, p. 22.
5. Cabo Verde, 1979, p. 13.

rural, numa perspetiva de aprendizagem ativa ao longo da vida, que deveria nortear a formação de educadores em Cabo Verde.

A educação de edultos, enquanto subsistema de educação extraescolar integrado no sistema educativo, começou, verdadeiramente, após a independência, em 1975, com o processo de democratização do ensino e da luta contra o analfabetismo. A orientação política sobre a alfabetização e educação de adultos surgiu durante a luta pela independência protagonizada por Amílcar Cabral, para quem a educação era a principal arma da libertação.

A decisão de "instruir" a população vem da primeira Constituição da República (1980), que, no art. 15, n. 2, reconhece que "o estado considera a liquidação do analfabetismo tarefa fundamental". A partir dessa decisão foi necessário desenvolver um novo conceito de educação e de implementar progressivamente um novo sistema educativo.

Além da ideia de que a educação deve propiciar uma formação integral, "deverá manter-se estreitamente ligada ao trabalho produtivo, proporcionar a aquisição de qualificações, conhecimentos e valores que permitem ao cidadão inserir-se na comunidade para o seu incessante progresso", ainda conforme expresso no art. 15, n. 1.

O desenvolvimento do subsistema de Educação de Adultos, em articulação com o sistema de ensino e de formação, constitui um dos eixos estratégicos dos sucessivos Governos, numa ampla e permanente concertação com os parceiros sociais, com vista à salvaguarda da coerência entre as políticas de educação, formação e emprego e a mobilização do esforço nacional na valorização do capital humano, na orientação do sistema de educação e formação para áreas prioritárias do desenvolvimento e na promoção de uma política global de inclusão e solidariedade social.

Desde a independência do país, foi sustentada a ideia segundo a qual, conhecidas as suas carências de recursos naturais, o desenvolvimento de Cabo Verde só seria possível através de uma forte aposta na qualificação dos seus recursos humanos para que o país pudesse diminuir significativamente a sua dependência do exterior e melhorar a competitividade da sua economia em nível internacional, tanto por via do aumento de produtividade das suas unidades econômicas como pela melhoria da qualidade dos bens produzidos e dos serviços prestados. Para a materialização de tal desiderato, como se viu anteriormente, foi necessário o incremento do programa coerente e eficaz de Educação de Adultos.

A Constituição da República de 1992 amplia a visão da educação e estabelece, no art. 74, n. 1, que "o estado promoverá uma política de ensino que visa a progressiva eliminação do analfabetismo, a educação permanente, a criatividade, a inserção das escolas na comunidade e a formação cívica dos alunos".

A conceção freireana da alfabetização foi compreendida como início de uma cultura letrada que deve chegar até ao nível superior, como qualquer língua. "A alfabetização é multifacetada, complexa. Reduzi-la ao letramento é o mesmo que mutilar o processo educativo. A alfabetização é um projeto político para a construção de um projeto do mundo, de uma nação"[6].

Segundo a concepção político-pedagógica de Paulo Freire, a alfabetização não se limita à aprendizagem da escrita, da leitura e do cálculo, mas, sim, uma ação abrangente, libertadora,

---

6. Gadotti, 2009, p. 21.

portanto, socialmente útil. O Plano Curricular da Educação de Adultos, aprovado pela Portaria n. 34/96 de 30 de setembro, passou a articular a Formação Acadêmica com a Formação Profissional e estabelece um duplo reconhecimento consubstanciado numa certificação acadêmica e certificação profissional, antecedendo o estipulado no Memorando sobre Aprendizagem ao Longo da Vida elaborado pelo Conselho Econômico Europeu, em Lisboa, em 2000, que parte do pressuposto que "a melhor escola é a escola da vida"[7].

Nesta medida, o Plano Curricular de 1996 foi elaborado em conformidade com o conceito da alfabetização saído da Conferência Mundial de Educação para Todos, realizada em Jomtien (Tailândia), em 1990, que entendeu que a alfabetização seria uma primeira etapa da educação básica e não poderia ser separada da pós-alfabetização, isto é, das necessidades básicas de aprendizagem.

> Não há uma só alfabetização. Existem várias alfabetizações – digital, cívica, ecológica... – para uma vida social e individual plena. Há conhecimentos sensíveis, técnicos, simbólicos. A alfabetização é um sistema complexo com textos, contextos que não se pode reduzir "ao básico". O direito à educação não termina no básico. A alfabetização não é um fenômeno estático. Ela deve ser integral e sistémica; deve ser uma bio-alfabetização, uma alfabetização permanente. Se existem muitas alfabetizações, não podemos estar livres de nos alfabetizar sempre, ao longo de toda a vida[8].

A educação e formaçao de jovens e adultos em Cabo Verde e o pensamento político-pedagógico de Paulo Freire na pri-

---

7. CEE, 2000.
8. Gadotti, 2009, p. 22.

meira década pós-independência encontram fundamentos, especialmente, na obra *Paulo Freire e Amílcar Cabral: a descolonização das mentes*[9], através da convergência que estabelece entre esses dois educadores, na vigorosa luta contra todas as formas de submissão, em defesa da autoconscientização, portanto, da "descolonização das mentes", da luta pela dignidade humana e da conquista da autonomia pelos próprios oprimidos.

Amílcar Cabral (1924-1973), "humanista, revolucionário, pedagogo e educador da revolução"[10], pai da nação caboverdiana, demonstrou durante o processo de libertação que a luta pela independência deveria ser suportada pelo programa de alfabetização, tendo em conta que a indepedência não se limita ao hino e à bandeira. Na dedicatória da obra sublime Cartas à Guiné-Bissau, Paulo Freire enaltece: "Amílcar Cabral, educador-educando de seu povo"[11].

> Amílcar Cabral sabia que os canhões sozinhos não faziam a guerra e que esta se resolve quando, em seu processo, a debilidade dos oprimidos se faz força, capaz de transformar a força dos opressores em fraqueza. Daí a preocupação constante, a paciente impaciência com que invariavelmente se deu à formação política e ideológica dos militantes, qualquer que fosse o nível e o setor de sua ação. Daí a atenção especial dedicada ao trabalho de educação nas zonas libertadas e também o carinho com que, antes de ir à frente de combate, visitava as crianças das escolinhas e compartilha com elas de seus jogos e

---

9. Romão e Gadotti, 2012.
10. Ibid., p. 82.
11. Freire, 1978.

brinquedos e a quem costumava chamar de "flores de nossa revolução"[12].

Romão e Gadotti chamam a atenção para a necessidade do aprofundamento do legado de Paulo Freire e de Amílcar Cabral e sustentam que "não é difícil perceber as convergências que se podem estabelecer entre eles", através de dois exemplos dessa convergência: "a precedência da prática sobre a teoria; a importância da leitura da realidade cotidiana, como forma de apreensão do conhecimento válido e legítimo"[13].

Na década de 1970, não podendo desenvolver o seu pensamento político pedagógico no Brasil, enquanto membro do Departamento de Educação do Conselho Mundial de Igrejas, com sede em Genebra, onde estava exilado, Paulo Freire assessorou alguns países da África, recém-libertados da colonização europeia nos finais dos anos de 1960, cooperando na implementação dos seus sistemas educativos pós-independência, com destaque para Tanzânia e Zâmbia.

Esse reencontro com a África serviu de fonte de inspiração para o aprimoramento do seu pensamento político-pedagógico e o "desenvolvimento de sua teoria emancipadora da educação, entendida como ato político, ato produtivo e ato de conhecimento"[14]. Entretanto, a influência de Paulo Freire na África foi mais impactante em Cabo Verde e na Guiné-Bissau, que estavam unidos pelos ideais da luta pela independência protagonizada pelo Partido Africano da Independência da Guiné e Cabo Verde (PAIGC), fundado em 19 de setembro de 1956, sendo Amílcar Cabral o expoente máximo. O Partido

---

12. Ibid., p. 19.
13. Romão e Gadotti, 2012, p. 32.
14. Ibid., p. 55

Africano da Independência/União dos Povos da Guiné e Cabo Verde PAIGC Cabo Verde e Guiné-Bissau procurou preservar essa união até ao golpe militar orquestrado, por Nino Vieira, em 1980, tendo o ramo caboverdiano convertido em Partido Africano da Independência de Cabo Verde (PAICV), fundada em 20 de janeiro de 1981, de ideologia social-democrática, com afiliação na Internacional Socialista.

Sobre as suas experiências em África, Paulo Freire destaca, na obra *Cartas à Guiné-Bissau*[15], o encontro com a teoria e a prática de Amílcar Cabral.

> O trabalho de Paulo Freire na África foi decisivo para a sua trajetória, não só por reencontrar-se com sua própria história e por empreender novos desafios no campo da alfabetização de adultos, mas, principalmente, pelo encontro com a teoria e a prática desse extraordinário pensador e revolucionário que foi Amílcar Cabral (1924-1973) por quem Paulo Freire nutria enorme apreço. Em suas obras ele faz frequentes referências ao pensamento de Amílcar Cabral. A África, berço da humanidade, foi para Paulo Freire uma grande escola[16].

Paulo Freire esteve em Cabo Verde, em 1977 e 1979, dirigindo a equipe do Instituto de Ação Cultura (Idac), integrado pela Elsa Freire e pelo Miguel Darcy de Oliveira, que cooperou com Cabo Verde até meados dos anos de 1980.

O Relatório do Seminário de Formação dos Coordenadores Regionais de Alfabetização, realizado em São Vicente, de 4 a 12 de outubro de 1979[17], é uma das referências nas quais encontramos evidências sobre a influência do pensamento de Paulo Frei-

---

15. Cf. Freire, 1978.
16. Romão e Gadotti, 2012, p. 57.
17. Cf. Cabo Verde, 1979.

re em Cabo Verde no período pós-independência, pelo número de participantes nacionais, 56 (cinquenta e seis) participantes da Guiné-Bissau, além de 5 (cinco) participantes internacionais, mas, sobretudo, pela pertinência e atualidade dos temas desenvolvidos, com realce para o tema de abertura do seminário, "Alfabetização inserida na perspetiva global do desenvolvimento", abordado pelo então Primeiro Secretário do PAIGC na ilha de São Vicente, Professor Doutor Corsino Tolentino e a "Exposição de Paulo Freire sobre as Tarefas dos Coordenadores de Alfabetização".

A comunicação do Prof. Corsino Tolentino mostra a visão que Cabo Verde tinha da alfabetização nessa altura e sua convergência com o pensamento político-pedagógico de Paulo Freire.

> A alfabetização, mais do que esses mecanismos de aprendizagem dum alfabeto e das suas diversas combinações e usos para exprimirmos aquilo que pensamos em cada momento, para podermos comunicar com alguém, para além desse mecanismo que é fundamental é essa tomada de consciência. Mas não uma tomada de consciência indiferente. Uma tomada de consciência para podermos capacitar, para podermos ser eficientes na transformação dessa realidade[18].

Na comunicação de abertura, Corsino Tolentino realça ainda a concepção que Cabo Verde tinha sobre as perspetivas do desenvolvimento do país.

> Nós devemos considerar os apoios vindos de outros sectores, de outras latitudes, apenas como uma colaboração, apenas como um estímulo, e devemos partir

---

18. Ibid., p. 13.

sempre do princípio de que a tarefa é nossa. Porque a alfabetização é um problema fundamentalmente político. É preciso que as pessoas saibam ler e escrever; é preciso que um trabalhador numa empresa saiba ler a origem, a organização, a existência, o fim da empresa em que trabalha. É preciso que ele saiba interpretar esta situação[19].

Nesse Seminário de Formação dos Coordenadores Regionais de Alfabetização, realizado em São Vicente, Paulo Freire traçou as diretrizes sobre a figura do coordenador de alfabetização e sustentou o conceito de "Círculo de Cultura"[20]. Vale realçar que no contexto dos países lusófonos, Cabo Verde ainda utiliza esse conceito, amplamente disseminado nos documentos normativos da educaçao e formação de jovens e adultos. Durante esse seminário de formação de coordenadores regionais de alfabetização, Paulo Freire fez uma exposição sobre "as tarefas do coordenador" que continua atual, como já tivemos oportunidade de explicitar em outros textos[21].

O pensamento político-pedagógico de Paulo Freire, apoiando nas reflexões de Amílcar Cabral, terá influenciado sobremaneira a Educação de Adultos em Cabo Verde na primeira década pós-independência.

Segundo Romão e Gadotti[22], imensurável número de educadores tem encontrado nas ideias e atuação militante de Paulo

---

19. Ibid. p. 19.
20. A ideia original dos Círculos de Cultura foi criada por Paulo Freire para substituir a escola, cuja denominação, pela força de sua tradição, é considerada passiva e autoritária. Os Círculos de Cultura envolvem um novo conceito de educação, especialmente, na relação entre o educador e o educando. Sua preocupação principal é de levar os participantes a tomar consciência das distinções entre o mundo e a natureza e este da cultura enquanto resultado do esforço criativo e recreativo do homem (Freire, 1980).
21. Varela, 2009.
22. Romão e Gadotti, 2012.

Freire o alimento necessário para enriquecer e aperfeiçoar sua práxis. O pensamento de Paulo Freire destaca a necessidade e a importância da formação política e ideológica.

> Os trabalhos de Paulo Freire e de sua equipe na África não eram estritamente de alfabetização de adultos, não beneficiavam apenas os alfabetizandos e não se limitavam ao estritamente pedagógico. Eles eram mais abrangentes e incidiam sobre uma boa parte da sociedade, envolvendo o governo como um todo e não só o Ministério da Educação [...].
>
> A clareza política que ele reconhecia em Amílcar Cabral era a mesma que ele próprio tinha em relação à situação das ex-colónias na África[23].

Como já vimos, o Relatório do Seminário de Formação dos Coordenadores Regionais de Alfabetização, realizado em São Vicente, de 4 a 12 de outubro de 1979[24], é uma das referências nas quais encontramos evidências sobre a contribuição do pensamento de Paulo Freire em Cabo Verde no período pós-independência, pelo número de participantes nacionais, 56 (cinquenta e seis) participantes da Guiné-Bissau, além de 5 (cinco) e participantes internacionais, mas sobretudo, pela pertinência e atualidade dos temas desenvolvidos, com realce para o tema de abertura do seminário, "Alfabetização inserida na perspetiva global do desenvolvimento", abordado pelo então Primeiro Secretário do PAIGC na ilha de São Vicente, Professor Corsino Tolentino e a "Exposição de Paulo Freire sobre as Tarefas dos Coordenadores de Alfabetização".

Na sua exposição no Seminário de Formação dos Coordenadores Regionais, Paulo Freire destaca que "coordenador em

---

23. Ibid., p. 95-96.
24. Cabo Verde, 1979.

primeiro lugar, faz-nos lembrar o verbo coordenar e leva-nos a um verbo mais simples que é ordenar"[25], para demonstrar que "coordenar, na medida em que é ordenar, é dar ordem, ordenar alguma coisa, é planificar, é possibilitar criar e recriar no esforço do ordenamento, é ordenar algo com alguém"[26].

Neste sentido, realça que "ordenar envolve autoridade e liberdade e coordenar sugere que a relação entre autoridade e liberdade se dê em termos harmoniosos e respeitosos"[27]. Uma autoridade respeitando as liberdades e a liberdade reconhecendo o papel da autoridade, visto que o coordenador se relaciona com o alfabetizador enquanto autoridade e o alfabetizador com o coordenador enquanto liberdade, do mesmo modo que o Departamento de Educação se relaciona com o coordenador enquanto autoridade e o coordenador enquanto liberdade.

Ao analisar esses dois níveis de relação, autoridade e liberdade, abstração do real, verificamos que a origem da palavra coordenar "releva a preposição com preposição de companhia"[28]. Assim, "coordenar implica ordenar algo com alguém e não para alguém, não a despeito de alguém, não contra alguém"[29]. Na realidade, toda coordenação implica um trabalho contra um outro tipo de interesse: "a coordenação sugere harmonia entre a autoridade e a liberdade"[30].

A harmonia entre a autoridade do coordenador e a liberdade do alfabetizador (liberdade de falar, dizer, participar, criticar, sugerir etc. rompe se essas liberdades do alfabetizador são aba-

---
25. Ibid.
26. Ibid.
27. Ibid.
28. Ibid.
29. Ibid.
30. Ibid.

fadas pela autoridade do coordenador que passa a exercer só a sua liberdade (de criar, falar, contribuir, criticar, sugerir). O mesmo acontece se o alfabetizador negar essas liberdades aos alfabetizandos e se o Departamento da Educação também as negar ao coordenador; e se o Ministério as negarem ao Departamento; e se o Primeiro-Ministro negar essas liberdades aos Ministros, rompe-se a harmonia entre a autoridade e a liberdade, sem a qual não há nem democracia nem desenvolvimento.

> Um coordenador que fica em casa e depois inventa um relatório e manda ao Departamento não assume a responsabilidade. O seu trabalho está precisamente nessa convivência com alfabetizadores e com seus alfabetizandos. Daí a necessidade de visitas ao círculo de cultura. Mas essas são visitas de coordenação de ação e não coordenação do alfabetizador. O coordenador que coordena os alfabetizadores tem uma assunção autoritária da coordenação. A tarefa do coordenador não é coordenar os alfabetizadores, é coordenar a própria ação dos alfabetizadores e mais ainda é coordenar a própria Educação de Adultos, ação que envolve os alfabetizadores, os alfabetizandos e a comunidade em que se insere. Então o coordenador deve ser muito mais um artista na tarefa de retirar as esquinas, de limar as arestas do problema, de superar as dificuldades, de antecipar a solução de certos problemas, sem abafar a criatividade do alfabetizador[31].

Paulo Freire sustenta ainda que "as visitas aos círculos de cultura são visitas de camarada"[32], logo devem ser encaradas como visitas de quem chega também para aprender, visto que

---

31. Ibid., p. 19.
32. Ibid.

não é possível apenas ensinar aos alfabetizandos. Nesse sentido, as visitas de orientação pedagógica deveriam ser de alguém que visita um círculo de cultura para ajudar, e não apenas para tomar nota das dificuldades do educador. Sustenta que "é preciso é que o coordenador veja muito mais os aspetos positivos do trabalho do camarada alfabetizador do que os negativos"[33], não querendo com isso dizer que esqueça os aspetos negativos, mas que também leve em consideração os aspetos positivos, como forma de encorajar o alfabetizador a superar as insuficiências. Uma outra tarefa importante que decorre de si mesma é a de realização de encontros normais, regulares, sistemáticos entre diferentes alfabetizadores para a avaliação das atividades de todos: "sugeria que em certos momentos, inclusive, equipas de alfabetizandos fossem convidados a fazer parte desses seminários de avaliação"[34], concluindo que "os alfabetizandos são a razão de ser dos círculos de cultura"[35].

Cabo Verde adotou o conceito ampliado de alfabetização como "ação cultural" de Paulo Freire que defende que o analfabetismo é consequência da negação de um direito e que o alfabetizando precisa saber que ele não é analfabeto por culpa dele.

Em Cabo Verde, a proposta político-pedagógica de Paulo Freire teve um impacto notável. A partir de Genebra, o Instituto de Ação Cultural (Idac) influenciou o financiamento do programa de alfabetização e educação de adultos em Cabo Verde através do Conselho Mundial das Igrejas e, seguramente, terá estimulado o Governo Federal Suíço a financiar o programa de alfabetização de 1979/80 a 1999/2000.

---

33. Ibid.
34. Ibid.
35. Ibid.

Depois da atuação do Idac nos finais dos anos de 1970 até meados dos anos de 1980, procurou-se imortalizar o legado freireano em Cabo Verde. Assim, em 1997, foi celebrado um convênio entre a Direção Geral de Alfabetização e Educação de Adultos e o Núcleo de Trabalhos Comunitários da Pontifícia Universidade Católica de São Paulo (PUC-SP), na altura, ligada ao Instituto Paulo Freire (IPF), tendo vários educadores que integraram o programa de Formação de Educação de Adultos, objeto do presente estudo, realizando intercâmbios pedagógicos no Brasil, com realce para o desenvolvimento do Programa de Educação Interdisciplinar.

Essa cooperação com o Instituto Paulo Freire, fomentada no período da implementação do curso de Formação de Educadores de Adultos, resultou, em 2006, em quatro dissertações de mestrado no campo de Educação de Adultos e, em 2014, numa tese de doutoramento sobre formação de professores e trabalho docente em Cabo Verde, ambos da Pontifícia Universidade Católica de São Paulo – PUC-SP[36]. Tratou-se de uma cooperação autêntica que promoveu a troca de experiências de modo horizontal formando uma rede que supera a visão tradicional de cooperação, baseada em políticas assistencialistas.

Em Cabo Verde, a referência a Paulo Freire é marcante, das escolas de formação de professores às universidades, passando pelos seminários e encontros de capacitação dos agentes educativos. Na obra conjunta com o caboverdiano Donaldo Macedo, Paulo Freire destaca: "A ideia de alfabetização emancipatória sugere duas dimensões da alfabetização. Por um lado, os alunos devem alfabetizar-se quanto às suas pró-

---

36. Tavares, 2014.

prias histórias, a experiência e à cultura de seu meio ambiente imediato"[37].

Paulo Freire foi o educador que lançou as bases para uma educação libertadora que contribuiu para formar a consciência crítica e estimular a participação responsável do indivíduo nos processos culturais, sociais, políticos e econômicos. Hoje, o combate ao analfabetismo, rumo à educação para a formação da cidadania planetária, é uma realidade, graças aos ideais do pedagogo Paulo Freire. Os educadores caboverdianos beberam e continuam bebendo na sua fonte, procurando reinventá-lo continuadamente. Os artigos publicados no *Jornal Alfa* revelam a influência do pensamento de Paulo Freire na formação dos educadores de adultos em Cabo Verde.

O pensamento de Freire se inscreve na paisagem da política educacional caboverdiana, e simbolicamente lhe é consagrada (8 de setembro de 2000) a rua em que se situa o edifício da Direção Geral de Educação e Formação de Adultos, uma das principais zonas de concentração de instituições socioeducativas do país.

Evocando Paulo Freire, no ato central das comemorações da Jornada Internacional da Alfabetização – 2008, o então Chefe do Governo de Cabo Verde, professor José Maria Neves, que na sua juventude foi alfabetizador voluntário, fez uma exposição entusiasta sobre o papel da alfabetização. "Efetivamente alfabetizar é libertar! Só quem é alfabetizado, pode dizer convictamente que é uma pessoa livre". Livre porque, do ponto de vista político, está mais bem preparada para descodificar as mensagens dos vários atores políticos e poder fazer escolhas mais conscientes.

---

37. Freire e Macedo, 1990, p. 29.

Como resultado, com uma sociedade mais alfabetizada, estará a se contribuir para uma melhor Democracia. Livre do ponto de vista econômico e financeiro porque a pessoa alfabetizada está em melhores condições de poder conseguir um emprego digno ou ainda produzir o seu próprio emprego/empresa e conseguir maiores rendimentos para si e sua família. "Só tendo mais pessoas formadas e capacitadas poderemos ter mais acesso a emprego e rendimento"[38].

Pai da nação caboverdiana, Amílcar Cabral é citado na Declaração da Proclamação da Independência de Cabo Verde, 5 de julho de 1975, pela sua "pedagogia política". Portanto, se Cabral foi para Freire a expressão da teoria articulada à prática revolucionária em ato, Freire foi para Cabo Verde, pós-independência, a possibilidade de uma prática educacional reflexivamente monitorada, portanto teoricamente assistida.

Neste sentido, destaca-se a realização, em Cabo Verde, em 2010, no período de 12 (data de nascimento de Amílcar Cabral) e 19 de setembro (data de nascimento de Paulo Freire), do VII Encontro Internacional do Fórum Paulo Freire, cujo tema central foi "Paulo Freire e Amílcar Cabral: por uma releitura da Educação e da Cidadania Planetária".

Referências

Arroyo, M. "Formar educadoras e educadores de adultos". In: SOARES, L. (org.). *Formação de educadores de adultos*. Belo Horizonte: Autêntica/Secad-MEC/Unesco, 2006.

Cabo Verde. *Relatório do Seminário de Formação de Coordenadores Regionais de Alfabetização*. Praia, 1979.

---

38. Varela, 2009, p. 185.

Cabral, A. *Guiné-Bissau*: nação africana forjada na luta. Lisboa: Nova Aurora, 1974.

FREIRE, P. *Educação como prática da liberdade*. 11. ed. Rio de Janeiro: Paz e Terra, 1980.

FREIRE, P. *Cartas à Guiné Bissau* – Registros de uma experiência em processo. 2. ed. Rio de Janeiro: Paz e Terra, 1978.

FREIRE, P.; MACEDO, D. *Alfabetização*: leitura do mundo, leitura da palavra. Rio de Janeiro: Paz e Terra, 1990.

Gadotti, M. *Educação de adultos como direito humano*. São Paulo: Instituto Paulo Freire, 2009 [Cadernos de Formação, n. 4].

Romão, J.E.; Gadotti, M. *Paulo Freire e Amílcar Cabral* – A descolonização das mentes. São Paulo: Instituto Paulo Freire, 2012.

Tavares, M.R.M. *Formação de professores e trabalho docente em Cabo Verde*. São Paulo: PUC, 2014 [Tese de doutorado].

UNESCO. *Relatório Global sobre Aprendizagem e Educação de Adultos* – Repensando a alfabetização. Brasília: Unesco, 2014.

Varela, F. *Concepções, trajetórias e práxis educativa* – Um estudo sobre o programa de formação de educadores de adultos em Cabo Verde. Lisboa: Universidade Aberta, 2018 [Tese de doutorado].

Varela, F. "O legado de Paulo Freire e a sua contribuição para a formação político-pedagógica em Cabo Verde". In Mafra, J. et al. (orgs.). *Globalização, educação e movimentos sociais* – 40 Anos de *Pedagogia do Oprimido*. São Paulo: Instituto Paulo Freire/Esfera, 2009.

Seção especial

1
A pessoa de Paulo

Memórias, depoimentos

Carlos Rodrigues Brandão

Estamos quase todo os participantes da "Turma da América Latina". O de cabeça baixa sou eu.

Fonte: Acervo do autor.

Tantos anos depois

Bem que eu gostaria de começar este apanhado ao acaso de memórias e depoimentos sobre não tanto a obra, mas a pessoa de Paulo Freire, tratando quem me leia como ele costumava falar. Paulo usava o "tu", das pessoas de fala espanhola, dos gaúchos, das paraenses e de mais alguns brasileiros, inclusive do Nordeste. Assim ele deixava de lado o "você", tão mais nosso, e ao falar nos olhava na cara e dizia: "Tu, Carlos, tu, o que pensas sobre isto?"

O que desejo partilhar com vocês são algumas memórias minhas e alguns depoimentos a respeito da "Pessoa de Paulo". Pequenos fatos, alguns triviais e quase pitorescos, outros mais sérios, mas sempre pouco acadêmicos e ortodoxos.

Convivi com Paulo Freire apenas após seu retorno do exílio. Convivi com suas ideias desde muito antes, quando trabalhava como educador popular no *Movimento de Educação de Base* e era um "militante engajado" na *Juventude Universitária Católica*.

Entre voos (alguns longos), viagens por terra, salas de aulas, locais amplos de encontros, congressos e semelhantes, ou mesmo ao redor de uma mesa de bar, nós compartilhamos horas e horas da vida. O que trago aqui é a memória de fatos e o depoimento de feitos deste homem que, de tanto ser lembrado como um militante da educação, um professor e um escritor de livros que ajudaram o mundo a ser melhor e mais consciente de si-mesmo, acabou sendo quase esquecido de ser também uma pessoa que numa mesa de bar, ou em uma viagem de avião, gostava de conversar muito sobre a vida... e muito pouco sobre a educação.

Não pretendo de modo algum escrever aqui um "livro para ser publicado". Quando ele ficar pronto eu o vou enviar a um ramalhete de pessoas amigas. E desde já gostaria de desafiar aquelas que, como eu, algo tivessem a narrar a respeito da "Pessoa de Paulo", que se animassem a somar aos meus os seus depoimentos. E, às minhas, as suas memórias compartidas.

O próprio Paulo gostava muito de se autobiografar em momentos de seus livros. No entanto, observem que são mais memórias de infância e juventude do eu as de quando já era "o Professor Paulo Freire". De resto, em suas inúmeras biografias há muitos momentos de suas memórias. Sem falar na completa e excelente biografia de Paulo escrita por Ana Maria Freire. Faltam, no entanto, "depoimentos de vida" que em diferentes situações nos ligam a este homem irrepetível.

A ordem do que escrevo essas doze narrativas é ao acaso e não observa cronologia alguma.

Um homem conectivo

Em muitas ocasiões a imagem de Paulo Freire colocada na capa de seus livros, em programas de encontros e em trabalhos escritos sobre a sua obra Paulo Freire aparece quase sempre sozinho. E, notemos bem, quase sempre o mesmo rosto de um homem já com os cabelos e as barbas brancas e com um sereno ar de profeta pensativo. São raras as fotos de Paulo Freire mais jovem. Raras também, a não ser em livros biográficos, as imagens de Paulo Freire em meio a outras pessoas.

Ora, esta desigualdade de proporções entre tipos de imagens revela uma falsa realidade. Paulo Freire gostava de dizer de si mesmo que sempre foi "um homem conectivo". Um "homem-ponte", um "homem-elo".

Convivi com ele o suficiente para reconhecer que há diferença de intelectuais (categoria da qual ele nunca gostou de pertencer), solitários, ilusoriamente autossuficientes e amantes das mesas redondas com no máximo três pessoas e dos palcos solitários com focos de luzes caindo sobre uma única pessoa, Paulo sempre foi uma pessoa "ao redor de". E o círculo de cultura sempre foi o lugar mais fecundo e feliz que ele imaginou. Assim como "estar em equipe" foi antes do exílio, durante o exílio e depois dele, até sua partida, o seu lugar de vida e trabalho preferido.

Quantas vezes convivemos situações de partilha de palavras e de ideias, e sou testemunha de que em nenhuma delas ele guardava a pose pedante de que fica em aparente silêncio enquanto as outras pessoas falam, para então esperar o silêncio respeitoso e o foco de todas as atenções para "dizer a palavra essencial do mestre".

Ao contrário, lembro-me de diferentes situações em que sua preocupação era muito mais a de conectar as diferentes palavras de quem partilhava um diálogo coletivo "ao redor de", para então dizer "a sua palavra" bem mais como uma síntese do que se disse do que como a sábia e exclusiva fala de quem se guardou para afinal dizer o que todos vieram ouvir.

Assim era esse homem de quem, se eu ousasse (e eu vou ousar) sintetizar tudo o que ele disse e escreveu sobre o povo e a vocação de quem dialoga para educar, eu escreveria isto:

    Viver a sua vida

    Criar o seu destino

    Aprender o seu saber

    Partilhar o que aprende

    Pensar o que sabe

Dizer a sua palavra
Saber transformar-se
Unir-se aos seus outros
Transformar o seu mundo
Escrever a sua história

Primeira narrativa: Escrito à mão, escrito no exílio

Tudo de repente acontece muito depressa.

Depois das "Quarenta horas de Angicos" Paulo Freire e sua equipe começam a preparar o que seria uma grande Campanha Nacional de Alfabetização. Estender a todo o Brasil o que antes forma pequenas experiências de uma alfabetização inovadora junto a pequenos grupos de mulheres e homens do Recife e dos sertões do Nordeste,

Em 1º de abril de 1964 os militares e outros rompem com a frágil democracia de um "País do Terceiro Mundo" e instauram uma ditadura que demoraria mais de 22 anos para sair pela porta dos fundos da história.

Paulo Freire e outros companheiros são presos, interrogados, postos sob suspeita. Paulo Freire, sua família e outros tantos amigos, entre um poeta e um filósofo, exilam-se no Chile.

Durante sua estadia no Chile, Paulo dedica-se a apoiar projetos rurais, através sobretudo do Instituto do Desenvolvimento Agrário – Indac, para o qual foi convidado por Jacques Chonchol, então seu vice-presidente. Tornam-se amigos, assim como Elza Freire e Maria Edy, uma brasileira esposa de Jacques.

Durante o seu tempo de permanência no Chile Paulo redige à mão, em folhas soltas de papel, um livro: *Pedagogia do*

Oprimido. Antes de viajar rumo à Bolívia, aos Estados Unidos e, depois, para longos anos na Europa, com várias incursões à África, ele entrega embrulhado em papel, o manuscrito do livro.

O manuscrito era acompanhado de uma carta cuja parte final merece ser transcrita aqui. Estou certo de que Paulo Freire tinha consciência de que acabara de criar um livro que, se fosse publicado, teria um lugar de rara importância entre os livros que tentam pensar uma educação em tudo diversa daquela propagada sobretudo pelos nossos ministérios da educação.

A carta é muito singela, e até mesmo bem pouco política. Começa falando de saudades do Brasil. E termina com uma confissão de amizade e confiança. E também com a oferta de um livro "que pode não prestar". Mas que termina com a esperança que o acompanhou a vida inteira.

Transcrevo o final da carta.

> [...] Deixava o Brasil. Trazia o Brasil. Chegava sofrendo a ruptura entre o meu projeto e o projeto do meu País.
>
> Encontrei vocês. Acreditei em vocês. Comprometi-me com o seu compromisso no Indap que você partejava.
>
> Queria que vocês recebessem estes manuscritos de um livro que pode não prestar, mas que encarna a profunda crença que tenho nos homens, com uma simples homenagem a quem muito admiro e estimo.
>
> *Paulo*
>
> Santiago, primavera de 68.

Paulo e a família passam pela Bolívia e vão aos Estados Unidos da América do Norte. Durante onze meses vivem lá e depois viajam para Genebra, na Suíça, onde viverão vários anos, até o retorno ao Brasil em 1980.

Paulo Freire leva com ele uma cópia do manuscrito do *Pedagogia do Oprimido*. Acredita-se que o livro foi publicado em 1970 e em inglês, em sua primeira versão impressa.

Também Jacques Chonchol e Maria Edy são obrigados a exilar-se, após o golpe militar no Chile. Vão para a França onde vivem durante 20 anos. Antes da partida para Paris o casal vive por nove meses como refugiado na embaixada da Venezuela. Sua casa em Santiago é revistada, e acreditamos que vários livros teriam sido queimados (costume de militares e outros déspotas). Mas nenhuma importância terá sido dada a um pacote com os manuscritos de *Pedagogia do Oprimido*. Tempos mais tarde a mãe de Jacques Chonchol envia o pacote junto com outros livros e pertences do casal à França.

De novo no Chile, e muitos anos mais tarde, Jacques Chonchol devolve os manuscritos do *Pedagogia do Oprimido* ao Brasil, através de emissários do *Instituto Paulo Freire*. Junto com a Uninove, de São Paulo e o Ministério da Educação, o "Manuscrito do Pedagogia do Oprimido" é lançado como um "livro feito à mão". Por decisão da família e dos editores, o livro não foi comercializado, tendo sido distribuído gratuitamente a pessoas e a instituições.

Segunda narrativa: O mistério do esquema revolucionário

Aqueles foram anos em que éramos bastante dados a desenhos, esquemas e gráficos para ilustrarem ou arquitetarem as nossas ideias. Eu mesmo em livros "daqueles anos" às vezes abusava de gráfico.

Paulo Freire não. Mas em *Pedagogia do Oprimido*, na página 15 de texto manuscrito e no 4º capítulo ele emprega a expressão "Teoria da Ação Revolucionária" (que no original virá com maiúsculas no início de cada palavra), que ele opõe a uma "Teoria da Ação Opressora" (idem).

Este desenho altamente ilustrativo não aparece nas edições impressas do livro. Acredito que não terá saído na primeira edição (provavelmente em Inglês) e por razões "gráficas" ou "ideológicas" não foi incorporado às edições seguintes.

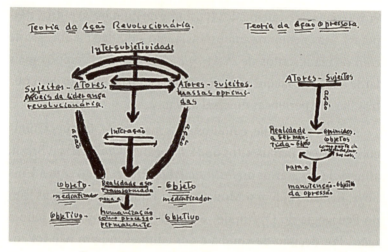

Fonte: Manuscrito *Pedagogia do Oprimido*.

Depois de haver constatado isto no manuscrito do *Pedagogia do Oprimido* e haver comentado com pessoas amigas, encontrei pela internet (da qual sou precário praticante) um texto sem título a respeito do gráfico de Paulo Freire[1]. Tomei a ima-

---

1. Ao final do artigo, eis os dados a respeito de sua autoria e seu propósito: "Camila diz que pretende seguir se aprofundando no tema, comparando o manuscrito às edições impressas da obra publicadas no Brasil. 'Ainda é uma atual', ressalta a pesquisadora sobre a obra que, em 2018, completou 50 anos. A dissertação de mestrado foi orientada pelo Prof. Marcelo Módolo e defendida em 2017 no Departamento de Letras Clássicas e Vernáculas (DLCV) da Faculdade de Filosofia, Letras e Ciências Humanas (FFLCH) da USP".

gem do gráfico de Paulo (ele está na p. 157 da edição e na p. 15 do manuscrito original):

> Dentre as partes da obra desconhecidas pelo grande público está uma especialmente inédita aos leitores da edição brasileira, publicada pela primeira vez em 1975, e aos detentores de outras traduções baseadas nela: um gráfico em que o autor esboça sua Teoria da Ação Revolucionária e sua Teoria da Ação Opressora. Nele, a primeira teoria é representada de forma cíclica, em que os líderes revolucionários e as massas oprimidas são colocados na mesma posição e com setas entre si que apontam para a existência de diálogo entre as partes; e a segunda é esboçada de maneira verticalizada, com setas apontadas para baixo que conduzem à "manutenção da opressão", indicando o problema da ausência de diálogo. Para Camila, o gráfico é central para o entendimento do texto. "Freire foi tão didático que desenhou sua teoria, a centralizou em um único desenho e depois foi apenas esmiuçando o conteúdo ao longo da obra", avalia a pesquisadora. Conforme o estudo aponta, tudo leva a crer que o motivo de sua não publicação foi o de evitar maiores "problemas em torno da obra". "O conteúdo do gráfico é tão explícito que alguns especialistas afirmam que o gráfico foi retirado da obra por propósito ditatorial, possivelmente para evitar os censores", observa Camila. A pesquisa demonstra que, até a 15ª reimpressão da obra publicada no Brasil, havia apenas um espaço em branco no lugar onde, originalmente, deveria constar o gráfico e que, a partir da 17ª edição, esse espaço deixou de existir. Vale destacar que, diferentemente do que ocorreu com as edições baseadas na publicação brasileira, as edições observadas pelo trabalho, baseadas na primeira publicação do livro – a obra foi publicada pela primeira

vez em inglês, em 1970 –, apresentavam o gráfico, que também foi observado em publicação de Portugal.

Lembremos que na edição manuscrita Paulo Freire conclui o seu livro como se retornando e corrigindo o final de sua carta ao casal Chonchol.

> Se nada ficar destas páginas, algo pelo menos esperamos que permaneça: nossa confiança no povo. Nossa fé nos homens, na criação de um novo mundo em que seja menos difícil amar (p. 233 do manuscrito impresso e na p. 92 do texto original).

Terceira narrativa: O Instituto de Estudos Atrasados

Foi quando em algum momento dos anos oitenta a *USP* criou o *Instituto de Estudos Avançados*. Ele existe até hoje. Realiza grandes eventos e possui uma revista notável. Eu mesmo tenho dois ou três artigos nela. E acabei de receber pelo correio ontem (reescrevo isto em 23 de maio de 2018) o número 96 da revista.

Estávamos em um certo fim-de-tarde em uma volta de mesa de bar em Barão Geraldo, distrito de Campinas onde fica a Unicamp. Éramos um pequeno e variável grupo de professores e alguns "estudantes de pós", da Unicamp. Volta e meia nos reuníamos em algum bar mais silencioso do que aqueles que os estudantes costumam frequentar. E como certa feita alguém pediu "rúcula" como tira gosto, acabamos por nos batizar como "Clube da Rúcula".

Comentávamos a grandiosidade da proposta do *Instituto de Estudos Avançados* da USP, e foi quando entre rúculas e cervejas – Paulo Freire preferia pequena porções de cachaça, e nunca o vi sequer pouco alterado pela bebida – alguém sugeriu que criássemos na *Unicamp* um *Instituto de Estudos Atrasados*. A surpreendente ideia não veio de Paulo Freire e nem de mim. Desconfio que terá surgido de uma fala assertiva de Arnoldo de Hoyos ou mesmo de Adriano Nogueira e Taveira.

A súbita e transgressiva proposta foi estranhada por menos de dois minutos, e logo depois foi aceita por unanimidade, inclusive por Paulo Freire, um dos mesários e comensais entusiasmados de nosso "Clube da Rúcula".

O nosso *Instituto de Estudos Atrasados* deveria ser uma instituição pensada e vivida às avessas do imponente instituto da *USP*. O que não coubesse no de São Paulo caberia no de Campinas. Tudo o que de tão pequeno e às vezes antigo, arcaico, puxado mais pra viola caipira do que para aparato eletrônico da Samsung. Pois tudo o que fosse "chão da vida" e vida das pessoas que em geral só aparecem na universidade como trabalhadores entre jardins e prédios, ou como "objetos de pesquisa", seriam acontecimentos e os sujeitos de nossos estudos e nossas partilhas do tempo. Sem deixar de lado a sua dimensão "crítica e insurgente", ele seria um instituto "humano, demasiadamente humano". Seriam seus temas e dilemas o mistério da vida, o seu pulsar, através de aparentes eventos de pequena monta, de singela dimensão. Eventos que talvez por isso mesmo salvam o mundo todos os dias, o tempo todo, por toda a parte.

Não criamos o *Instituto de Estudos Atrasados*. Traçamos ali mesmo ao redor da mesa alguns de seus princípios e preceitos. *Mas* seria mesmo um exagero dizer que ele "não saiu do papel" porque, na verdade, nem naquele fim-de-tarde e nem nunca mais, ele nem mesmo sequer... "entrou no papel".

Hoje, tantos anos depois, penso que o seu lema poderia bem ser um pedaço de poema de Manoel de Barros:

Pessoas pertencidas de abandono me comovem: Tanto quanto as soberbas coisas ínfimas.

Quarta narrativa: Muitos anos antes, uma universidade e dois institutos que também não chegaram a ser criados

Lembro algo bastante esquecido entre nós. Trabalhando com a sua pioneira "equipe nordestina" no *Serviço de Extensão Comunitária* da então *Universidade do Recife*, o que Paulo Freire, Aurenice Cardoso, Jormard Muniz de Brito e Jarbas Maciel criam e propõem não é apenas um "método de alfabetização". É todo um "Sistema Paulo Freire de Educação" que, começando pela alfabetização de crianças e de adultos, propunha, "etapas acima", uma universidade popular e dois institutos. Cada um dos integrantes da equipe pioneira escreveu um artigo a partir da experiência do trabalho na SEC.

Eles irão aparecer junto no número 4 da *Revista de Cultura* da Universidade do Recife, com a data de abril/junho de 1963, Vale a pena relembrar seus títulos: *Conscientização e Alfabetização: uma nova visão do processo,* de Paulo Freire; *Fundamentação teórica do Sistema Paulo Freire de Educação,* de Jarbas Maciel; *Educação de adultos e unificação da cultura,* de Jomard Muniz de Brito; *Conscientização e alfabetização: uma visão prática do Sistema Paulo Freire,* de Aurenice Cardoso[2].

É Jarbas Maciel, e não Paulo Freire, quem anuncia a extensão do *método Paulo Freire* a todo um *sistema Paulo Freire de*

---

2. Na mesma sequência os quatro artigos originais da equipe de Paulo Freire foram republicados no livro *Cultura popular, educação popular – memória dos anos 60,* organizado por Osmar Fávero e publicado pela Editora Graal, do Rio de Janeiro, em agosto de 1983. Os quatro artigos saem na parte intitulada: *Sistema Paulo Freire.*

educação. Um sistema gerado na universidade e que deveria desaguar na criação de uma nova universidade popular. Vejamos.

> Foi esse, portanto – e ainda está sendo –, o ponto de partida do SEC, ao lado de seu esforço em levar a Universidade a agir junto ao povo através de seus Cursos de Extensão nível secundário, médio e superior, de suas palestras e publicações e, por fim, de sua "Rádio Universidade". Todavia o SEC não poderia fazer do Método de Alfabetização de Adultos do Prof. Paulo Freire sua única e exclusiva área de interesses e de trabalho. A alfabetização deveria ser – e é – um elo de uma cadeia extensa de etapas, não mais de um método para alfabetizar, mas de um sistema de educação integral e fundamental. Vimos surgir, assim, ao lado do Método Paulo Freire de Alfabetização de Adultos, o Sistema Paulo Freire de Educação, cujas sucessivas etapas – com exceção da atual etapa de alfabetização de adultos, começam já agora a ser formuladas e, algumas delas, aplicadas experimentalmente, desembocando com toda tranquilidade numa autêntica e coerente Universidade Popular[3].

Eis como, mesclando as palavras dele com as minhas, na sequência, Jarbas Maciel desdobra as etapas do *Sistema Paulo Freire de Educação*.

- Primeira etapa: *alfabetização infantil*.
- Segunda etapa: *alfabetização de adultos* (em atividade no SEC, por ocasião da escrita dos textos da equipe pioneira).
- Terceira etapa: *ciclo primário rápido* (também com suas atividades iniciadas pelo SEC, em uma experiência na Paraíba, conduzida pelo Ceplar).

---

3. Jarbas Maciel, em *Cultura Popular e Educação Popular – memória dos anos sessenta*, na p. 129. Grifos do autor.

- *A quarta etapa do Sistema, juntamente com a anterior, marca o início da experiência de universidade popular propriamente dita, entre nós. Será a extensão cultural, em níveis popular, secundário, pré-universitário e universitário. Esta é a fase de trabalho atual do SEC, mas atingindo clientelas de áreas urbanas recifenses, de nível secundário em diante*[4].

- *A quinta etapa do Sistema – já esboçada com suficiente profundidade para permitir a presente extrapolação – desembocará tranquila e coerentemente no* Instituto de Ciências do Homem, *da Universidade do Recife, com o qual o SEC trabalhará em íntima colaboração*[5].

- Sexta etapa: *a criação de um* Centro de Estudos Internacionais (CEI), *da Universidade do Recife. Este órgão havia já sido criado e previa uma "intensa transação com os países subdesenvolvidos num esforço de integração do chamado Terceiro Mundo".*

Quinta narrativa: A criação do Centro de Estudos em Educação, na Unicamp

Não criamos o indispensável *Instituto de Estudos Atrasados* na Unicamp. Mas criamos, não lembro se tempos antes ou depois, o Centro de Estudos em Educação, da Faculdade de Educação.

Ao contrário daquele fim-de-tarde num bar em Barão Geraldo, nós nos reunimos em uma das salas da FE, e em menos de uma tarde estava criado o Cedes. Lembro uma cena. Decididos os seus termos, Maurício Tratemberg foi encarregado de

---

4. Jarbas Maciel, p. 131. Grifo do autor.
5. O mesmo Jarbas, na mesma página.

redigir a "ata de fundação". Ele se sentou diante de uma velha máquina de escrever (daquelas que sequer eram eletrônicas e já haviam invadido a Unicamp, prefaciando os computadores que chegariam logo após).

E ele acendeu um cigarro que até o final da ata não foi fumado sequer uma vez e ali permaneceu, com uma cinza que crescia ameaçadoramente. Finda a ata Maurício arrancou a folha da máquina, passou às mãos, se não me engano, de Moacir Gadotti, e então sim, deu uma merecida tragada em seu agonizante cigarro. Criado o Cedes pousamos ao lado de sua pequenina placa "para a posteridade". A imagem abaixo é daquele momento.

Velhos tempos: Mauricio Tractenberg, Paulo Freire, eu e Moacir Gadotti
Fonte: Acervo do autor.

Sexta narrativa: Um "Programa de Semana de Filosofia" escrito em linguagem de cordel e uma ausência inesperada

Lá pelo começo dos anos oitenta, a cidade de Mossoró, no Estado do Rio Grande do Norte e no miolo de uma das regiões mais áridas do Nordeste, organizou uma inesquecível *Semana de Arte e Filosofia*[6].

Paulo Freire viria, e seria um acontecimento, porque marcaria um retorno, tantos anos depois, de Paulo ao mundo dos "sertões do Nordeste". Ele teria a seu cargo uma ou duas palestras. E o ponto alto de todo o evento seria um reencontro entre ele e alfabetizadores e alfabetizandos vindos das "Quarenta Horas de Angicos".

O Programa do evento foi todo ele escrito em linguagem de cordel. Seu autor, Crispiniano Neto era um cordelista conhecido no Nordeste. Ocasião para lembrar que o Movimento de Educação de Base elaborou em 1964 uma "cartilha de alfabetização" toda em cordel. Seu título era: *Mutirão*. Logo após saiu uma outra, tratando de questões de saúde popular: *Mutirão pra Saúde*. Ambas com desenhos de um jovem cartunista chegado de Minas Gerais para o Rio de Janeiro: Ziraldo[7].

Eis como a *Semana de Arte e Filosofia de Mossoró* foi anunciada:

---

6. O programa oficial do evento tem este título: *Nossa Segunda Semana de Arte e Filosofia – programa oficial*. Foi impresso com 16 p. pela Astecam, de Mossoró, sem indicação de data. Presumo que o ano terá sido 1982.

7. Essa cartilha foi elaborada às pressas, depois que a primeira cartilha elaborada ao longo de vários meses, foi apreendida pela polícia do então Estado da Guanabara. Consta que teria sido a mando de Carlos Lacerda. Ela foi considerada "subversiva", e isto aconteceu menos de 90 dias antes do golpe militar de 1964. Seu nome era: Viver é Lutar. Lembro as palavras da "primeira lição": *O povo vive / O povo luta / O povo vive e luta*.

De 1 a 8 de maio
Mossoró tem alegria
de receber todo o povo
que pensa em democracia,
que é quando a terra se irmana
pra promover a Semana
de Arte e Filosofia.

Sobre a Arte da Semana
é o Meca que vai voltar:
Movimento de Extensão
da Cultura Popular,
que é pra poder resistir
a quem quer nos invadir
pra nossa arte matar.

 O programa da "semana" prossegue anunciando em versos, dia a dia, cada acontecimento, entre palestras, mesas redondas, oficinas, cursos e espetáculos públicos nas praças. Lembro de passagem que estamos no começo dos anos de 1980, e em 1982 extingue-se o período dos governos militares no Brasil. E noto que o tema da *Semana de Filosofia* era: *"Filosofia e Educação popular"*.

Sábado 02/5 – manhã
Neste horário vamos ter
um painel para mostrar
todas as experiências
de Educação Popular
antes de sessenta e quatro
quando o Brasil foi teatro
de cenas do libertar.

Na tarde deste mesmo sábado o programa anuncia um breve curso que eu ministrei sobre "*O Sistema Paulo Freire de Alfabetização*"[8].

> Então, na parte da tarde
> Professor Carlos Brandão
> no sistema Paulo Freire
> de alfabetização
> vai dar um curso e mostrar
> como alfabetizar
> visando a libertação.

A sexta-feira, dia 8 de maio, concentraria o momento mais aguardado da Semana. Paulo Freire estaria presente e ele foi anunciado assim.

> E como na sexta-feira
> Ninguém tem mais paciência
> Então pensamos em ter
> Uma atração de potência
> E resolvemos botar
> Paulo Freire pra contar
> Sua vida e experiência.

E Paulo Freire deveria voltar a falar na noite da mesma sexta-feira. Sua fala foi versejantemente anunciada dessa maneira, umas duas estrofes acima daquela em que com festa, "forró" e alegria anunciava-se o encerramento da Semana.

> À noite, de oito às nove
> tem Paulo Freire de novo,

---

[8]. Este curso durou quatro dias, foi dado em um cinema local para cerca de 400 pessoas. Dele derivou o meu livro *O que é o Método Paulo Freire*.

num debate em tema aberto
do tipo mesmo que eu louvo
pois sei que ele vai falar
num jeito de libertar
a consciência do povo.

[...]

Agora é encerramento
sem choro e sem traje preto
nosso final é feliz.
Pra bagunçar o coreto
vai ter um forró dos nossos
desenferrujando os ossos
balançando o esqueleto.

O final da Semana não foi tão feliz o quanto se esperava. Coube a mim anunciar, diante de cerca de mil participantes, que por causa de uma crise de labirintite Paulo Freire não poderia viajar e estar presente. Foi a primeira vez em minha vida em que temi que uma fala minha fosse recebida com apupos, ovos e tomates. Não aconteceu, mas a grande perda foi o encontro programado entre "os remanescentes de Angicos" e Paulo Freire.

Sétima narrativa: Uma noite em Buenos Aires

Era o ano de 1985. Estávamos, um pequeno grupo do Ceaal – Conselho de Educação de Adultos da América Latina, reunidos no Hotel Bauman em Buenos Aires. Havíamos vindo para preparar a presença do Ceaal na grande Conferência Internacional de Educação de Adultos, patrocinada pela Unesco, em novembro, na mesma Buenos Aires. Paulo era então presidente de honra do Ceaal e se dispôs a vir estar conosco.

No segundo dia de reuniões, foi anunciada em nossa pequena sala de trabalhos a presença de uma "comissão de educadores argentinos". Eles se apresentaram a Pancho Vio Gossi, que nos coordenava, e disseram que haviam sabido da presença de Paulo Freire na cidade e vinham convidá-lo a uma conferência naquela mesma noite.

Tomado de surpresa, Paulo Freire em um primeiro momento recusou, afirmando que havia vindo apenas para a reunião preparatória e não estava pronto (e nem disposto) para uma conferência. Os argentinos ficaram muito assustados. Sem nos avisar, e certo da aceitação de Paulo, haviam já anunciado a palestra para aquela noite no Teatro San Martin.

Pancho Vio Grossi veio em meu socorro. E então cometi uma pequena mentira. Disse a Paulo que não era propriamente uma "grande conferência", mas um fraterno encontro com alguns educadores da Argentina. Paulo me ouviu e concordou.

Espantou-se quando chegamos ao local e viu que havia ali uma pequena multidão à espera de entrar no Teatro San Martin. Seriam cerca de 3000 pessoas. E os argentinos haviam armado toda uma solenidade, inclusive com a presença de Adolfo Perez Esquivel, recém ganhador do Prêmio Nobel da Paz. Fomos levados por uma porta de trás a um grande camarim e, logo depois, a um imenso palco. Havia apenas uma grande mesa com lugar em linha para mais de dez pessoas.

Isabel Hernandez, a coordenadora do evento, em breves palavras nos deu conta de como estava previsto o cerimonial: um encontro com Paulo Freire em Buenos Aires treze anos depois. A cada um de nós seriam dados cinco minutos para uma breve fala. E então a conferência de Paulo Freire.

Sentado ao meu lado ele nos ouvia. Vi que não havia trazido livro ou escrito pronto algum. Em uma folha de papel dessas boas para pequenos recados vi que ele ia escrevendo, uma sob a outra, apenas umas dez palavras.

Depois que todos falaram foi dada a ele a palavra. Paulo anunciou que, para não falar mais do que as outras pessoas, diria apenas uma mensagem de não mais do que cinco minutos.

Não sei se foi um "oh" pronunciado por não sei quantas mil vozes que o levou a pronunciar a palestra que em Espanhol transcrevo abaixo. Ela foi dita por Paulo em Português. Foi logo após publicada em um livrinho mimeografado pelo Ceaal. Circulou mais tarde pela internet como a conferência de Paulo Freire na sessão de abertura da grande Conferência, em novembro. Um engano evidente, pois ele termina a sua fala no San Martin anunciando que voltaria a Buenos Aires em novembro, para a Conferência.

Às vezes desconfio que algo desta fala inesperada, e mais o diálogo posterior com pessoas do Instituto Paulo Freire, notadamente Ângela Antunes, terão saído as ideias germinais do *Pedagogia da Autonomia*. Ei-la.

Paulo Freire em Buenos Aires

Fala de Paulo Freire a educadores argentinos no Teatro San Martin, por ocasião da pequena reunião de líderes para preparar a participação da Ceaal na Assembleia Mundial de Educação de Adultos, em novembro de 1985[9]:

---

9. Cópia do documento do Ceaal – "Paulo Freire en Buenos Aires" – com base na palestra de Paulo Freire no Teatro San Martin, em Buenos Aires, no ano de 1985. Recopilação de Carlos Rodrigues Brandão. Versão para o Português de Otávio Machado Brito Teixeira Lima. Revisão final de Margarete Sampaio e de Raquel Carine De Moraes Martins Morais. Uma equipe cearense.

Queridas amigas e queridos amigos de Buenos Aires,

Eu gostaria realmente hoje à noite não dizer mais do que palavras de saudação e afeição, mas provavelmente alguns de vocês gostariam que eu dissesse algo sobre a especificidade da luta político-pedagógica e sobre a teoria e a prática educativa. Vou tentar fazer as duas coisas, obviamente, integrando as emoções de certas memórias que são queridas para mim.

Buenos Aires

Eu queria voltar a memórias da minha infância, a etapas que eu chamaria de alienação de infância.

Eu nasci no nordeste do Brasil, uma das partes mais dramáticas do mundo. Recife é tão quente que, quando fazem 16°, os recifenses colocam roupas de frio. Imaginem vocês!!

O mais impressionante deste "filho recifense", que agora tem 63 anos e ainda está se sentindo jovem, é que ele tinha uma paixão natural por algumas cidades, cujos nomes só conhecia através das aulas de Geografia: Amsterdam, Londres e Buenos Aires.

De início, gostava delas somente pelo próprio nome, Buenos Aires. Se traduzíssemos para o Português perderia completamente o seu caráter. "Bons Ares" não tem nada a ver com Buenos Aires.

Eu estimei por um longo tempo o prazer de conhecer a terra de Buenos Aires não precisamente para beijá-la, mas para senti-la, amá-la.

Quando eu morava no Chile, não poderia visitar a Argentina porque eu tinha sido absolutamente proibido de entrar no país até que o governo mudou e eu pude vir. Um dia, recebi um primeiro convite para materializar o velho sonho. Lutei comigo mesmo porque eu estava impaciente para saber se poderia ver, *com o coração aberto, Buenos Aires e, assim, confirmar as aspirações de criança e dar-me a esta cidade. O convite foi feito por uma pessoa que faço questão de mencionar aqui, em público. Ele foi o ministro da Educação na época, Dr. Taina (aplausos). Vocês não podem imaginar o tumulto que ocorreu dentro de mim com este convite. Parecia um adolescente se preparando para o primeiro encontro de amor.*

Tangos

Lembro-me de colocar algumas condições para aceitar o convite, com muito medo que não as aceitassem, porque isso significaria punir a mim mesmo. Mas eu decidi arriscar. O primeiro foi que, embora eu tivesse muito trabalho a fazer, eu teria uma noite de tangos. Assim, passei uma noite maravilhosa no "Viejo Almacén". Os tangos também me acompanham desde a minha infância.

Eu quero que vocês me perdoem, meus amigos latino-americanos, mas para mim, a maneira mais bonita de falar castelhano é a argentina.

A segunda condição era evitar dar palestras públicas e a terceira, trabalhar intensamente com grupos populares.

O ministro cumpriu todas as exigências e me lembro que uma das reuniões foi com os reitores das universidades, onde eu tive a impressão de que eu era o avô deles. Eles eram jovens, na sua maioria, o que era uma coisa um pouco estranha. Era como se eles estivessem começando a fazer uma revolução na superestrutura.

Lembro-me de que me encontrei com um grande número de jovens da época, alguns dos quais podem ter desaparecido naquelas terríveis noites de violência que sofreu a América Latina.

Agora eu me lembro com respeito, "saudade" (que é uma palavra mais forte do que a nostalgia) e com admiração do belo trabalho que eu pude fazer aqui com muitos de vocês.

O que é perguntar?

Lembro-me de uma visita a uma área popular de Buenos Aires, em que um homem fez uma pergunta fundamental. Quando cheguei no grupo que me esperava disse-lhes que, em vez de uma palestra, propunha uma conversa, em que fariam perguntas e eu as responderia. Houve um silêncio e um deles, eu não sei se está vivo, olhou para mim e disse: "Tudo bem que você não queira fazer um discurso. Eu tenho uma primeira pergunta..." Eu disse: tudo bem. Ele me disse: "Professor, o que é perguntar?"

Eu acho que é necessário desenvolver uma pedagogia da pergunta, porque o que estamos ouvindo sempre é uma pedagogia da resposta. Em geral, os professores respondem a perguntas que os alunos não fizeram.

Naqueles dias, eu conheci muitas pessoas e tive conversas com o Dr. Taina e com outros intelectuais que conheci pessoalmente, mas eu já conhecia seus trabalhos. Lembro-me de um deles, o Professor Puiggrós (aplausos), em cuja casa eu estive e com quem devorei 3 horas conversando, uma impressão que não esqueço pela sua seriedade intelectual e a profundidade de sua análise. Eu faço uma homenagem, esta noite, ao Prof. Puiggrós, que já morreu.

Os livros queimados

Esta noite confirmo a minha amizade e solidariedade com Buenos Aires e Argentina, que é a mesma que eu tinha quando eu soube que meus livros tinham sido retirados das livrarias e biblio-

tecas no país para serem queimados. Inclusive recebi recortes de jornais que comunicavam a notícia da proibição oficial dos meus livros na Argentina. Quando nossa filha nos enviou este artigo para Genebra, eu disse a Elza, minha mulher: "Isto acaba por me convencer de que eu realmente sou perigoso".

Virtudes críticas da educadora ou do educador

Agora, depois destas palavras afetuosas, eu queria dizer algumas coisas que têm a ver com a "salvação" da democracia, por mais incompleta que seja, tanto aqui como no meu país.

Eu gostaria de falar sobre um assunto que me preocupa muito como um educador ao nível prático e teórico. É o tema que costumo chamar de "reflexão crítica sobre as virtudes da educadora ou do educador"; vista não como algo com que se nasce, ou seja, não é um dom que se recebe, mas como um modo de ser, de enfrentar, de se comportar, de compreender; forma que é criada, através da prática científica e política, em busca da transformação da sociedade injusta. Não é uma qualidade abstrata que existe antes de nós, mas que se cria com a gente (e não individualmente).

Estas não são virtudes de qualquer educador, mas daqueles que são politicamente comprometidos com a transformação da sociedade injusta, para criar social e historicamente uma sociedade menos injusta.

A mim não me interessa estudar as virtudes de educadores reacionários. Isso eles que façam!

Coerência

A primeira virtude ou qualidade que gostaria de evidenciar, que não é fácil de ser criada, é a virtude da coerência entre o *discurso falado e anunciado e a prática que deveria estar confirmando o discurso.*

Esta virtude enfatiza a necessidade de reduzir a distância entre o discurso e a prática. Quando me refiro a esta virtude em um nível maior da luta política no Brasil, eu digo que devemos reduzir a distância entre o discurso do candidato e a prática que resulta na eleição, de modo que em algum momento a prática seja o discurso e o discurso seja a prática. Obviamente, nesta tentativa de coerência, é necessário evidenciar que, em primeiro lugar, não é possível alcançar a coerência absoluta e que, em segundo lugar, isso seria um incômodo. Imaginem vocês que alguém vivesse de tal maneira a coerência que não tivesse a capacidade de entender o que é realmente ser coerente, porque ele é sempre coerente! Então, não se sabe o que é (risos). Eu preciso ser incoerente para me transformar em coerente.

Não é possível um discurso de libertação por um lado; e por outro, revelar uma profunda desconfiança das massas

Há, no entanto, um mínimo tolerado para a incoerência. Eu não posso, em minha opinião, proclamar a minha opção por uma sociedade socialista, participativa, em que, ao final, as classes trabalhadoras assumem a história em suas mãos e, ao mesmo tempo, rejeitar uma estudante que tem uma visão crítica a meu respeito, perguntando para ela: você sabe quem eu sou?

Para mim, não é possível fazer um discurso sobre a libertação e revelar o meu comportamento com uma profunda desconfiança nas massas populares. Não é possível falar de participação democrática e quando as massas vêm para a praça e pretendem falar, dizer: "O povo veio e vai estragar a democracia."

Por esta razão, a virtude da coerência é uma virtude libertadora. Ela vai se desenrolando e respondendo às demandas que a prática propõe.

A palavra e o silêncio

Outra virtude que emerge da experiência responsável é a virtude de aprender a lidar com a tensão entre a palavra e o silêncio. Esta é uma grande virtude que os educadores temos de criar entre nós. O que quero dizer com isto? Se trata de trabalhar esta tensão permanente que se cria entre a palavra do professor e o silêncio do educando, entre a palavra de educandos e o silêncio do professor. Se alguém não trabalhar bem essa tensão, pode ser que a sua palavra termine por sugerir o silêncio permanente dos educandos. Se eu não souber escutar e não der aos educandos um testemunho verdadeiro, através da exposição da sua palavra, termino discursando "para". Falar e discursar "para" sempre termina em falar "sobre", que, necessariamente, significa "contra".

Viver apaixonadamente a palavra e o silêncio significa falar "com", para que os educandos também falem "com". No fundo, eles também devem se assumir como sujeitos do discurso, e não como respiradores do discurso ou da palavra do educador. É difícil, eu admito, porque não há nada fácil. Falo de educador e educadora popular, embora não assuma, ainda, a coragem de enfrentar a sintaxe machista das nossas línguas, que implicaria entender as mulheres dentro do conceito de educadores. Eu não consigo entender, como um educador que não tenha sido incluído na introdução do pensamento revolucionário, a ideia de machismo. Elsa é a minha esposa, eu sou o seu homem; ela é minha namorada, minha amante e é a avó dos meus netos. Há 41 anos, nós fizemos um acordo extraordinário.

Viver essa experiência de tensão não é fácil, exige muito de nós. Há que aprender algumas questões básicas como essas, por exemplo: não há nenhuma pergunta boba, nem há nenhuma resposta definitiva. A necessidade de perguntar faz parte da natureza do homem. O reino animal foi dominando o mundo e tornando-se homem e mulher com base em perguntar e perguntar-se. É preciso que o educador testemunhe para os educandos o gosto pela questão e o respeito à pergunta. Em seminários de educação popular, uma das questões-chave, introdutória, deve ser uma reflexão sobre a pergunta. A pergunta é fundamental, conectada com a prática.

Não existe pergunta boba, nem uma resposta definitiva

Às vezes, por exemplo, o professor percebe em uma classe que os alunos não querem correr o risco de perguntar, exatamente porque, às vezes, temem seus próprios companheiros de classe. Não tenho dúvidas, sem fingir que isso é algo em favor do psicologismo que é uma coisa horrível, quer dizer que, às vezes, quando os companheiros riem de uma pergunta, o fazem como uma maneira de escapar da dramática situação de não ser capaz de perguntar, deixando de fazer uma pergunta.

Às vezes, o próprio professor, diante de uma questão não muito bem formulada, desenha um sorriso, daqueles que todos sabem o que querem dizer com a sua maneira especial de sorrir, acrescentando a este sorriso, algo como "Eu estou mal, me pergunte mais tarde".

Não é possível este modo de comportamento, pois leva ao silêncio. É uma forma de castrar a curiosidade, sem a qual não há criatividade. Esta é outra virtude que parece obstinadamente importante.

Subjetividade e objetividade

Outra virtude um pouco complicada, a partir de um ponto de vista filosófico, é a de trabalhar criticamente a tensão entre subjetividade e objetividade, entre consciência e mundo, entre prática e teoria, entre o ser social e consciência.

Esta tensão é difícil de definir, porque é um tema que acompanha toda a história do pensamento pedagógico. É difícil porque nenhum de nós escapa, andando pelas ruas da história, de sentir a tentação de minimizar a objetividade e reduzi-la ao poder – que então se torna mágico – da subjetividade toda poderosa. Então, dizemos que a subjetividade cria arbitrariamente o concreto, cria a objetividade. Não há como transformar o mundo, a realidade, sem transformar a consciência das pessoas. Esse é um dos mitos que milhares de cristãos têm caído: primeiro se transformam os corações das pessoas e quando se tenha uma bela humanidade cheia de seres angelicais, em seguida, essa humanidade faz uma revolução que é divina também (aplausos). Isso simplesmente não existe, nunca existiu. A subjetividade se altera no processo de mudança de objetividade. Eu me transformo ao transformar. Eu sou feito pela história ao fazê-la (e não somente eu tenho esse privilégio).

O outro erro nessa tensão é reduzir a subjetividade a um puro reflexo da objetividade. Então, esta ingenuidade, que é uma maneira positivista muito grosseira de compreender Marx, assume que só se deve transformar a objetividade para que, no dia seguinte, mude a subjetividade. Não é assim, porque os processos são dialéticos, contraditórios, são processuais.

Autocrítica

Quando eu leio "conscientização", palavra que nunca mais usei desde 1972, a impressão que tenho é que o processo de aprofundamento da tomada de consciência aparecia em determinados momentos da minha prática (por certas razões sócio-históricas) como algo subjetivo; às vezes um é criticado pelos críticos que não entendem o tempo histórico do criticado, o que não é justo.

Me autocritiquei quando eu vi que parecia que eu pensava que a percepção crítica da realidade significava sua transformação. Isto é idealismo. Superei essas fases, esses momentos, essas travessias pelas ruas da história em que eu fui mordido pelo psicologismo ou subjetivismo.

Aqui e agora

Outra virtude do educador, da educadora, é não só entender, mas viver a tensão entre o aqui e o agora do educador e o aqui e agora dos educandos, porque na medida em que eu entendo essa relação entre o "meu aqui" e o "aqui" dos alunos é que começo a descobrir que o "meu aqui" é o "mais ali" dos estudantes. Não há "ali" sem "aqui", o que é óbvio. Só reconheço que há um "aqui" porque há algo diferente que está "ali" e que me diz que "aqui" é aqui". Se não houvesse um "ali", eu não entenderia o "aqui". Você só pode conhecer um "aqui" porque há um oposto. Se eu estou em uma rua, há apenas três posições básicas: no meio – nessa corremos o risco de ser atropelados, especialmente no Brasil – de um lado, ou do outro. Os demais são aproximações a estas posições básicas.

Os políticos e os educadores políticos nunca devemos esquecer de respeitar a compreensão de mundo, de sociedade, a sabedoria popular, o senso comum

Se eu estou de um lado e quero ir para o outro lado, eu devo atravessar a rua, porque senão, não chego. E eu acho que, pelo menos até o final do século, a solução será a mesma.

É por esta razão que ninguém chega lá partindo de lá. Isso é algo que os políticos-educadores e os educadores-políticos nos esquecemos, isto é, respeitar a compreensão de mundo, da sociedade, a sabedoria popular, o senso comum. Em nome da exatidão de julgamento que os educadores, muitas vezes, julgam possuir, declaram que as massas populares precisam desta sabedoria, esquecendo que desconhecemos a percepção dos grupos populares, de suas vidas diárias, a visão que eles têm de sociedade. Assim, pretendemos partir do nosso "aqui".

Eu não estou dizendo (como dizem certos críticos meus no Brasil, que não sabem ler bem e às vezes eles não leem o texto que o autor escreveu, mas o texto que eles desejam que o autor tivesse escrito) que os educadores devem constantemente manter-se no nível do conhecimento popular. Acho que há uma grande diferença entre ficar e partir; e falo de partir do nível onde o povo está, porque para chegar aqui passa por lá.

Isto representa uma grande tensão, porque está implícita toda a situação dos trabalhadores e seu desenvolvimento.

Espontaneidade e manipulação

Há outra questão que é a forma de evitar cair em práticas espontaneístas sem cair em posturas manipuladoras (no Chile diriam "atitudes muñequeras"). A questão é que existem aqueles que pensam que o oposto do espontaneísmo é ser manipulador. Não, isto não é assim. Em contraste a estas duas posições é o que eu chamo de uma posição substantivamente democrática, radicalmente democrática.

A esta altura eu digo que não se deve ter medo de dizer a palavra democracia. Porque há muitas pessoas que ao ouvirem essa palavra a associam com democracia social; e imediatamente com o reformismo. Quando a ouço, a associo com o socialismo, com a revolução.

Quando ouço a palavra democracia, a associo com revolução, com o socialismo

Outra virtude é viver intensamente a profunda relação entre prática e teoria, não como justaposição, como uma sobreposição, mas como uma unidade contraditória. Assim que a prática não seja uma subteoria, mas que não possa prescindir da teoria. Há que pensar a prática para, teoricamente, melhorar a prática.

Fazer isso exige grande seriedade, um grande rigor (e não superficialidade), estudo, criação de uma disciplina séria. Esta questão de pensar que tudo é teórico é ruim, é algo absurdo, é absolutamente falso. Devemos lutar contra esta afirmação. Não há como negar o papel fundamental da teoria. No entanto, a teoria deixa de ter qualquer impacto se não houver uma prática que motive a teoria.

A relação entre a prática e a teoria não pode ser de sobreposição, mas de unidade contraditória

Acho que o tema da formação de educadores populares é um capítulo fundamental. Devemos aprofundar este aspecto como te-

mos discutido nas sessões do Conselho de Educação de Adultos da América Latina, da qual fui eleito presidente.

Paciência e impaciência

Outra virtude é aprender a experimentar a relação tensa entre a paciência e impaciência, de modo que nunca mais o relacionamento entre as duas posições seja quebrado. Se alguém enfatiza a paciência cai no tradicional discurso que diz "Tenha paciência, meu filho, porque vosso é o reino dos céus". O reino deve ser feito aqui mesmo, com uma impaciência fantástica.

Agora, se nós quebramos essa relação (que é tão dinâmica quanto a de teoria e prática, existência e ser) em favor da impaciência, caímos em ativismo que se esquece que a história existe. Em nome de uma postura dialética revolucionária, caímos no idealismo subjetivista. Passamos a programar, a vislumbrar uma realidade, que só existe na cabeça do revolucionário. Não tem nada a ver com a realidade. Está fora dela.

Devemos ser pacientemente impacientes ou impacientemente pacientes

Aprendi essas coisas (boas ou más) de um homem da prática, que nunca foi individual, porque ele viveu na prática social. Eu nunca poderia falar com ele, porque foi morto antes que pudesse conhecê-lo pessoalmente. O desafio foi de estudar uma obra, uma prática de Amílcar Cabral, o grande líder revolucionário da Guiné-Bissau. Ele tinha exatamente essa virtude, que também têm companheiros queridos da Nicarágua que são pacientemente impacientes ou impacientemente pacientes. Nunca somente pacientes e nunca somente impacientes.

Isto tem a ver com a compreensão do real, dos limites históricos que, pela mesma razão que são históricos, nos castigam quando desobedecemos suas leis. Isto é o que os educadores temos que criar uns nos outros.

Leitura do texto e do contexto

Finalmente, gostaria de dizer que tudo isso tem a ver com a relação entre a leitura do texto e a leitura do con-texto do texto, o do contexto do intelecto. Esta é uma das virtudes que devemos vivenciar para testemunhar aos alunos, seja qual for o nível de educação (universitário, básico ou educação popular), a experiência indispensável de ler a realidade sem ler as palavras. Para que eles possam entender as palavras. Toda leitura de texto pressupõe uma leitura rigorosa do contexto.

Cada leitura de texto pressupõe uma leitura rigorosa do contexto – A Idade Média no século XXI

Finalmente, quero fazer minhas as palavras que foram ditas aqui sobre Frei Leonardo Boff. É necessário ver como um homem que defende a palavra contra o silêncio entende a tensão entre a palavra e o silêncio. Eu queria deixar aqui publicamente o meu protesto por esta invasão insana da Idade Média em pleno século XXI.

Despedida

Agora, meus amigos e queridos amigos de Buenos Aires querida, gostaria, se eu pudesse, ir escutar tangos, como eu fiz ontem. Peço-lhes que me desculpem, porque aos 63 anos eu não tenho a coragem para continuar com vocês. Por isso vou fazer uma incongruência: não vou fazer diálogo, eu não vou ouvir perguntas, porque eu estou cansado, me perdoem. Eu os envio um abraço e prometo estar aqui em novembro para a Assembleia Mundial de Educação de Adultos.

Obrigado!

Oitava narrativa: Na Nicarágua e voltando da Nicarágua

Logo após a vitória da Revolução Sandinista, na Nicarágua, foi organizado um Encontro Internacional de militantes, intelectuais e educadores em Managua, em apoio aos sandinistas.

Viajei com Paulo Freire. Longa viagem de São Paulo ao Panamá e de lá a Managua.

Em um país semidestruído por um terremoto e pela guerra civil, foram duas as condições em que nos encontramos[10]. A reunião foi em um colégio jesuíta e as acomodações eram bem precárias. E como fosse escassa a comida em todo o País, fizemos todos questão de nos alimentar como o povo, sem requinte ou exagero algum.

Lembro que alguns participantes chegaram a esboçar veladas reclamações e houve quem complementasse suas refeições com alimentos comprados "no câmbio negro". Não vi em momento algum Paulo esboçar a menor reclamação.

Longa a viagem de vinda. Mais longa ainda a da volta. Chegamos quase à noite no aeroporto de Guarulhos. Madalena Freire foi esperar o pai no aeroporto. Abraçaram-se, abraçamo-nos e logo depois de ouvir novas sobre a família Paulo Freire perguntou de repente à filha:

"Madalena, e o que anda acontecendo na novela das oito?"

---

[10]. De volta ao Brasil editei um pequeno livro coletivo, com a participação de educadores nicaraguenses e Marcos Arruma, somando comigo os brasileiros. Seu nome é Lições da Nicarágua – a experiência da experança, e foi publicado pela Editora Papirus, de Campinas, em 1987.

Nona narrativa: Uma viagem, um susto e uma palestra

Até onde me lembro a primeira viagem de Paulo Freire após a volta do exílio. Logo em outubro de 1980 fomos os dois convidados para um Encontro Nacional de Supervisores da Educação. Paulo Freire faria a fala de abertura, e eu a da manhã do dia seguinte.

No meio do voo, Paulo que parecia estar dormindo e acordava, me cutucou e disse baixinho: "Carlos, não faça alarde e nem chame ninguém, mas eu não estou me sentindo bem". E voltou a fechar os olhos. Claro, fiquei muito preocupado todo o restante da viagem. Quando estávamos chegando ele me pediu para avisar aos organizadores do Congresso que não queria entrevista alguma e nem queria ir direto para um hotel. Que fosse pra casa de uma pessoa amiga minha e lá ficasse repousando até o momento de sua fala, no começo da noite. Assim fizemos e quando Paulo saiu do quarto disse que estava bem melhor.

E deveria estar. Pois bem-humorado e senhor de seus gestos largos e suas falas altas, sem ler em papel algum, fez a palestra que foi publicada quase na íntegra pelo jornal O Popular, de Goiânia, do dia seguinte. Transcrevo uma parte dela.

> Em março deste ano, ainda na Europa, mas preparando já a volta ao Brasil, eu tive um encontro com o Carlos Brandão e ele me falava entusiasmadamente deste encontro, que ele já previa ser isto que está sendo. Astutamente, ele apanhou o meu sim, quando eu estava ainda em Genebra e não tinha nenhum compromisso marcado para o mês de outubro, no Brasil. Mas eu aceitei evidentemente porque era fácil me convencer da necessidade de vir aqui. Hoje, por exemplo, eu deveria estar na Unicamp. Hoje, era meu dia de Unicamp, em São Paulo.

Mas a Unicamp veio depois deste encontro. Quer dizer, a decisão, pelo menos, do Reitor para que eu trabalhasse na Unicamp, veio depois do meu acerto, em março.

[...]

Lamentavelmente, eu tenho vivido experiências muito interessantes a nível universitário. Eu tenho uma grande deficiência, um grande vazio na minha prática de professor: eu nunca fui professor primário. Eu fui professor apenas de Ginásio e do chamado Exame de Admissão ao Ginásio. Mas eu nunca tive experiência direta com crianças, nunca alfabetizei as crianças. Minha grande experiência com crianças foi com meus filhos mesmo, que hoje são os melhores juízes de Elza e da minha prática de educadores.

Mas na Universidade de Géneve eu me lembro de que fizemos experiências de avaliação mútua no fim do semestre. Porque um poder extraordinário que o professor tem é o de dizer sim ou não ao processo de aprendizagem do aluno. Mas, no fim do semestre, nós tivemos um seminário de duas sessões curtinhas de 6 horas em que fomos avaliados, em que nos avaliamos. Mas, de fato, essa avaliação mútua se fez durante todo o semestre. Todo dia avaliávamos a nossa prática.

Quer dizer: estávamos muito conscientes de que não tínhamos que esperar por um certo momento do seminário para que viessem então os olhos do censor dentro de nós próximos como se tivéssemos mudado de figura. Fomos educadores com uma prática durante um momento e, em outro momento, mudamos de roupa, dizendo que agora somos os avaliadores da prática. Durante todo processo procurávamos avaliar o que fazíamos e, num determinado momento, preponderantemente, fizemos a avaliação. Este me parece um dos pontos, eu repito, óbvios.

E um encontro como este pode propor como indagação, como pergunta: até onde é que já fazemos isto e até onde é que devemos e podemos fazer e como podemos fazer? Quer dizer, abolir na prática a separação destes momentos e nos incorporarmos enquanto supervisores, na prática do professor companheiro nosso. Não devemos fazer dos sujeitos da prática puro objeto da nossa vigilância. Eu insistiria em que superássemos, se ainda existe essa atitude segundo a qual como supervisor nós vigiamos o trabalho do companheiro nosso, o professor também. Pelo contrário. Como supervisor, nós nos incorporamos cada vez mais à prática dos professores e avaliamos com eles e com os educandos essa prática.

Uma outra questão que eu colocaria como indagação enquanto educador seria de novo com relação ao que fazer do supervisor enquanto educador e ao que fazer do professor enquanto educador, o que fazer do aluno enquanto educando, mas também educador e que seria a seguinte: será que a prática educativa pode se dar sem se constituir numa situação de conhecimento? Será que é possível que de um lado o educador e do outro os educandos possam se encontrar numa sala ou debaixo de uma árvore, não importa, sem que esteja em jogo algo a se conhecer? Eu acho que não é possível. Eu acho por isso que a educação, não importando o grau em que ela se dá, é sempre uma certa teoria do conhecimento que se põe em prática. Alguém pode dizer: "Mas, Paulo, não é só isso". Certo, mas é sobretudo isso. E isso então se coloca ao supervisor enquanto educador, porque se o supervisor diz: "Não, eu não sou um educador", aí então a gente já não pode compreender essa figura estranha do processo educativo. O supervisor é um educador e se ele é um educador, ele não escapa na sua prática a esta natureza epistemológica da educação, usando um palavrão. Tem que ver com o conhecimento, com a teoria do conhecimento.

O supervisor não escapa a isso também. O que se pode perguntar é: qual é o objeto de conhecimento que interessa diretamente ao trabalho do supervisor? Aí talvez a gente pudesse dizer: é o próprio ato de conhecimento que se está dando na relação educador/educando. Mas ele não pode decifrar esse objeto especificamente seu sem participar do outro momento que é aquele momento em que o ato de conhecimento se dá na relação educador/educando. Quer dizer, se a gente vê isto dinamicamente, numa lógica formal, é possível separar esses momentos. Bem, mas se é verdade que a educação é isso e ela é isso quando eu estou numa classe com crianças, quando eu estou diante da curiosidade fantástica da criança (daí o absurdo de esmagar essa curiosidade, a criatividade, a coragem da invenção), então estes momentos não podem estar separados.

Quando vínhamos agora de São Paulo, no avião, o Carlos Brandão me dizia uma coisa que eu achei fantástica e muito rica como observação. Ele dizia para mim: "Paulo, no fundo, no fundo, nesse hiato silencioso que tivemos durante todos esses anos, o mais trágico não foi a repressão sobre o que se chamou subversão, mas o mais dramático foi a repressão sobre a valentia de criar". E eu acho essa observação excelente, porque realmente é em cima disso que eu acho que o silêncio se impõe. É quando você está submetido a um processo castrador da inventividade, castrador da curiosidade, da criatividade.

Agora, voltando a pensar de novo, a perguntar de novo: até que ponto é verdade aquilo que eu dizia antes que a educação é sempre um ato de conhecimento? O papel do supervisor então já não pode estar distante deste ato de conhecimento, porque está aí dentro, na relação entre o educador e o educando que está mediada pelo objeto a ser conhecido. Mas isto é verdade? – é o caso de se perguntar. Que conhecer e qual é esse conhecimento que deve estar sempre em jogo na relação educador/educando? E esta me parece uma pergunta que deveria ser central na chamada preparação de especialistas em currículo, mas uma pergunta que tivesse resposta dinâmica, dialética e não lógico-formal.

E quem é que deve fazer a pergunta em torno do que conhecer e qual é a legitimidade que eu como educador tenho para fazer esta pergunta antes de estar com os educandos? E agora eu me lembro de Marx: "Quem educa o educador?" Quem faz esta pergunta ao educador?

Vejam bem, essa é uma pergunta primeira inclusive de uma filosofia e de uma prática de educação. Ela tem que ver com o trabalho do supervisor. Para mim, ela tem a ver também diretamente com o trabalho dele. Esta pergunta tem que ver com o conteúdo programático da educação. Conhecer o quê? A resposta vai me dar o conteúdo programático sempre foi e não apenas agora, sempre foi ditado de cima para baixo e do centro-sul para o resto do país.

É como se se dissesse: o que é válido para São Paulo, para Belo Horizonte, para o Rio, por centro-sul, enfim, é válido para o Piauí, para Pernambuco, para Alagoas. E nem sempre é válido. Mas isso tem que ver com um autoritarismo assim natural quase. Isso é quase metafísico. Faz parte da essência do ser da sociedade brasileira. Mas essa pergunta é uma pergunta que os educadores devem estar se fazendo sempre.

Décima narrativa: Benedito e Jovelina

Havia o "Método Paulo Freire de alfabetização". Em muitos lugares e de muitos modos ele foi aplicado.

Já depois do golpe militar e no breve tempo em que o Movimento de Educação de Base de Goiás logrou sobreviver, algumas educadoras do MEB resolveram recriar o "Método Paulo Freire" para aulas através de escolas radiofônicas. O MEB alfabetizava através de um exitoso programa de alfabetização e pós-alfabetização com aulas emitidas desde uma "equipe central" em Goiânia. As aulas eram recebidas por um "rádio cativo" em pequeninas escolas de roça. Eram recebidas por um "monitor" treinado que trabalhava diretamente com as/os alfabetizandos.

Em sua forma original o "Método Paulo Freire" trabalhava como 13 "fichas de cultura" que incentivavam os alfabetizandos a se descobrirem como "sujeitos e agentes de cultura" e a pensarem criticamente a sua situação social. As fichas vinham do mais geral, a "ideia de cultura" até o mais concreto: "a imagem de um círculo de cultura" como o que deveria estar dialogando ao vivo.

A equipe do MEB-Goiás, composta no caso apenas por mulheres, inverteu a lógica do método. Começou por criar um casal de camponeses: BENEDITO e JOVELINA, dois nomes bem populares em Goiás e ótimos para serem desdobrados como palavras geradoras. Assim o "Método Paulo Freire de Goiás" partia do concreto da vida cotidiana de um casal (como boa parte dos alfabetizandos) para o mais abstrato.

Em O que é o Método Paulo Freire fiz uma síntese muito simples e escolar do BENEDITO e JOVELINA, que sumariamente reproduzo aqui. Vejam que a primeira palavra a ser trabalhada é *Benedito*, que no primeiro cartaz aparece assim:

Benedito

Fonte: Acervo do autor.

Quando o grupo diz ou quando o animador percebe que é hora de falar na palavra, ele chama a atenção para ela, escrita. Ele aponta, caminha com os dedos pelo traçado do fio dela e pode falar alguma coisa assim:

"Tão vendo, pessoal? Olha, esse homem que a gente tava falando sobre ele e a vida dele, o nome dele tá escrito aqui embaixo. Assim, ó: *Benedito* (lê devagar, acompanhando a palavra com os dedos ao longo da palavra, sem separar artificialmente as suas sílabas). Olha gente: *Benedito, Benedito*. Outra vez: *Benedito*. Agora, vamos ver se vocês repetem comigo. Vamos lá: *Benedito, Benedito, Benedito*. Isso gente. A senhora, Dona Maria: *Benedito, Benedito*. João, você aí atrás: *Benedito*. Vocês estão vendo? *Benedito*."

A mão do monitor passeia pelo nome escrito cada vez que ela é pronunciada. Não se trata de memorizar, de decorar o nome. O que vale é ver o *nome da palavra* que se diz alto e repete. Ora, no meio do exercício de falar e repetir, vendo, mostrando, apontando, o animador pode colocar sobre a palavra geradora do cartaz uma mesma palavra, igual no nome e no desenho das letras, só que escrita em uma pequena ficha, assim:

Benedito

Um pouco adiante, depois de haver repetido de novo a *leitura de ver* com todos e com alguns, ele puxa por cima o cartaz da figura, de modo que, da "figura com a palavra", fica a "palavra sem a figura". Ele repete o "letrume" agora, do mesmo modo. "Letrume" era como, nos primeiros círculos de cultura, as pessoas da roça chamavam as letras das palavras, as palavras e seus pedaços. Mais algumas repetições de ver podem ser feitas e, então, o monitor coloca diante do círculo um outro cartaz com o nome desdobrado em seus fonemas-pedaços:

Be-ne-di-to

be	bi	ba	bu	bo
ne	ni	na	nu	no
di		de	da	du	do
to	te	ta	tu	ti

"Olha aí, gente. Uma casa não tem as suas partes: quarto, cozinha, sala, varanda? Tudo no mundo não tem os seus pedaços? Pois uma palavra também. Tão vendo? *Benedito* tem esses pedaços aí, assim: Be - ne - di - to, Be - ne - di - to, Be - ne - di - to."

O monitor lê, acompanha com as mãos as sílabas, os fonemas, na medida em que os pronuncia. Repete. Depois mostra no todo o que é, abaixo, o desdobramento do conjunto de cada fonema.

"Presta atenção agora. Que que a gente tem aqui, ó, aqui assim? Cada pedaço do nome do Benedito tem a sua família. Aqui tá escrito o *Be* do Benedito, aqui o *ne*, o *di*, o *to*. Agora, desse jeito assim tá a família do *Be* completinha: *be, bi, ba, bu, bo*. De novo, olha gente: *be, bi, ba, bu, bo*. Vamos lá, todo mundo: *be, bi, ba, bo, bu*.

Joca Ramiro, você agora, dá pra ser? *be, bi, ba, bo, bu*. Agora aqui tem a família do *ne*: *ne, ni, na, nu, no*. Quem é que lê comigo? Benedito, você que tem o mesmo nome, vamos lá: *ne, ni, na, nu, no*."

Todos veem, leem e repetem com o monitor, sozinhos, em coro. A mão acompanha agora os pedaços, saltando de um para o outro. Se, no meio dos comentários sobre o exercício que devem ser deixados tão livres quanto possível, surge a visão espontânea e a ideia das vogais, o animador pode chamar a atenção sobre elas. Elas são "a parte que muda em cada família": *Be, ne, di, to, Be, bi, ba, bu, bo*. Pode até escrever no quadro ou apresentar um cartaz com elas e repeti-las com os educandos.

Mais adiante chega o momento mais criativo do trabalho. Ele coloca diante de todos a *ficha de descoberta*:

ba	be	bi	bo	bu
na	ne	ni	no	nu
da	de	di	do	du
ta	te	ti	to	tu

Ela reintroduz o começo de um outro momento importante de criação e de aprendizagem. A partir dela o grupo para de repetir o que vê e começa a criar com o que repetiu vendo. Há, portanto, muito mais trabalho sobre este cartaz do que sobre todos os outros juntos. Depois de mostrar e repetir um pouco ainda as famílias, o animador lembra pro grupo que, assim como de *Benedito* foi possível separar os pedaços e compor a família, juntando de novo os pedaços, pode-se formar: *Benedito*, ou outras palavras, conforme se faz o novo arranjo.

Primeiro ele lê os fonemas em todas as direções possíveis: a) na horizontal: *ba, be, bi, bo, bu*; b) na vertical: *ba, na, da, ta*; c) em diagonais livres: *ba, ne, di, to*; *bu, no, di te*; d) salteadas, ao acaso: *be, to, di, na, du*. Se algum alfabetizando demonstrar vontade de fazer o mesmo, nada melhor. Ele poderá repetir o que vê de seu lugar. Pode vir até no cartaz e mostrar. Outros podem fazer o mesmo. O grupo é dono de seu tempo e de seu trabalho.

A passagem de uma maneira de ler para uma outra deve ser realizada quando o monitor sente que cada ordem está bem reconhecida. A mão não acompanha, como antes, o que a leitura fala da ficha de descoberta. Quando sente que ficou maduro o trabalho, o animador pode dizer:

"Olha, gente, do mesmo jeitinho como se pode pegar uma palavra como o nome Benedito e separar as partes dele: *Be, ne, di, to* e de cada uma fazer cada família: *ba, be, bi, bo, bu*, do mesmo jeitinho a gente pode reunir de novo os pedaços e formar a palavra do nome de *Benedito*, assim: *Benedito* (ele reúne os pedaços apontando cada um com a mão). *Benedito*. E a gente pode formar outras, não pode? Do jeito como juntar de novo os pedaços. Quem é que quer tentar, gente?"

Se alguém no círculo se animar a criar qualquer palavra, isso deve ser muito incentivado. Mas o animador não deve insistir sobre o grupo e, menos ainda, sobre uma pessoa. Caso sinta que ainda não dá –, e isso acontece apenas nas primeiras palavras ele mesmo pode criar, formar novas palavras simples, acompanhando a fala com o gesto de apontar em movimento cada pedaço e todos os que formam a palavra.

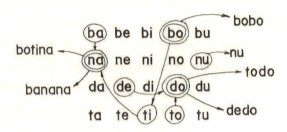

"Ninguém? Tá bom. No começo pode ser meio difícil mesmo. Então eu começo, olha lá: *ba, na, na – banana*. De novo, assim, á: *ba, na, na – banana*. Agora, vejam: *de, do – dedo*. Tão vendo? *de, do – dedo* (e o dedo aponta o *dedo* que a fala pronuncia). Agora, aqui: *bo, ti, na – botina*. Tem vez que um pedaço já é palavra: *nu*"

O coordenador do círculo deve construir apenas algumas poucas palavras. Deve mostrar, sem ensinar como, uma lógica, um processo de reconstrução de palavras. Se no meio de seu trabalho alguém quiser FORMAR UMA PALAVRA, TUDO BEM. Que ele faça.

De novo deve incentivar o grupo a que faça o trabalho de criar outras palavras, ou de recriar as mesmas que ele acabou de formar. As pessoas podem ser convidadas a fazerem como ele, a virem na frente pra tentar a coisa. Alguns chegam perto, apontam pedaços, formam palavras: "palavras de pensamento", como *bota*, "palavras mortas", como *benu* (se é que em algum canto ela não existe). De início todas servem, desde que sejam feitas. Só mais tarde é que ele poderá mostrar a diferença.

Com muita alegria Paulo Freire lembra que um dia, em cima da ficha de descoberta de tijolo, um alfabetizando de Brasília construiu: *tu já lê* (tu já lês). Durante o resto do tempo de uma reunião, todos juntos podem formar palavras. O monitor pode escrevê-las no quadro (ou num outro cartaz em branco, se não houver quadro-negro). Caso tenha havido muito trabalho de criação de palavras, ele pode interromper o processo quando sentir que começa a cansar. Pode mostrar todas as palavras criadas, escritas por ele, e chamar a atenção de todos lembrando que aquilo foi o trabalho do grupo.

Caso alguém queira, pode vir ao quadro e escrever uma ou mais palavras. Se a turma sentir vontade, o que resta do tempo pode ser aproveitado para que, em seu lugar, cada um escreva – desenhe – as palavras que quiser.

Os educandos devem ser incentivados a escreverem em casa todas as palavras que forem capazes de formar, sejam elas iguais ou não às que foram formadas na reunião. Na experiência do MEB de Goiás, os educandos recebiam para cada palavra uma pequena folha que, em parte, reproduzia o trabalho feito e sugeria novos exercícios. Com o tempo eles iam montando o seu próprio material de estudo pessoal: estas folhas-fichas recebidas, as folhas em que escrevem as suas palavras, seus desenhos, mais tarde, suas anotações e assim por diante. Veja uma das fichas pessoais sobre uma palavra geradora na página seguinte.

O trabalho de escrever é muito difícil para alguns adultos, por isso houve casos em que se desenvolveram exercícios de coordenação motora.

Na reunião seguinte à primeira, o trabalho do círculo pode começar com o convite para que os alfabetizandos leiam alto as palavras que formaram em casa. Que venham à frente e formem, no cartaz da descoberta, as suas palavras. Quem quiser, que as escreva para todos. Outros podem dizer as suas, simplesmente. O animador poderá ir escrevendo à medida que elas são faladas.

Ora, esgotado o trabalho sobre uma palavra geradora, o animador pode sugerir que se trabalhe sobre a segunda. Ele procede da mesma maneira e, de uma para a outra, certamente contará com uma participação mais intensa e mais sábia dos educandos. De novo o grupo debate o que a palavra geradora sugere. No caso de Goiás, a segunda palavra geradora é *Jovelina*, que, além de ser muito rica para a formação de outras palavras, sugere outra pessoa e, muitas vezes, a associação a um casal de gente da roça: Benedito-e-Jovelina.

No trabalho de formação de palavras, de uma para a outra, fonemas das anteriores podem ser convocados para somarem com os de uma nova palavra. Em certos momentos duas palavras podem aparecer lado a lado em seus cartazes de descoberta, o que, por certo, multiplica o poder de criação do grupo.

As palavras mais difíceis podem ser apresentadas mais tarde. Em Goiás primeiro vinham: *Benedito, Jovelina, mata, fogo, sapato, casa*. Todas elas são palavras simples, com os fonemas em ordem direta – consoante + vogal – e sem dificuldades maiores de construção. Depois vinham: *enxada, chuva* (x e ch), *roçado* (o terrível ç), *bicicleta, trabalho* (tr e lh), *bezerro* (z, s, ss, ç – que língua desgraçada!), *safra* (fr), *máquina* (qui, que), *armazém, assinatura, produção, farinha* (nh), *estrada*.

As dificuldades são apresentadas, discutidas. Sobre elas, o monitor deverá trabalhar mais tempo deixando, no entanto, que as dificuldades maiores apareçam quando o grupo estiver pronto para enfrentá-las por sua conta. Exemplo, para a palavra geradora *casa* a ficha de descoberta foi escrita assim:

```
ca - -   - - co      cu
sa  se      si    so  su
```

e a questão de *ce, ci, que, qui* foi empurrada mais pra frente, quando o grupo teve que encarar: *máquina*.

Entre palavras geradoras, frases completas podem ser escritas com poucos fonemas. É para este exercício que torna muito motivante e criativo o trabalho coletivo de construir a língua no ato de aprender a ler, que o animador deve caminhar quando sentir que há material bastante para fazê-lo com todos.

Creia, leitor, que com os fonemas de *Benedito* e *Jovelina* dá para formar:

Benedito vive

Jovelina vive

Benedito lida o dia todo

Jovelina ajuda Benedito na labuta.

Um pouco mais à frente dá pra fazer, entre outras:

O sapato de Jovelina acabou.

Ela lida na casa de sapé.

Benedito capina.

Ele usa a enxada na capina.

Por que é que você não tenta algumas, leitor? Misture os fonemas das palavras que listei acima e faça a coisa. Fazendo, sentindo, dá pra compreender melhor como é que funciona.

No fim das palavras – mas não do trabalho – os alunos estão formando não só frases curtas, ou pequenas falas escritas, mas períodos: "ideias completas". As folhas que recebem de tempos em tempos sugerem algumas e eles são incentivados todo o tempo a fazerem os seus próprios escritos: bilhetes aos companheiros, pequenas "redações", notícias de fatos do lugar, jornal do grupo.

Com os fonemas das palavras geradoras do "Paulo Freire de Goiás", deu para escrever:

O trabalho

Benedito vende sua produção na feira.

A produção é o resultado de um ano de trabalho.

Trabalho do Benedito e de toda sua família.

Nesse trabalho, Benedito deixou seu suor, seu esforço.

Esse trabalho é quase um pedaço dele mesmo.

Fonte: acervo do autor.

Décima primeira narrativa: Um nome para não se dizer

Certa feita em plena ditadura militar, alguns educadores brasileiros reconhecidamente "de esquerda" foram convidados para um dia de encontro ao redor da mesa no Ministério da Educação. Conversamos por ao vivo ou por telefone inclusive para decidirmos juntos se valeria a pena irmos.

Resolvemos que sim. Afinal, poderíamos falar pouco, dizer o essencial do que acreditávamos dever ser a educação e ouvir de "viva-voz o que o inimigo está pensando".

Era ainda o tempo em que os aviões distribuíam jornais a cada voo. Peguei um, não lembro qual. Dentre as muitas notícias me chamou a atenção uma, pequenina, num canto de página. Ela dava conta de que empresas nos EUA estavam "empregando o método de alfabetização do professor Paulo Freire" para alfabetizar em Inglês trabalhadores-migrantes de países de fala espanhola. Roubei a página do jornal e a levei comigo.

A reunião foi aberta por uma senhora cujo nome esqueço e em quem as quatro estrelas de um general sobre os ombros cairiam bem. A reunião foi péssima, ou seja, ao mesmo tempo tensa e vazia. Ninguém queria revelar segredo algum a ninguém.

Mas a um dado momento falei no nome de Paulo Freire. A "generala" literalmente deu um soco na mesa e me disse, e a todos os presentes: "professor, o senhor por favor se abstenha de pronunciar este nome aqui nesta casa".

Sereno (como sempre) tirei a minha pasta e, desobedecendo a coordenadora do evento, li a manchete e parte da notícia do jornal. Proibido no Brasil Paulo Freire era referência em educação nos Estados Unidos da América do Norte. Não recordo o que ela teria dito a seguir.

O que evoca uma outra situação. Ainda em tempos da ditadura militar fui convidado pelo Diretório dos Estudantes da Faculdade de Educação para uma "palestra sobre a educação popular" em uma semana dedicada a Paulo Freire.

Tão logo a coordenadora da noite de eventos anunciou a minha presença e ia me passar o microfone, uma professora irrompe no palco. Arranca das mãos da estudante o microfone. Anuncia-se como mandada pela Diretora da Faculdade. E anuncia que aquele evento nada tinha a ver com a Faculdade, não fora autorizado pela diretoria e não deveria estar sendo realizado.

Dito isto, devolveu o microfone que me foi passado. E eu comecei a falar sobre Paulo Freire.

Décima segunda narrativa: "Mas se for para me superar"

O que narro a seguir já escrevi em outros lugares. É algo que não presenciei e me foi narrado por Moacir Gadotti.

Um grupo de educadores resolveu criar um Instituto Paulo Freire (já que o de "estudos atrasados" nunca foi).

Uma comissão coordenada por Gadotti foi a Paulo e expôs planos e propósitos.

Paulo ouviu com atenção e respondeu: "Vejam, se for para me repetir, não vale a pena. Se for para me superar, aí sim, criem!"

O Instituto Paulo Freire foi criado e consta que dias antes de partir esteve em sua pequena sala de trabalhos escrevendo lá.

Décima terceira narrativa: A despedida com um poema

Paulo Freire
A barba branca aveludada,

a pausada fala mansa
de quem escuta, e então fala
o que de um outro ele ouvia
quando, ensinando, aprendia.

E os gestos das mãos
tão largos como em festa
volteiam sobre quem esquece
como bandeira de guia.
E a sua palavra então
chamava pra rua e a luta:
quem sua fala calava.
Quem a coragem perdia.
Quem suas mãos abaixava.
Quem seu chamado esquecia!

2
Cristo, meu camarada*

Paulo Freire

Eu me situo, primeiro, entre os que creem na transcendentalidade. Segundo, eu me situo entre aqueles que, crendo na transcendentalidade, não dicotomizam a transcendentalidade da mundanidade. Quer dizer, em primeiro lugar, até de um ponto de vista do próprio senso comum, eu não posso chegar lá, a não ser a partir de cá, e se cá, se aqui, é exatamente o ponto em que eu me acho para falar de lá, então, é daqui que eu parto, e não de lá. Eu respeito o direito que ele tem de dicotomizar, mas eu não aceito a dicotomia. Quer dizer, isso coloca então a questão da minha fé, da minha crença, que indiscutivelmente interfere na minha forma de pensar o mundo.

Poucos dias antes de Darcy Ribeiro morrer, eu ouvi uma linda entrevista dele que deve ter sido uma das últimas que ele deu, em que ele falava desta questão, dessa passagem e ele dizia com muita seriedade, com muita amorosidade, que isto foi sem-

---

* O presente excerto é uma transcrição realizada por Raquel Tereza de Faria Campos Zarahi e Daniel Ribeiro de Almeida Chacon de uma reflexão de Paulo Freire em entrevista concedida à TV PUC-SP. O especial completo se encontra disponível em https://www.youtube.com/watch?v=1ViM1oCPNoA [Acesso em abr./2021]. Desse modo, o presente escrito possui características próprias das marcas da oralidade.

pre o que ele foi, um homem sério e amoroso indiscutivelmente, e um homem corajoso, um homem que lidou com a vida-morte, de maneira poética inclusive, e ele dizia: se a questão da fé passasse mesmo pela razão crítica, eu até que teria fé. E ele rindo, amoroso, dizia: Eu fiz tudo, mas não deu! No fundo, ele disse com palavras que eu não sei repetir agora, mas ele disse, por exemplo, eu não sou mais que o meu cadáver. Quer dizer, quando eu morro, eu sou um monte de coisas que se desfazem.

E quando Darcy dizia aquilo com uma sinceridade enorme, com uma grande lealdade, eu dizia a mim mesmo que comigo o processo foi diferente. Eu nunca, eu nunca precisei de, talvez nisso eu esteja pouco humilde também, mas eu nunca precisei de brigar muito comigo mesmo para me compreender na fé. Entende? Por isso mesmo, de vez em quando, eu me lembro de uma frase, de uma das primeiras afirmações de um livro que eu li quando eu tinha 19 anos, de Miguel de Unamuno, o célebre filósofo, amoroso também, espanhol, que se chama de *Ideias e Crenças*, em que ele começa dizendo: "as ideias se têm, nas crenças se está"[1]. E comigo o que vem se dando é isto mesmo, quer dizer, eu estou na minha fé, entende? Então, eu nunca precisei inclusive de argumentações de natureza científica e filosófica para me justificar.

Quando muito moço, muito jovem, eu fui aos mangues do Recife, aos córregos do Recife, aos morros do Recife, às zonas rurais de Pernambuco trabalhar com os camponeses, com as camponesas, com os favelados. Eu confesso, sem nenhuma churumingas, eu confesso que fui até lá movido por uma certa leal-

---

1. A presente referência de Freire à frase de Miguel de Unamuno pode ser encontrada, também, em: FREIRE, Paulo. *À sombra desta mangueira*. São Paulo: Olho D'Água, 2000, p. 85.

dade ao Cristo de quem eu era mais ou menos camarada. Mas o que acontece é quando eu chego lá, a realidade dura, do favelado, a realidade dura do camponês, a negação do seu ser como gente, a tendência àquela adaptação de que a gente falou antes, aquele estado quase inerte diante da negação da liberdade... Aquilo tudo me remeteu a Marx. Eu sempre digo, não foram os camponeses que disseram a mim: "Paulo, tu já leste Marx?" Não! De jeito nenhum! Eles não liam nem jornal. Foi a realidade deles que me remeteu a Marx, e eu fui a Marx. E aí é que os jornalistas europeus, em 70, não entenderam a minha afirmação: é que quanto mais eu li Marx, e tanto mais eu encontrei uma certa fundamentação objetiva para continuar camarada de Cristo. Então as leituras que eu fiz de Marx, de alongamentos de Marx, não me sugeriram jamais que eu deixasse de encontrar Cristo nas esquinas das próprias favelas. Eu fiquei com Marx, na mundanidade, à procura de Cristo, na transcendentalidade.

Paulo Freire

CULTURAL

Administração
Antropologia
Biografias
Comunicação
Dinâmicas e Jogos
Ecologia e Meio Ambiente
Educação e Pedagogia
Filosofia
História
Letras e Literatura
Obras de referência
Política
Psicologia
Saúde e Nutrição
Serviço Social e Trabalho
Sociologia

CATEQUÉTICO PASTORAL

Catequese
  Geral
  Crisma
  Primeira Eucaristia

Pastoral
  Geral
  Sacramental
  Familiar
  Social
  Ensino Religioso Escolar

TEOLÓGICO ESPIRITUAL

Biografias
Devocionários
Espiritualidade e Mística
Espiritualidade Mariana
Franciscanismo
Autoconhecimento
Liturgia
Obras de referência
Sagrada Escritura e Livros Apócrifos

Teologia
  Bíblica
  Histórica
  Prática
  Sistemática

VOZES NOBILIS

Uma linha editorial especial, com importantes autores, alto valor agregado e qualidade superior.

REVISTAS

Concilium
Estudos Bíblicos
Grande Sinal
REB (Revista Eclesiástica Brasileira)

VOZES DE BOLSO

Obras clássicas de Ciências Humanas em formato de bolso.

PRODUTOS SAZONAIS

Folhinha do Sagrado Coração de Jesus
Calendário de mesa do Sagrado Coração de Jesus
Almanaque Santo Antônio
Agendinha
Diário Vozes
Meditações para o dia a dia
Encontro diário com Deus
Guia Litúrgico

CADASTRE-SE
www.vozes.com.br

EDITORA VOZES LTDA.
Rua Frei Luís, 100 – Centro – Cep 25689-900 – Petrópolis, RJ
Tel.: (24) 2233-9000 – Fax: (24) 2231-4676 – E-mail: vendas@vozes.com.br

UNIDADES NO BRASIL: Belo Horizonte, MG – Brasília, DF – Campinas, SP – Cuiabá, MT
Curitiba, PR – Fortaleza, CE – Juiz de Fora, MG – Petrópolis, RJ – Recife, PE – São Paulo, SP